权威·前沿·原创

皮书系列为
“十二五”“十三五”国家重点图书出版规划项目

# 北京版权发展报告（2017~2018）

ANNUAL REPORT ON THE DEVELOPMENT OF BEIJING'S COPYRIGHT (2017-2018)

主　　编／王　志
执行主编／蔡　玫
北京市新闻出版研究中心

社会科学文献出版社
SOCIAL SCIENCES ACADEMIC PRESS (CHINA)

图书在版编目(CIP)数据

北京版权发展报告. 2017－2018 / 王志主编. --北京：社会科学文献出版社，2018. 12
（北京版权蓝皮书）
ISBN 978－7－5201－3853－6

Ⅰ. ①北… Ⅱ. ①王… Ⅲ. ①版权－产业发展－研究报告－北京－2017－2018 Ⅳ. ①G239. 2

中国版本图书馆 CIP 数据核字（2018）第 257187 号

北京版权蓝皮书
北京版权发展报告（2017 ~2018）

主　　编 / 王　志
执行主编 / 蔡　玫

出 版 人 / 谢寿光
项目统筹 / 邓泳红　吴　敏
责任编辑 / 吴　敏

出　　版 / 社会科学文献出版社 · 皮书出版分社（010）59367127
地址：北京市北三环中路甲 29 号院华龙大厦　邮编：100029
网址：www. ssap. com. cn
发　　行 / 市场营销中心（010）59367081　59367083
印　　装 / 三河市龙林印务有限公司

规　　格 / 开 本：787mm × 1092mm　1/16
印 张：19. 5　字 数：293 千字
版　　次 / 2018 年 12 月第 1 版　2018 年 12 月第 1 次印刷
书　　号 / ISBN 978－7－5201－3853－6
定　　价 / 89. 00 元

皮书序列号 / PSN B－2017－680－1/1

# 《北京版权发展报告（2017 ~ 2018）》
# 编　委　会

# 《北京版权发展报告（2017~2018）》
# 课　题　组

**课题组组长**　王　志

**课题组副组长**　蔡　玫　谢万树

**课题组成员**　李文宇　毕春丽　汤辰敏　宋文静
徐家力　张　今　俞文华　赵　威
杨奇虎　张军强　唐　亮　任林冲
丛立先　张媛媛　起海霞　刘　乾

**课题合作单位**　中国信息通信研究院知识产权中心
北京科技大学知识产权研究中心
华东政法大学知识产权学院

**统　　　稿**　蔡　玫

# 北京市新闻出版研究中心简介

北京市新闻出版研究中心为北京市新闻出版广电局（北京市版权局）全额拨款事业单位，承担北京市新闻出版、著作权等方面发展战略、规划、体制改革、政策法规的研究工作；承担研究项目、课题相关工作；组织推广应用科技成果，开展学术交流与合作，为新闻出版广电行业单位提供咨询服务。

# 主要编撰者简介

**王　志**　北京市新闻出版研究中心主任，主任编辑。毕业于中国人民大学法学院，法学硕士，长期从事新闻出版广电及版权行业研究工作。任《北京传媒蓝皮书：北京新闻出版广电发展报告（2016～2017）》主编、《北京版权蓝皮书（2016～2017）》主编、《版权行政、刑事与民事典型案例评析》主编、《版权前沿案例评析（2017～2018）》主编，曾主持“北京市全民阅读评估体系研究”“数字化冲击下的北京新闻出版产业”“北京市新闻出版产业发展报告（2014）”“北京市新闻出版公共服务体系评价研究”“北京市数字出版产业发展研究”“全媒体时代出版物消费市场研究”“北京市版权相关产业评估研究”“首都公共阅读服务体系建设对策研究”“北京市新闻出版广电产业发展状况分析”“出版产业链协同模式与集群治理研究”“北京市新闻出版业企业社会责任建设研究”“精品图书传播推广研究”“网络版权保护新机制研究”“网络版权案例分析”等课题研究，曾参与《首都全面深化改革政策研究》《中国全民阅读蓝皮书》等书籍的编写工作。

**蔡　玫**　北京市新闻出版研究中心研究人员，副编审。毕业于中国政法大学法学院，法学硕士，主要从事版权及新闻出版广电行业研究工作。主持并参与多个研究课题，任《中外网络版权经典案例评析》副主编、《北京版权蓝皮书（2016～2017）》副主编、《版权行政、刑事与民事典型案例评析》副主编、《版权前沿案例评析（2017～2018）》副主编，先后在《中国版权》《中国出版》《出版科学》《中外网络版权经典案例评析》等期刊和图书发表版权、出版编辑方面的论文、译文多篇。

# 摘 要

《北京版权发展报告（2017～2018）》是由北京市新闻出版研究中心牵头，联合国内学术界、产业界众多专家学者共同编撰的北京版权发展年度报告。全书由总报告、分报告、专题篇、案例篇和附录（大事记）构成。

总报告统领全篇，以北京版权发展概况、北京版权保护状况、北京版权社会服务体系建设、趋势与建议为主要内容，全面介绍了北京版权领域现状、保护与发展。2017 年，北京版权产业实现快速增长，版权保护更趋严格，版权社会服务体系更加健全。未来，北京将进一步推动版权产业高质量发展，持续加大版权保护力度，继续深化版权国际交流与合作，构建多方参与的版权社会共治新格局。

分报告采用定性、定量与实地调研相结合方法，通过对影视、音乐、软件等核心和重点版权领域及区块链、短视频等网络版权新问题展开专题研究，梳理当前北京版权产业发展取得的重要突破和面临的挑战，并针对存在的问题提出建议。分报告及专题篇涵盖影视版权、音乐版权、软件版权、游戏版权、文化创意产业，以及网络版权新问题、国际版权保护发展趋势、区块链视野下互联网版权保护、人工智能版权问题等。在影视版权方面，总结了过去一年北京市影视版权的创造、运用、保护、管理情况，着重强调加强影视剧本版权登记工作、发挥专业鉴定机构的作用的重要性。在音乐版权方面，梳理了音乐产业年度发展情况、音乐版权市场特点、北京市音乐产业及音乐版权现状、音乐产业版权保护所面临的问题，并从新型数字音乐版权集体管理组织的建立、持续加强音乐版权保护、寻求音乐版权保护多方共赢模式等方面展望了音乐版权保护的未来发展。在软件版权方面，总结了北京市软件行业的发展情况，针对赋予开源软件许可证协议法律效力、建立开源软

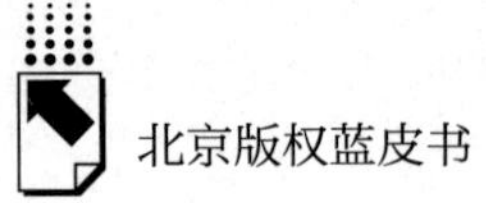



件登记制度、强化开源社区的管理组织作用等方面提出了建议。在游戏版权方面，回顾了 2017 年全国和北京游戏版权数据，列举了 2017 年游戏版权发展的现状，同时提出了游戏版权在申请、交易、保护和维权、版权融合等多个环节的问题与对策，并针对游戏版权发展的趋势进行说明和提出相关建议。在文化创意产业方面，梳理了上一年度北京市文创行业的发展情况，从人才培养、区域优势发挥、完善文创产业功能区、鼓励社会资本进入等方面提出了发展建议。在网络版权新问题方面，阐述了体育赛事直播节目、短视频、同人网络游戏、电子游戏中虚拟角色等新型著作权问题。在国际版权保护发展趋势方面，提出版权国际保护的发展与科学技术发展的联系越来越紧密、国际版权的保护客体和权利内容日益扩张、国际版权保护的法律手段和方法多样化、版权保护标准有提高的趋势、版权国际保护由传统的文化领域进入国际贸易领域、国际版权合理使用制度受到限制。在区块链视野下互联网版权保护方面，首先对区块链技术的特征和关键技术构成和发展趋势进行了梳理，其次将区块链赋能互联网版权保护大致划分为三个阶段，并就各阶段区块链赋能互联网版权保护的具体方式进行了阐述，最后强调区块链赋能互联网版权保护是可实现的预期，版权领域的利益攸关方对之应给予足够的重视。在人工智能版权问题方面，探讨了“机器作品的性质”以及“机器作品”纳入著作权保护范围的途径。

案例篇则选取具有典型意义的版权民事、刑事案件进行分析和评论，既有相当的理论高度，又具有较强的实践意义。

# 目 录

## Ⅰ 总报告



## Ⅱ 分报告



## Ⅲ 专题篇

## Ⅳ 案例篇



## Ⅴ 附 录



皮书数据库阅读**使用指南**

# 总 报 告

**General Report**

**B**.1

## 2017 ~2018年北京版权发展年度报告

**摘 要：** 本报告分别从版权产业、版权保护和版权社会服务体系等角度，全方位展示2017年北京版权事业发展的总体情况。2017年，北京版权产业实现快速增长，其作为首都经济的支柱地位更加稳固。核心版权产业收入水平不断提高，居民文化消费日益成为推动版权产业健康发展的重要动力。版权保护更趋严格，司法保护继续以信息网络传播权侵权案件为重点，行政保护力度持续加强，监管工作的覆盖面和影响力不断扩大。版权社会服务体系更加健全，作品登记数量连年位居全国前列，行业协会积极提供维权服务，版权对外交流合作更加紧密，国际影响力逐步扩大。北京将进一步推动版权产业高质量发展，持续加大版权保护力度，继续深化版权国际交流与合作，构建多方参与的版权社会共治新格局。

**关键词：** 北京 版权产业 版权保护 版权社会服务体系

党的十九大作出“我国社会主要矛盾已经转化为人民日益增长的美好生活需要和不平衡不充分的发展之间的矛盾”重大论断，并对推动包括版权在内的知识产权工作做出重要部署，为新时代北京版权事业的发展指明了方向。在深化供给侧结构性改革、积极推动“一带一路”建设、京津冀协同发展等重大战略背景下，北京立足首都城市战略定位，围绕满足人民过上美好生活的新期待，通过一系列务实举措，扎实有序推进各项工作，实现了版权事业各方面的良好发展。

本报告从版权产业、版权保护和版权社会服务体系等方面，多角度展示2017 年北京版权事业发展总体情况，并提出北京未来一段时间版权事业的发展思路。

## 一　北京版权产业发展概况

2017 年，北京版权产业总体发展持续向好、稳中有升，其作为首都经济的支柱地位更加巩固，在拉动经济增长、促进经济转型升级中的作用更为显著，产业增加值占比、产业规模增长速度等指标继续保持全国领先。同时，借助“互联网 +”，北京丰富的传统文化资源正逐渐转变成北京特有的版权产业发展优势。

### （一）版权产业连年保持快速增长，对首都经济的支柱地位更加稳固

据初步核算，2017 年，北京市版权产业实现增加值 3908. 8 亿元，按现价计算，比上年增长 9. 2%，增速分别高出地区生产总值和第三产业增加值 2. 5 个和 1. 9 个百分点。2013 ~2017 年，北京市版权产业持续保持 10% 左右的增长速度，五年增长了 62. 4%。版权产业增加值在地区生产总值中的占比也连年提升，由 2013 年的 12. 3% 提高到 2017 年的 14%，5 年提高 1. 7 个百分点。版权产业作为北京战略性支柱产业的地位更加突出，对首都经济增长的拉动作用更为显著。

**表1　北京市产业增加值情况**

单位：亿元，%

| 年份 | 2013 | 2015 | 2016 | 2017 | 增速 |
|---|---|---|---|---|---|
| 地区生产总值 | 19500. 6 | 23014. 6 | 25669. 1 | 28000. 4 | 6. 7 |
| 第三产业增加值 | 14986. 5 | 18331. 7 | 20594. 9 | 22569. 3 | 7. 3 |
| 版权产业增加值 | 2406. 7 | 3179. 3 | 3581. 1 | 3908. 8 | 9. 2 |

资料来源：《北京市统计年鉴（2014）》《北京市统计年鉴（2016）》《北京市统计年鉴（2017）》《北京文化创意产业发展白皮书（2014）》《北京文化创意产业发展白皮书（2016）》《北京文化创意产业发展白皮书（2017）》《北京市 2017 年国民经济和社会发展统计公报》。

### （二）核心版权产业收入水平提升明显，居民文化消费成为版权产业发展的重要助推力

核心版权产业是版权产业最重要、最核心的组成部分。根据 WIPO 对版权产业的划分标准，文化艺术、新闻出版、广播影视、软件/网络及计算机服务、广告会展和设计服务可划归核心版权产业。数据显示，北京地区核心版权产业收入连续三年保持 10% 以上高速增长，三年平均增速 14. 2% 。值得注意的是，2017 年新闻出版行业一举扭转 2015 年、2016 年连续两年负增长的颓势，收入水平大幅上涨 9. 5% ，而从业人数却略有减少（从 2016 年的 11. 1 万人减少到 2017 年的 10. 7 万人），产业转型升级初见成效。同时，软件/网络及计算机服务行业近三年高歌猛进，持续快速增长，在 2017 年行业收入增速更是高达 27. 1% ，体现出北京地区产业结构持续向“高精尖”迈进的良好态势。广播影视和文化艺术行业则在前两年收入高速增长之后，在 2017 年出现了增速放缓甚至收入水平下降的情况，行业进入调整阶段。

核心版权产业收入水平的快速增长，除了有赖于政策环境不断优化，产业活力的持续增强外，北京居民文化消费支出的逐年增加也起到了重要作用。2017 年，北京居民在“教育、文化和娱乐”方面的人均消费支出为 3917 元，同比增长 6. 2% ，在人均消费支出构成中占比 10. 5% 。中国人民大学发布的“中国文化消费指数（2017）”显示，北京的文化消费指数位居全国第一。伴随消费结构的不断升级和文化消费的持续增长，北京居民为优

**表 2　北京地区核心版权产业收入情况**

单位：亿元，%

| 项　目 | 2017 年 | | 2016 年 | | 2015 年 | |
|---|---|---|---|---|---|---|
| | 收入合计 | 增速 | 收入合计 | 增速 | 收入合计 | 增速 |
| 文化艺术 | 469.1 | -6.7 | 502.8 | 19.2 | 421.8 | 2.9 |
| 新闻出版 | 1010.9 | 9.5 | 923.0 | -10.1 | 1026.4 | -0.8 |
| 广播影视 | 1005.4 | 0.3 | 1002.8 | 9.3 | 917.4 | 6.7 |
| 软件/网络及计算机服务 | 8914.1 | 27.1 | 7010.7 | 8.8 | 6442.2 | 19.7 |
| 广告会展 | 3036.0 | 19.1 | 2548.3 | 17.0 | 2178.4 | 18.7 |
| 设计服务 | 752.5 | -0.7 | 757.6 | 34.4 | 563.6 | -2.1 |
| 合　计 | 20806.7 | 16.3 | 17885.8 | 12.6 | 15877.8 | 13.6 |

资料来源：《北京市统计年鉴（2016）》、《北京市统计年鉴（2017）》、北京市统计局官方网站。

质内容付费的意愿不断增强，知识付费成为继网络游戏、网络小说之后的新热点。以得到 APP 推出的专栏《薛兆丰的北大经济学课》为例，2017 年一年订阅用户达到 25 万，为得到 APP 带来近 5000 万元的收入。

### （三）“互联网 +”助力首都优秀文化资源转变为版权产业发展优势

北京作为具有悠久历史的文明古都，拥有非常丰富的传统文化资源。传统文化通过积极拥抱互联网，加快数字转型，正在形成北京独具特色的版权产业优势项目。部分文博单位积极利用互联网、虚拟现实、增强现实等新技术手段，推动优秀文化资源创造性转化发展。例如，故宫博物院开发的“掌上故宫”“每日故宫”等 APP 每天向“故宫粉”们推送大量关于藏品、建筑的文化信息，广受大众欢迎。故宫博物院还大力研发故宫元素的文化创意产品，年销售额突破 10 亿元。

## 二　北京版权保护状况

### （一）立法保护

2017 年，北京市立足网络版权保护工作，加快完善版权法律制度体系建设，加强网络版权领域重点问题规制，版权保护立法工作持续推进。

1. 第三次著作权法修改进一步推进，版权法律制度体系逐步完善

2017 年，全国人大组织开展了著作权执法检查，全面了解著作权法实施情况，国务院法制办积极推进著作权法第三次修改，并对网络版权保护问题重点予以关注。在著作权法修订草案中，网络版权保护成为社会各界热议的重要内容之一。2017 年 3 月 1 日，《电影产业促进法》正式实施。该法对规范电影作品的网络版权传播秩序，进一步树立电影行业、社会公众版权保护意识，抵制盗版，促进电影产业、版权产业的发展起到了重要的作用，为我国网络环境下电影作品的跨国界传播和使用提供了更为清晰有效的保护路径和法律依据。2017 年 6 月 1 日，《中华人民共和国网络安全法》正式实施。该法明确了加强个人信息保护，不得侵害他人知识产权和其他合法权益，树立了网络版权保护新路径。

2. 进一步规范信息转载，保护著作权人合法权益

为适应移动互联网发展的新形势，进一步规范新闻信息转载，国家互联网信息办公室 2017 年6 月1 日发布《互联网新闻信息服务管理规定》，明确了转载规范，要求互联网新闻信息服务提供者转载符合规定的稿源，注明转载相关信息，不得歪曲、篡改原意。为进一步规范微信、微博等公众号转载信息，2017 年 10 月 8 日，国家互联网信息办公室发布《互联网用户公众账号信息服务管理规定》，明确了公众号未经授权转载文章侵犯知识产权的行为将会受到处罚。以上两项规范性文件的实施，都强调了必须依法依规转载信息，保护著作权人合法权益。

3. 国家版权局出台专门规范性文件，规范电子版作品登记证书管理和冬奥会版权保护

国家版权局进一步加强和规范电子版作品登记证书的管理，2017 年6 月5 日发布《关于规范电子版作品登记证书的通知》，解决当前电子版作品登记证书出具、制发过程中的不规范问题，为网络条件下制发、出具电子版作品登记证书提供便利和保障。该通知及一系列规范性文件的发布推动了我国作品登记量实现突破性增长，2017 年相比 2016 年作品登记量增长率为 25. 15% 。

为保障北京冬奥会顺利筹办，国家版权局于 2017 年 12 月 16 日发布了《关于开展北京 2022 年冬奥会会徽和冬残奥会会徽版权专项保护工作的通知》。该通知提出任何单位或个人不得擅自使用会徽，并要求各地要在线下确定重点监管对象、市场、区域，在线上确定重点监管网站、电子商务平台和移动互联网应用程序（APP）商店，做到线上线下协同办案，对线上线下违法行为实施全覆盖打击。通过发布和实施该通知，有助于提高社会公众的奥运版权保护意识，营造良好的冬奥会版权环境。

4. 北京市高院发布《侵害著作权案件审理指南》

为贯彻执行两办《关于加强知识产权审判领域改革创新若干问题的意见》，北京市高级人民法院 2018 年 4 月 20 日发布《北京市高级人民法院侵害著作权案件审理指南》。指南涉及基本规定、权利客体、权利归属、侵权认定（包括著作人身权、著作财产权、邻接权）、抗辩事由、法律责任、侵害信息网络传播权的认定、侵害影视作品著作权的认定、侵害计算机软件著作权的认定等 11 个方面的问题。指南的发布有助于提升北京法院著作权审判的质量和效率，推动首都文化产业的发展和创新。

## （二）行政保护

北京市版权局进一步完善版权重点监管工作，开展冬奥会会徽版权专项保护，积极关注新兴领域出现的版权问题，监管工作的覆盖面不断扩大，影响力不断提升。

1. 监管状况

（1）形式多样，多方参与，着力办好版权普法宣传活动

北京市版权局不断创新宣传方式和宣传手段，通过全媒体传播、多渠道进行、全社会共同参与的方式，推动社会公众版权意识的提高。2017 年，围绕世界知识产权日的主题“创新改变生活”，开展了一系列卓有成效的版权普法宣传工作。

基础与声势相结合，启动“打造版权保护示范区，助力城市副中心建设”主题活动。2017 年 4 月 22 日，北京市版权局和通州区人民政府共同举

办以“创新改变生活，版权创造财富”为主题的“打造版权保护示范区，助力城市副中心建设”活动。宋庄地区的艺术家、艺术品传播机构代表以及新闻媒体共200余人参加了此次活动。活动中，与通州区政府就共同打造版权保护示范区进行了签约仪式，授予了3家机构北京市版权工作站的牌匾，为10位艺术大师颁发了著作权登记证，部分文化艺术品传播机构分别与艺术家签署了版权交易和版权代理合同。活动现场还设立了版权作品展览交易区，北京版权保护中心、首都版权产业联盟等版权服务、中介机构设立了临时版权服务站，为参展、参观企业提供版权登记等专业服务。此次活动营造了“尊重知识、崇尚创新”的版权保护氛围，为将通州打造为全国的版权保护示范区奠定了坚实的基础。在大地艺术中心举办了高峰论坛，针对当前版权保护学术热点、法律法规、相关政策及版权案例进行了现场解读，并与艺术家代表进行了深入沟通和交流。

主导与参与相结合，举办版权宣传健步走活动。2017年4月26日，在通州区大运河森林公园举办了“创新改变生活、版权就在身边”版权宣传健步走活动。此次活动采用健步走宣传形式，向广大市民宣传普及版权知识，传播“维护版权、人人参与、从我做起、点滴践行”的理念，通过摆放版权保护宣传易拉宝和发放宣传折页的形式，现场发放活动宣传资料达2000余份，向广大群众宣传版权保护和软件正版化的相关知识，展示了北京市近年版权保护工作成果。

传统媒体与新媒体相结合，多种形式宣传版权保护理念。以“4·26”世界知识产权日和“6·26”北京条约签署周年纪念日为契机，采取了多种形式的版权宣传活动。通过北京电视台文艺频道《文化之约》栏目播放了“关注版权保护，推进产业发展”版权保护宣传片，展示了北京市近年来版权保护的工作成果和举措。与新浪微博合作，举行“创新改变生活·版权就在身边”寻找版权宣传微博达人活动，参与人数达2.7万。在新闻出版报和新浪、搜狐等近20家网络媒体开设“4·26”专版，登载北京市版权局相关宣传活动，播放版权宣传公益广告，使版权保护理念融入每个人的生活之中。推出一系列北京条约签署周年纪念公益广告，在1号线、2号线地铁站、公交候车亭以及长安街沿线进行了为期两个月的户外宣传。

借力与发力相结合，推出优秀版权项目展示推介活动。北京市版权局参加了北京国际服务贸易交易会、北京图书节、北京市文博会优秀版权项目推介活动，增强了版权影响力，加大了版权保护力度，进一步推动了我国版权贸易的“走出去”战略。与动漫产业联盟合作通过甄选优秀动漫游版权项目，开展系列推介展示活动，与社会分享版权发展的成果与经验，促进版权的交流与交易。

（2）加强协作，攻坚克难，稳步推进软件正版化工作

①承前启后，通报年度检查情况

2017 年 3 月，北京市版权局组织召开了市使用正版软件工作联席会议 2017 年第一次全体工作会议，总结了全市 2016 年软件正版化开展情况，审议了 2017 年软件正版化工作方案，并对全市 119 家市级机关、16 个区以及纳入年度工作计划内的市属国有企业在 2016 年度的软件正版化工作完成情况进行了量化考核（总结先进经验措施近 10 项）并在全市范围进行了通报，起到了良好的督促警示与典型引领作用。

②攻坚克难，紧促重点对象推进

北京市版权局根据上年度检查情况通报中指出的问题和不足，为有效发挥牵头机构或单位对软件正版化工作的积极作用，分别于 2017 年 5 月和 6 月面向各市属国有企业集团总部和各区软件正版化工作领导机构组织召开了两期软件正版化工作推进会议，传达了国家年度计划、部署了当年工作任务、解读了政策文件要求、分享了先进经验措施，并要求首都版权产业联盟、部分软件生产商等介绍了一系列服务项目与承诺保障。同时，为确保全市卫生计生系统软件正版化工作顺利推进，组织了多期卫生计生系统软件正版化工作培训班（涉及参训人员数百人次），并先后印发了软件采购指导目录及明确具体推进机制等为相关指导文件，为各单位开展工作提供了明确标准及政策指引。

③及时响应，贯彻落实国家任务

贯彻国家相关工作要求（国版办函〔2017〕15 号），健全完善软件正版化工作责任机制，明确软件正版化工作第一责任人、牵头部门，以及信息

化、财务、资产等部门的主要负责人和具体责任人，并汇集形成了全市的软件正版化工作责任人员数据库；加强全市计算机软硬件采购管理工作，联合市财政局发布了相关通知（京权〔2017〕11号），对计算机软硬件采购所涉及的经费预算保障、采购组织实施和版权信息核验等重要环节都做出了详细要求，并为软件资产的源头管理及版权认证等工作提供了明确的政策依据。

④广泛培训，政策标准专项解读

从2017年7月起，分别针对全市110余家市级机关、16个区级机关和1000余家市属国有企业举办多期正版化工作推进培训班。及时传达国家推进软件正版化工作的整体思路与方向，切实提高了相关责任人员的意识和专业技能水平。同时，积极借助外脑专业技术力量，研制开发了软件正版化自（检）查等专业工具，并于各期培训会上向各单位进行了分发及使用详解，大大推进了软件正版化的信息化进程。

⑤明确依据，全面跟进督促落实

根据全市软件正版化工作相关年度考核标准等文件具体要求，联席会议办公室责成专人，采取电话指导、微信答疑，接受全市110余家市级国家机关、16个区人民政府、1000余家市属国有企业以及数十家卫生计生系统相关单位关于软件正版化相关资产清查、采购落实、迎检准备等各项工作中遇到各类问题的咨询，并全面深入有关单位内部，针对其存在的实际困难，通过约谈走访、实地督导、协调服务等模式加以有效解决，为下阶段的考核评议工作打下了坚实的基础。

⑥规范程序，全面开展考核评议

北京市版权局组织联席会议各成员单位及相关技术人员组成若干检查组，分别赴各单位开展检查软件正版化工作。实地考核结束后，将汇总各相关单位软件正版化考核的总体情况，形成总结报告和考核结果，上报市政府，在全市范围进行通报。

2. 执法状况

（1）积极配合全国人大常委会完成著作权法执法检查

北京市版权局积极配合全国人大常委会著作权法执法检查工作。2017年6

月 12～16 日，北京市版权局协调组织召开了多场座谈会，北京市贯彻实施著作权法取得了显著成效，在首善建设中不断完善政策体系，提高执法水平，广泛开展普法宣传，创造了很多先进经验。特别是近年来，北京市委、市政府高度重视文化中心建设新形势下的版权保护工作，积极探索、勇于创新，有力促进了社会主义文化事业的繁荣发展，发挥了很好的示范带头作用。

（2）监测与评估结合，引导和治理并重，积极营造版权法制氛围

北京市版权局完成了对 APP 应用市场、新闻类作品、影视类作品的经常性版权监测。按月对各网站主要在线作品的类别、数量、内容版权和传播情况进行 24 小时不间断跟踪监测，并形成监测报告，评估网站综合版权状况，提供版权监测维权服务。重点作品播放前向网站和互联网平台发布预警通知，发现侵权盗版作品及时发布侵权下线通知，基本实现 24 小时及时删除盗版链接。企业版权意识逐步增强，互联网版权环境得到基本好转。

根据国家版权局发布的重点影视作品预警名单，结合北京地区院线电影实际播放情况，对新浪博客、新浪微博、百度网盘、百度贴吧、微信公众号、淘宝等 15 家具有典型代表性的平台进行了 24 小时跟踪监测，本年 1 月至 8 月共发现侵权盗版链接 96549 条，每月下线率基本保持在 95% 以上。

北京市版权局将新闻作品版权监管纳入年度重点工作任务，对今日头条、东方头条、360 新闻、UC 浏览器、新浪、网易等 17 家移动端和 15 家 PC 端的新闻平台进行了网络版权跟踪监测。加强对《人民的名义》等重点作品的版权监测力度，删除处理侵权链接 20856 条，下线率 95%。

（3）聚焦大案要案，落实 2017 年剑网行动

北京市版权局结合首都地区版权保护的实际情况，会同市文化市场行政执法总队、市通信管理局和市网信办等剑网行动成员单位，积极落实“剑网行动”，支持、配合司法机关办理侵犯著作权刑事案件，北京市文化市场行政执法总队查处优阅盈创科技有限公司侵犯文字作品著作权案，对通过“优阅外文数字图书馆系统”向公众提供侵权盗版文字作品的侵权人作出罚款 40 万元的行政处罚；并积极关注新兴领域网络版权问题，对“橙子 VR” APP 通过 VR 方式非法提供盗版影视作品案进行了查处，依法对北京橙子维阿科技有

限公司作出罚款3万元的行政处罚，这是国内查处的首例通过VR方式侵犯版权的案件。

（4）维护著作权人权益，积极开展调解工作。

2017年，北京版权调解中心于6月在朝阳区人民法院设立调解庭，受理朝阳区法院委托的著作权诉前调解案件。截至10月，共受理著作权调解案件190起，涉及争议金额16200余万元，调解成功72起。受理案件类型涉及计算机软件使用、美术作品使用、音乐作品改编、影视作品信息网络传播权、传统出版物等各个版权领域，通过引入专家参与调解工作，有效解决一批版权争议问题，在化解互联网环境下日益凸显的版权保护难题方面发挥行政调解作用。

## （三）司法保护

通过对最高人民法院主办的“中国裁判文书网”、“中国知识产权裁判文书网”以及知产宝数据库、北大法宝数据库中对相关民事裁判文书的检索查询，[①] 2017年北京地区著作权民事案件的文书数量有9950份，其中判决书2468份，裁定书7482份。通过对这些案件的分析，总结出北京地区版权司法保护在2017年呈现出如下特点。

1. 各类著作权民事案件数量悬殊，著作权侵权纠纷占绝大多数

从公开的判决书情况看，2017年北京法院审结的著作权民事案件中，不同类型案件数量悬殊。其中著作权侵权纠纷数量一家独大，占比高达94.81%（见图1），远高于著作权合同纠纷和著作权权属纠纷的案件数量，反映出随着北京地区版权产业的快速发展，版权的市场价值日益凸显，相关各方对权利保护的高度重视。

2. 信息网络传播权侵权案件持续高发，是北京法院审理的重点

北京法院审结的著作权侵权案件中，信息网络传播权侵权案件的占比连续两年超过60%（见图2），是北京地区著作权侵权案件中最为突出的案件

① 案件检索时间截至2018年6月6日，选取案件的结案时间截至2017年12月31日。

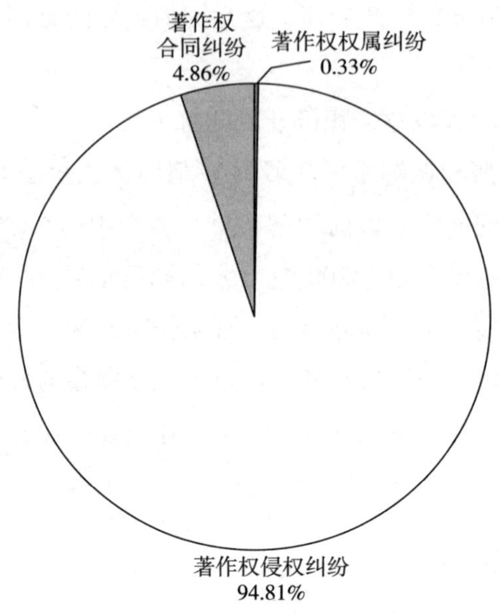


**图 1　2017 年北京地区著作权民事案件类型分布**

资料来源：中国信息通信研究院。

类型。同时，信息网络传播权侵权案件还呈现出新类型案件不断涌现、审理难度不断增大的特点。网络游戏抄袭、体育赛事直播、深度链接等新型产业和商业模式所引发的著作权纠纷越来越多，产生很多亟待解决的问题。这充分体现出北京地区互联网企业高度集中、文化创意产业高速发展和相关利益主体对网络版权的高度重视。

3. 在信息网络传播权侵权案件中，文字作品案件数量激增，成为占比最高的作品类型

2017 年，北京法院审结的信息网络传播权侵权案件中，针对文字作品的案件数量大幅上涨，取代之前侵权状况较为严重的影视作品和音乐作品成为网络版权侵权案件数量最多的作品类型（见图 3）。在这些案件中，相当一部分是对新闻作品的侵权，以腾讯诉今日头条系列侵权案为例，腾讯公司一次提起诉讼的案件数量就多达 287 件。新闻作品侵权案件数量激增反映出对新闻作品网络传播秩序进行整顿和规范的必要性。

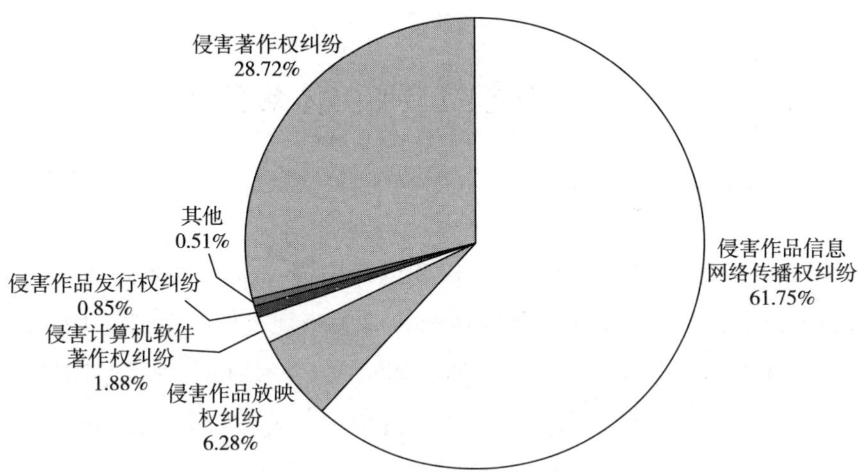


**图2　2017年北京地区著作权侵权案件类型分布**

注：图中“侵害著作权纠纷”与“侵害作品信息网络传播权纠纷”等侵害具体权利的纠纷案件同时出现的原因是：“侵害作品信息网络传播权纠纷”“侵害作品放映权纠纷”等属于民事案件的第四级案由，而“侵害著作权纠纷”则属于第三级案由。根据相关规定，一审法院立案时应首先适用《民事案件案由规定》列出的第四级案由，第四级案由没有规定的，再适用第三级案由。在司法实践中，直接适用第三级案由的多为较复杂、疑难，审判人员无法明确归入第四级案由的情况。

资料来源：中国信息通信研究院。

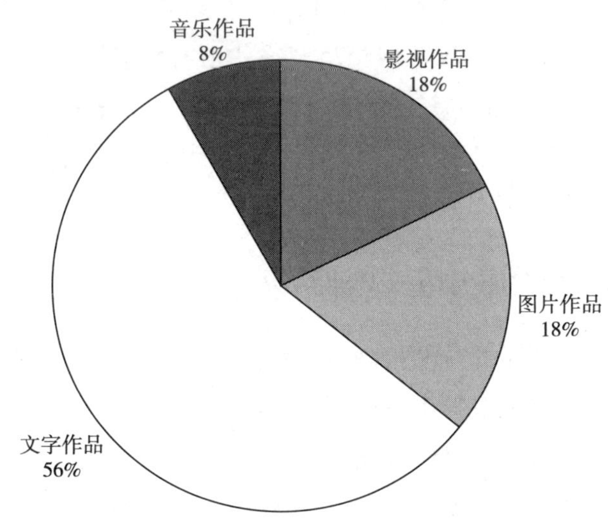


**图3　2017年北京地区信息网络传播权侵权案件作品类型分布**

资料来源：中国信息通信研究院。

## 三　北京版权社会服务体系建设

### （一）版权登记状况

2017 年，北京市版权局和著作权登记机构进一步贯彻落实《关于进一步规范作品登记程序等有关工作的通知》、《关于规范作品登记证书的通知》和《关于规范电子版作品登记证书的通知》，结合本地区、本部门实际，采取有效措施，积极宣传、重点拓展、改善服务，著作权登记工作取得新进展、新突破。

根据国家版权局公布的数据显示，2017 年，我国著作权登记总量达 2747652 件，其中，作品登记 2001966 件、计算机软件著作权登记 745387 件、著作权质权登记 299 件，相比 2016 年的 2007698 件，同比增长 36.86%，呈现较快增长趋势。其中，北京市是登记数量增长较快城市之一，作品登记总量 809586 件，占全国作品登记总量的 40.44%。北京市计算机软件著作权登记数量位居全国第二，仅次于广东省。在北京市自愿登记的版权作品中，摄影作品登记数量 542575 件，占所有登记作品数量的一半以上；紧随其后的是文字作品，登记数量为 217624 件，美术作品登记量为 6944 件，音乐作品登记量为 4889 件。以上数据显示出北京市各行业旺盛的创新活力以及在版权保护意识方面的巨大提升。

### （二）行业协会服务版权产业状况

在北京市版权局的指导和推动下，版权行业协会积极促进行业自律，在版权保护、服务、运营和监测方面创新工作方式和手段，服务版权产业，推进版权社会服务工作健康持续开展。

#### 1. 中国版权协会搭建版权监测中心平台，协助政府依法进行网络监管，为北京企业提供维权服务

2017 年 4 月 19 日，中国版权协会版权监测中心平台上线运行，通过这

一平台，为北京市协会会员及社会广大版权方提供版权认证、预警、监测、下线、取证诉讼、数据分析等一站式维权服务需求。目前该中心监测平台已为北京市多家版权方提供了监测维权服务，为营造良好的网络版权保护生态提供了技术支持。

2. 行业协会积极帮助会员提高版权保护意识和版权保护技能

2018 年 5 月，首都版权产业联盟与中国文联签订战略合作协议，共同探索建立社会化维权服务的新格局，实现资源共享、优势互补，为优秀作品的有序传播提供更加专业的维权服务。通过首都版权产业联盟与中国文联的密切合作，积极探索保护版权、打击侵权盗版的有效途径，切实维护艺术家们的创作热情、良好声誉和经济效益。根据协议，双方将通过人才、知识、渠道、资源、技术等的互利共享，就文艺工作者的版权保护开展务实合作。首都版权产业联盟将优先为中国文联会员提供作品登记、作品网络监测、取证、版权纠纷调解、代理诉讼等版权服务。此外，双方也将在研讨培训、课题调研等方面展开深入合作。双方将共同组建专家库，定期为两方会员举办版权保护专题研讨和培训，帮助会员提高版权保护意识和版权保护技能。

3. 行业协会积极举办热点问题研讨和培训，服务版权产业，促进行业自律

中国版权协会积极开展反盗版维权的研讨和培训，2017 年，举办第十届中国版权年会，创办“远集坊”、为会员维权等方面提供良好服务。

2017 年 12 月 16 日，国际保护知识产权协会（AIPPI）中国分会在北京举办了会议，围绕体育赛事、网络游戏、自媒体、商业模式等版权行业内热点话题展开深入探讨，并发布了 2017 年度中国版权行业十大热点案件。

### （三）对外合作与交流情况

1. 加强国际版权话语体系建设

为推动《视听表演北京条约》早日生效，北京市版权局与世界知识产权组织（WIPO）中国办事处于 2017 年 7 月 26 日在金台艺术馆共同主办了视听表演版权保护研讨会。国家版权局版权管理司司长于慈珂、WIPO 中国办事处主任陈宏兵、北京市版权局局长杨烁出席并致辞，包

括阿尔及利亚大使在内的十几位外国驻中国使领馆代表、影视公司代表及媒体记者共70余人参会。与会嘉宾就如何促进条约尽快生效展开热烈讨论。

2. 普及与推动相结合，加强“一带一路”国家版权交流合作

2017年9月17日，中国电影展映活动在贝尔格莱德启动，拉开了“中国电影国际巡展——中国电影走进塞尔维亚”活动的帷幕。本次“中国电影展映”活动是北京市政府在塞尔维亚举办的“北京日”活动之一，中外共近200人出席了启动仪式。活动中将陆续展映《从你的全世界路过》《北京爱情故事》等中国优秀影片，本次活动是“一带一路”框架下在人文领域举办的一次重要电影文化交流活动，为塞尔维亚观众了解中国历史和文化提供了一个非常直观的平台。

为深入贯彻落实十九大精神，积极响应习近平主席提出的“一带一路”倡议，广泛开展广播影视领域内的合作，促进国际交流，2018年3月23日，北京市新闻出版广电局（北京市版权局）举办了“一带一路”广播影视科技发展论坛。立陶宛、土耳其等驻华使馆参赞，哈萨克斯坦、波兰、新加坡等国家政府部门、商会代表，北京市新闻出版广播影视企业代表共计300余人参加此次论坛。通过此次论坛，进一步加强了我国与“一带一路”沿线国家的广播影视政策、技术交流沟通，完善了“一带一路”广播影视科技合作机制。

3. 进一步加强版权双边、区域交流合作

2017年9月18日，北京电影代表团与塞尔维亚电影界座谈交流，并签署了《电影合作备忘录》。双方将在《电影合作备忘录》框架内，积极与塞方进行电影领域广泛的实质性交流合作，共同推动双方电影业繁荣发展，以电影为“桥”增进两国文化交流和友好关系。

2017年11月13日，北京市与惠灵顿市签署了《电影合作谅解备忘录》，建立了双方电影交流合作官方协调机制，推动了两市电影领域的优势互补、共同发展。

2018年5月10日，北京市版权局与希中友好协会就中希影视、出版方

面的合作进行了研讨和会谈。此次研讨为双方在影视出版等领域进行更进一步的深度合作奠定了基础。

2018 年 6 月 8 日，北京市知识产权局主办了美国知识产权诉讼研讨会，来自政府部门、企事业单位、知识产权服务机构代表近 150 人出席了会议。中美知识产权研讨会从 2015 年开始，已经连续举办了四届，围绕美国专利制度的新进展、美国国际贸易及知识产权保护规则、美国专利申请和诉讼实务等主题开展研讨交流，有效帮助了北京企业更多地了解国际专利诉讼的规则、提升海外知识产权风险防控能力，为企业今后创新发展、参与国际竞争打下良好基础。

4. 充分利用各种渠道加强宣传，扩大国际影响力

2017 年 6 月，“北京优秀影视剧海外展播季 · 英国” 和 “北京优秀影视剧海外展播季 · 法国” 相继在伦敦和巴黎启动，包括《大鱼海棠》等在内的数十部影视剧参加展播，扩大了北京优秀影视剧的国际影响力。

2017 年 11 月 3 日，中国北京电影代表团与美中影视博览会在美国电影市场（American Film Market）中国展厅合作举办了中国论坛及中国北京电影招待会活动，来自各大洲的著名导演、制片人和各大电影制片发行公司高层等 200 多人次参加活动，论坛促进了与会各国嘉宾与北京电影代表团展商的深入交流。

## 四　趋势与建议

### （一）整体态势

2017 年，北京版权事业各方面均取得良好发展成效。

1. 版权产业实现快速增长，对首都经济的贡献更为突出

版权产业活力持续增强，核心版权产业收入水平不断提高，居民文化消费指数全国领先。版权产业在疏解非首都功能、构建首都“高精尖”经济结构、落实“四个中心”城市战略定位中发挥的作用越来越重要。

2. 版权保护更趋严格，为版权产业健康发展提供有力保障

司法保护继续以信息网络传播权侵权案件为重点，以新闻作品为代表的文字作品侵权案件的激增成为2017年版权司法保护的新动向；行政保护力度不断加大，行政管理部门不断创新监管方式和工作模式，持续提升版权监测水平，稳步推进软件正版化工作，积极开展形式多样的普法宣传活动，版权行政保护取得显著成效。

3. 版权社会服务体系更加健全

作品登记数量连年位居全国前列；行业协会和版权保护组织有效推进行业自律，积极发挥自身优势为权利人提供形式多样的维权服务；版权对外交流重点面向“一带一路”沿线国家，对外合作更加紧密，国际版权话语权和影响力逐步增大。

## （二）未来发展思路

1. 推动版权产业高质量发展

（1）深化版权产业供给侧改革

顺应“内容为王”的产业特点，加大精品力作扶持力度，扎实推进北京市新闻出版广播影视精品工程战略，以“出版原创推新工程”“首都影视精品创作生产扶持项目”“网络视听文艺精品建设工程”等为抓手，建立鼓励精品生产的长效机制，优化产品供给结构。

（2）促进产业优化升级

大力发展基于互联网的新型商业模式和产业业态，推动内容生产向实时生产、数据化生产、用户参与生产转变，促进传媒单位数字化转型。促进图书、网络文学与影视作品互相借力，推动热销图书和网络文学改编影视剧、热映影视剧的图书出版，围绕IP转化形成全产业链。同时，要切实扭转版权产业转型升级“冷热不均”的局面，大力推动印刷复制业转型升级，支持采用绿色印刷和印刷数字化技术，构建按需印刷出版产业链，促进特色印刷发展，淘汰落后产能。

2. 持续加大版权保护力度

（1）加强版权司法保护

完善行政执法和司法保护两条途径优势互补、有机衔接的版权保护模式，提升版权保护水平。充分发挥北京知识产权法院在版权案件审判中的重要作用，探索版权案件专门化审理程序和审理规则。加强基层法院版权案件审判工作，提升专业化审判水平。

（2）加大版权行政执法力度

加强主动监管，依托现代科技手段不断创新监管思路和方法；提升软件正版化管理水平，探索开拓软件正版化新领域，不断壮大计算机软件正版化行业队伍；着力抓好《视听表演北京条约》的解读和宣传工作，对相关行业和人员进行培训，为条约生效和实施做好准备；不断提升版权宣传水平，创新宣传形式、丰富宣传手段、加大宣传力度，营造良好的版权保护社会氛围。

3. 构建多方参与的社会共治新格局

支持行业协会、产业联盟等社会团体参与版权社会管理和公共服务，充分发挥以行业协会为代表的社会团体在优化版权保护环境、推进版权创造和运用等方面的重要作用；提高版权保护公共服务水平，推动北京版权保护公共服务平台建设，为权利人提供更为专业高效的维权服务；引导企业建立健全版权管理制度，开展版权运用和保护培训，全面提升企业版权管理能力。

4. 继续深化版权国际交流与合作

以推进《视听表演北京条约》早日生效为契机，积极承办具有国际影响力的版权活动，进一步提升北京作为版权保护的首善之区和闻名中外的“版权之都”的国际地位；加强与世界知识产权组织等国际组织的沟通联系，积极推进与其他国家和地区版权机构的交流合作，重点面向“一带一路”沿线国家，全面提升北京的版权输出能力和文化影响力。

# 分 报 告

**Gategory Reports**

# B.2 2017年北京影视版权发展报告

徐家力 赵 威*

**摘 要：** 北京市作为文化之都，一直是我国影视文化产业发展的重心和高地。北京市作为全国广播影视创意策划、制作生产、宣推发行、国际传播中心，影视机构总量、产业规模和产量均居全国第一位。2017 年 1 ~ 12 月广播影视创收收入同比增长 19.99%。北京市为促进影视版权创造，不断采取了一些新措施。在 2017 年春季电视节目交易会上，共推介电视节目 900 部。“版权银行”融资模式的新发展，助推影视版权运用证券化。同时，行政执法部门也不断加强对电影市场的监管。

**关键词：** 影视版权 版权银行 版权交易

* 徐家力，法学博士，国家知识产权战略专家，隆安律师事务所创始合伙人，北京科技大学知识产权研究中心主任、博士生导师，中国政法大学博士生导师，主要研究领域为知识产权法学；赵威，北京科技大学文法学院博士研究生，法学硕士，隆安律师事务所律师，主要研究领域为知识产权法学。

北京市作为文化之都，一直是我国影视文化产业发展的重心和高地。北京市作为全国广播影视创意策划、制作生产、宣推发行、国际传播的中心，影视机构总量、产业规模和产量均居全国第一位。北京市不仅拥有数量庞大的影视制作机构、电影院线，以及体量巨大的影视市场，而且影视版权的创造、运营、保护和管理工作也走在全国前列。特别是2017年3月《中华人民共和国电影产业促进法》实施之后，国务院将电影产业发展纳入国民经济和社会发展规划，县级以上地方人民政府根据当地实际情况将电影产业发展纳入本级国民经济和社会发展规划，从法律上要求从事电影活动的公民、法人和其他组织应当增强知识产权意识，提高运用、保护和管理知识产权的能力。[①] 这从法律角度强调了影视产业在国民经济和社会发展规划中的重要地位，明确地从法律层面肯定了影视产业在国家产业发展布局中的重要地位，还明确强调了对电影知识产权的保护。截至2017年底，北京地区持有广播电视节目制作经营许可证机构共7612家，2017年电影剧本（梗概）备案公示1289部，生产国产影片350部，位居全国第一，电影院线25条、电影院209家、银幕1420块，IMAX巨幕17块，座位20.4万个。[②] 这种繁荣局面还在持续，相关资本也不断地向影视产业集中。本文将从影视版权的创造、运用、保护、管理几个方面阐述2017年度北京市版权年度发展状况。

## 一　2017年北京影视版权创造

### （一）2017年影视产业发展概况[③]

1. 2017年1～12月，广播影视创收收入同比增长19.99%

截至12月底，北京市广播影视累计创收总收入为865.99亿元，比

① 《中华人民共和国电影产业促进法》第四条、第七条。

② 《北京市影视机构总量和产业规模稳居全国第一》，http://www.sohu.com/a/228821109_428290，2018年6月29日访问。

③ 《2017年12月广播影视创收收入情况》，http://xwgdj.beijing.gov.cn/zwxx/xytj/201805/t20180510_4407.html，2018年6月29日访问。

上年同期增加 144. 27 亿元，同比增长 19. 99%。其中，广告收入为 314. 51 亿元，占创收总收入的 36. 32%，比上年同期增加 59. 58 亿元，同比增长 23. 37%；广播电视节目销售收入 39. 82 亿元，占创收总收入的 4. 6%，比上年同期减少 62. 23 亿元，同比下降 60. 98%；电影票房收入为 33. 95 亿元，占创收总收入的 3. 92%，比上年同期增加 3. 67 亿元，同比增长 12. 12%。

**表 1　2017 年北京市广播影视累计创收收入情况（按类别）**

单位：亿元，%

| 项　目 | 实际创收收入 | | | 占创收收入比重 | |
|---|---|---|---|---|---|
| | 2017 年 | 2016 年 | 增速 | 2017 年 | 2016 年 |
| 实际创收收入 | 865. 99 | 721. 72 | 19. 99 | 100. 00 | 100. 00 |
| 广告收入 | 314. 51 | 254. 93 | 23. 37 | 36. 32 | 35. 32 |
| 广播广告收入 | 9. 73 | 8. 29 | 17. 37 | 1. 12 | 1. 15 |
| 电视广告收入 | 63. 01 | 66. 24 | -4. 88 | 7. 28 | 9. 18 |
| 其他广告收入 | 241. 77 | 180. 4 | 34. 02 | 27. 92 | 25. 00 |
| 网络收入 | 34. 54 | 34. 65 | -0. 32 | 3. 99 | 4. 80 |
| 有线广播电视收视费收入 | 10. 74 | 10. 95 | -1. 92 | 1. 24 | 1. 52 |
| 付费数字电视收入 | 1. 88 | 2. 5 | -24. 80 | 0. 22 | 0. 35 |
| 三网融合业务收入 | 9. 48 | 9. 13 | 3. 83 | 1. 09 | 1. 27 |
| 其他网络收入 | 12. 44 | 12. 07 | 3. 07 | 1. 44 | 1. 67 |
| 广播电视节目销售收入 | 39. 82 | 102. 05 | -60. 98 | 4. 60 | 14. 14 |
| 电影票房收入 | 33. 95 | 30. 28 | 12. 12 | 3. 92 | 4. 20 |
| 其他收入 | 443. 17 | 299. 81 | 47. 82 | 51. 17 | 41. 54 |

2. 城市影院放映及票房收入情况

12 月北京城市影院放映电影 25. 28 万场次，比上年同期增长 18. 15%，环比增长 10. 34%；观影人数 843 万人次，比上年同期增长 7. 12%，环比增长 82. 86%；票房收入 4. 86 亿元，比上年同期增长 40. 06%，环比增长 138. 24%。截至 12 月底，北京城市影院累计放映电影 273. 71 万场，比上年同期增加 45. 36 万场，同比增长 19. 86%；观影人次 7636 万人次，比上年同

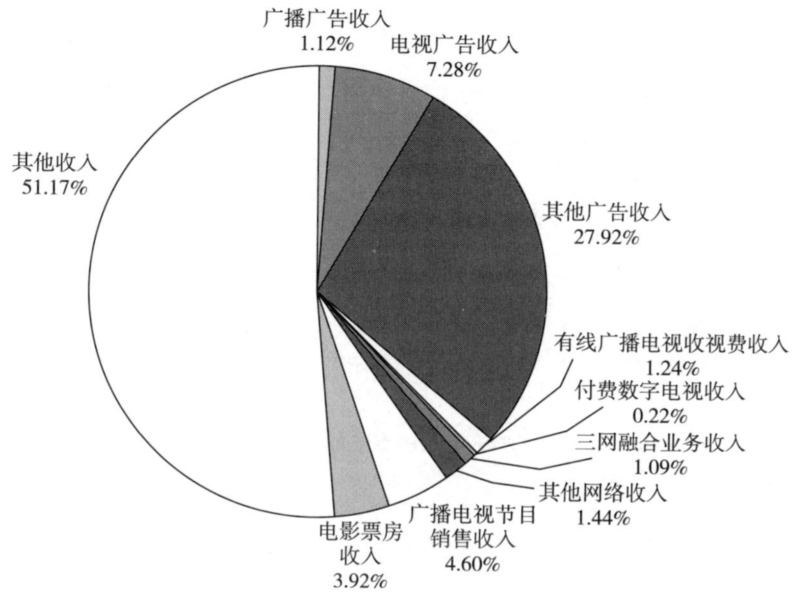


**图1　2017年北京市广播影视累计创收收入构成**

期增加7.63百万人次，同比增长11.1%；票房收入为34.00亿元，比上年同期增加3.67亿元，同比增长12.12%。

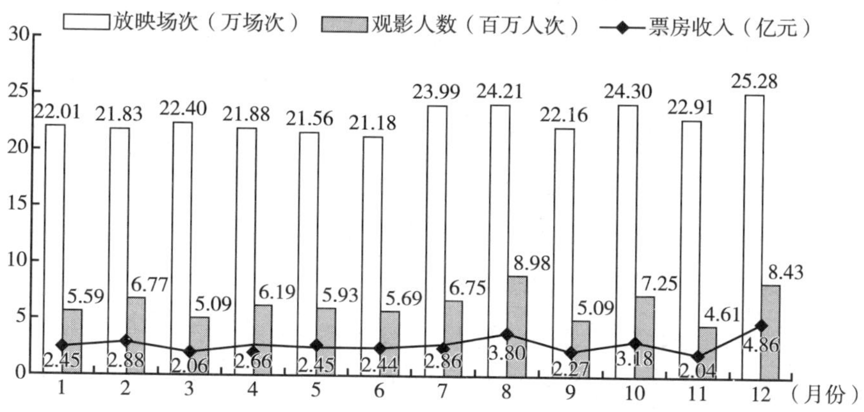


**图2　2017年北京市城市影院主要指标对比**

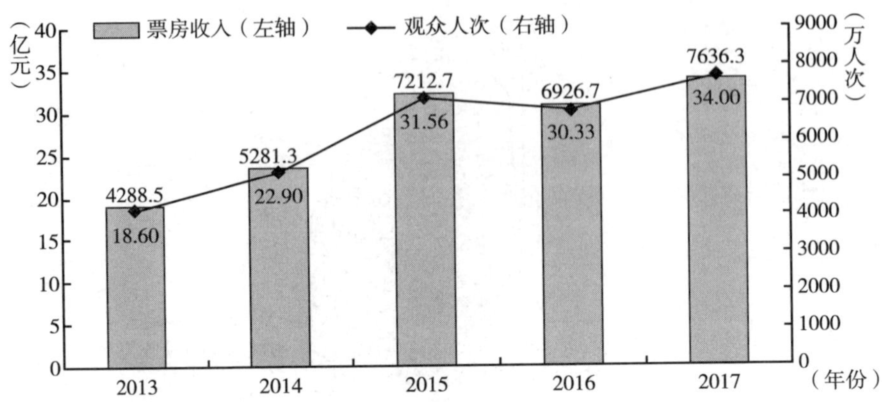


**图 3　2013～2017 年北京市电影票房收入统计情况**

## （二）2017年北京市促进影视版权创造的新措施[①]

### 1. 北京市新闻出版广电局（北京市版权局）的相关政策举措

为促进北京影视繁荣发展，北京市新闻出版广电局（北京市版权局）坚持问题导向，深入开展大调研活动，及时了解掌握影视企业需求，极具针对性地制定出台了一系列影视政策，北京市各部门联动，通过政策集成、综合施策，进一步优化营商环境，助推北京影视实现稳中有升。

一是在全国率先设立影视出版创作基金，2016～2017 年北京影视出版创作基金共扶持 202 个影视项目，累计扶持资金达 2. 6 亿元。电影作品《战狼 2》《红海行动》《湄公河行动》《英伦对决》《羞羞的铁拳》等，电视作品《平凡的世界》《情满四合院》《深海利剑》《最美的青春》《大西山》等，网络视听作品《法医秦明》《最美中国》《了不起的匠人》等深受广大观众喜爱，取得社会和经济效益双丰收。

二是完善多厅影院建设补贴政策。2017 年 11 月北京市新闻出版广电局出台了新版《北京市多厅影院建设补贴管理办法》。该办法规定，将科学合

① 《北京市影视机构总量和产业规模稳居全国第一》，http：//news. cctv. com/2018/04/19/ARTIBUWD7akXlU68wp30bAgI180419. shtml，2018 年 6 月 26 日访问。

理布局五环路以内影院建设，重点鼓励和支持在五环路以外乡镇影院建设，鼓励和支持利用老旧厂房、商业和仓储改建影院和老旧影院改扩建为多厅影院，鼓励和支持北京城市副中心影院建设，鼓励和支持高新格式影院建设，对采用 IMAX、中国巨幕、4D 和杜比影院等高新技术的影厅给予补贴。

三是出台电影事业发展专项资金政策。将对影院设备更新改造、少数民族语电影译制、重点制片基地建设发展、优秀国产影片制作、具有文化特色和艺术创新影片发行与放映等予以资助。

四是全国首家出台提升广播影视业国际传播力奖励扶持政策。对广播影视企业从事节目译制、版权输出和国际传播平台建设予以资助和扶持。

2. 北京市国有文化资产监督管理办公室的相关政策举措

北京市国有文化资产监督管理办公室发布《北京市实施文创产业“投贷奖”联动　推动文化金融融合发展管理办法》，在全国率先推出文创产业“投贷奖”政策和联动体系，创新实施“政策 + 平台 + 服务”模式，实现企业股权融资、债权融资和财政支持资金的无缝对接。“投贷奖”政策的出台有效降低了文创企业融资成本，促使大量金融资本、民间资本投资文创产业，发挥财政资金“四两拨千斤”的作用。今后，市文资办还会陆续推出相关配套文化财政政策，针对不同生命周期的文创企业做到精准服务。

3. 北京银行文化创意部门的相关政策

北京银行文化创意相关负责人表示，2017 年北京银行为影视类企业发放贷款超过 40 亿元，较上年增长超过 50%，截至 2018 年 3 月末，影视行业表内贷款余额超过 60 亿元。近年来，北京银行在模式、体制、产品等多方面取得创新突破，具体如下。

一是文创融入京行血液、形成北京银行文创基因。总行层面战略升级，成立由董事长任组长的文化金融领导小组，成立文创金融事业总部，同时成立 2 家文创专营支行，北京地区文创特色支行达到 17 家。

二是影视特色创新贯穿始终，形成差异化服务流程。创新为影视企业提供专属金融产品，针对小微影视企业“融资难”提供“文创信保贷”“文创普惠贷”等标准化产品，围绕影视企业“融资贵”，提供“网速贷”、无还本续贷"永续贷"产品，同时为各类文创企业提供"文化IP通""文租贷""投贷通"等多种产品；打造首家文创信贷工厂，提高审批效率；创新设立首家银行系创客中心，实现"创业孵化+股权投资+债券融资"一体化服务模式。

三是围绕政策布局合作，开启影视创新服务新征程。结合市新闻出版广电局、市文资办等机构出台的政策，北京银行与政府有关部门联动加大影视企业支持力度，搭建政银合作沟通平台。

四是携手影视企业共成长，彰显北京银行服务特色。支持博纳影业、创世星、春秋时代、光线传媒等高成长影视企业，推动制作发行了《战狼2》《建军大业》《湄公河行动》《我的前半生》《北平无战事》《狼图腾》《北京遇上西雅图》《智取威虎山》《白鹿原》《北京爱情故事》等一批现象级好片好剧。为万达电影院线、耀莱院线提供一揽子金融服务，支持其院线建设。北京银行凭借文化金融的优秀业绩，获得了"北京影视出版产业最佳服务银行"荣誉称号。

4. 成立北京影视著作权专家鉴定委员会①

在2017年3月19~21日举行的北京电视节目交易会上，"北京影视著作权专家鉴定委员会"宣布成立。这是为了应对各种大热剧集的原著小说或剧本涉嫌抄袭的问题。2014年琼瑶告于正《宫锁连城》抄袭其作品《梅花烙》，并最终胜诉且获赔500万元；2016年于正再被诉《邪恶催眠师》抄袭；2016年底，《锦绣未央》大热后被曝出其原著抄袭200多本小说；2017年开年爆款《三生三世十里桃花》也陷入抄袭风波，原作者唐七和大风的陈年往事再被提及……由于影视版权的界定和归属一直以来都是一项极其烦琐的工作，打起官司来耗时耗力耗财，很多侵权行为都不了了之。但是，"北京影视著作权专家鉴定委员会"的成立，有望解决这一问题。"北京影视著作权专家鉴定委员会"首批专家由26人组成，其中法学专家14位、文

① 《北京影视著作权专家鉴定委员会成立》，http：//www.ncac.gov.cn/chinacopyright/contents/4509/318634.html，2018年6月26日。

学艺术界专家12位。

综观近年各地法院审理的著作权案件，影视类著作权案件常年居首位。这类案件不仅数量大、占比高，而且其中的新情况、新问题层出不穷。特别是有关剧本抄袭，剧与剧之间抄袭的认定，以及独创性、唯一性、表达等问题的认定，不仅在很大程度上增加了案件的审理难度，更给法官增添了巨大的工作量，耗费了法官大量的工作时间。此外，影视类著作权案件中，侵权赔偿数量的确定，也是法院审理过程当中一个难题。虽然我国已经成立了多家知识产权专业鉴定机构，其中也包括著作权专业鉴定机构，但是截至目前，专门针对影视作品的鉴定机构仍然没有。影视作品的内容量很大，一部电视剧往往有数十集，一部影视剧本字数达10万字以上，涉及的表达形式复杂，既涉及文字、作品剧本，又涉及影视剧本本身，还会涉及影视剧中使用的音乐、美术等各类作品形式，因此影视著作权鉴定的专业性强，成立专业的鉴定机构，势在必行。

## 二　2017年北京影视版权的运用

影视版权既包括署名权、发表权、修改权和保护作品完整权等在内的人身权利，也包括复制权、发行权、改编权等在内的财产权利。当今影视作品中，除了用于公益宣传的影视剧，以盈利为目的的商业影视制作占绝对多数。简言之，拍影视剧是为了赚钱。但是，影视版权的创造只是产生了版权，如果把版权锁在箱子里不加以使用，就不会实现获利的目的，那么制片人（公司）投入的巨额资金就无法收回，雇用的导演、演员、编剧、灯光师、化妆师、道具师及租借的场地等，就无法支付费用。若要获得盈利，就需要运用版权，让版权动起来。

### （一）2017年北京市电视节目交易会的版权交易概况

北京市电视节目交易会是由首都广播电视节目制作业协会主办的大型电视节目交易展会，自2007年以来，已经成为首都影视版权交易和推介的重要平台。2017 年春季电视节目交易会共推介电视节目 900 部，其中前期筹备剧目 345 部 13969 集，开机拍摄及后期制作剧目 97 部 3740 集，首轮发行剧目 238 部 9657 集，二轮、多轮发行剧目 153 部 6432 集，纪录片、电视栏目 42 部 11000 集，动画片 24 部 1308 集。2017 年秋季电视节目交易会共推介电视节目超 1100 部，其中前期筹备剧目 319 部 13581 集，开机拍摄及后期制作剧目 122 部 5307 集，首轮发行剧目 253 部 10336 集，二轮、多轮发行剧目 175 部 6966 集，网络剧 96 部 2540 集，电影、网络大电影 18 部 19 集，纪录片、电视栏目 45 部 11209 集，动画片 31 部 1835 集，海外剧目 18 部 344 集。

## （二）“版权银行”融资模式助推影视版权运用的证券化

北京市新闻出版广电局（北京市版权局）与北京银行签署了《支持北京新闻出版与广播影视产业发展全面战略合作协议》，根据在 2017 年获得的北京银行未来五年 500 亿元的授信额度，成立版权银行，使影视企业可以像存钱一样把版权存进银行，以使版权价值最大化。仅在 2017 年 8 ~9 月，北京银行已经为文创企业发放贷款 19. 6 亿元，其中影视及出版行业发放贷款 5. 4 亿元，占据全部贷款的 28% 。[①] 事实上，截至 2017 年，北京银行累计为 5000 家文创企业提供贷款支持超过 1800 亿元，在北京地区始终位列文化市场份额第一，而影视领域是其第一个介入的细分行业，2008 年就以版权质押方式对华谊兄弟提供了 1 亿元打包贷款，支持 14 部电视剧的制作，截至 2017 年，北京银行已经引进 300 余个影视企业，共发放贷款近 200 亿元。[②]

北京市新闻出版广电局（北京市版权局）成立的版权银行，就是版权所有人将自己所拥有的版权作品存入版权银行，版权银行在该著作权作品未获得利润期间享有该版权的使用权。版权银行通过版权质押、版权应收账款

---

① 《北京广电局成立“版权银行”，北京银行授信 500 亿，IP 的春天来了?》，http：//news. gbicom. cn/archive/69300，2018 年 6 月 28 日访问。

② 《电影投融资的“北京模式”》，http：//baijiahao. baidu. com/s? id = 1599399324883348691&wfr = spider&for = pc，2018 年 6 月 28 日。

及未来收益权质押的组合担保方式发放贷款，不再需要有形资产抵押或者担保，形成以版权价值为核心的组合担保方式，创新文化信贷模式。北京银行还将为北京市文化影视企业提供创业贷、文创信保贷、版权贷、文创产业基金等金融服务，全面助力影视版权的运用。

### （三）“版融宝”创新版权质押融资①

2017 年，中国版权保护中心（以下简称“版权保护中心”）以影视企业为突破口，推出“版融宝”业务，以版权质押融资与文化金融结合的服务模式获得了市场认可。“版融宝”通过版权质押与其他融资方式组合实现版权质押，“版权 + 应收账款”“版权质押 + 版权融资租赁”是主要的业务组合形式。“版融宝”的推出，一方面创新了质押融资方式，通过专业服务使金融机构和文化企业的接洽和融合更为顺畅有效；另一方面，通过科学合理的设计融资方案，提高版权质押融资比例，使得版权服务真正起到促进文化金融发展的作用，并将贷款周期从原来的 6 ~8 个月缩短到两个月，将综合融资成本降低到 6% ~8% 。

## 三　2017年北京影视版权的保护

### （一）行政执法部门加强电影市场监管②

2017 年，北京市文化市场行政执法总队为加强北京电影市场的监管工作，主要从以下五个方面着力。一是会同北京市新闻出版广电局（北京市版权局）组织了全市电影院法定代表人、经理人安全经营管理工作培训班；二是《电影产业促进法》颁布实施后，及时开展群众性普法宣传活动；三

---

① 《版权服务如何促进文化金融落地——从中国版权保护中心推出“版融宝”业务谈起》，http：//www. ccdy. cn/shichang/201805/t20180527_ 1385911. htm，2018 年 6 月 28 日访问。

② 《依法监管电影市场更规范了》，http：//mini. eastday. com/a/180201155149366 - 4. html，2018 年 9 月 1 日访问。

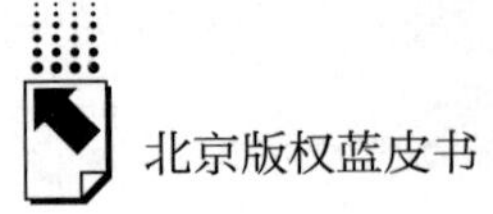


是开展了北京电影制作、发行、放映市场的调研，全面掌握了北京电影产业发展状况；四是在重要时间节点对电影院安全生产、依法经营情况开展专项检查；五是完成了日常执法监管任务，查处了一批违法违规经营单位。《电影产业促进法》颁布实施后，迅速查办了全国电影院瞒报销售收入第一案，全年检查电影经营单位 300 余家，查处违法违规经营单位 8 家，罚没款 60 余万元，其中，对北京某影院等 3 家存在偷、漏、瞒报票房收入的经营单位予以 5 万元以上的行政处罚。

北京市文化市场行政执法总队从 2017 年查办的偷、漏、瞒报票房的案件中总结发现瞒报票房的七种方式：一是使用双系统售票，其中一套不登入全国电影票务综合信息管理系统的方式瞒报；二是利用锁票房、订票退票、持订票入场的方式瞒报；三是通过手写票、非正常机打票的方式，不上报影票销售收入，个别影院管理人员和职工进行偷票房；四是通过微信收款不记账或者部分记账，瞒报影票收入；五是利用包场不出票的方式瞒报电影销售收入；六是通过网票公司售票，电影院不如实上报影票销售收入的方式瞒报影票收入；七是利用售票插件、观影人员入场后退票的方式，进行偷票房。

### （二）发布版权预警清单

进入 2018 年，北京市版权局发布了三批次包括《无问西东》《妖猫传》《芳华》《冈仁波齐》《国士无双黄飞鸿》《红海行动》《唐人街探案 2》《捉妖记 2》等 39 部影视作品预警信息，提示相关网络服务商应对版权保护预警名单内的重点院线电影、其他重点作品采取相应保护措施。[①]

## 四　结语

北京市新闻出版广电局（北京市版权局）在 2018 年制定的《北京市广播影视“十三五”发展规划》中为北京市影视版权发展指出了方向。要积

① 参见北京市版权局官网 http：//xwgdj. beijing. gov. cn/，2018 年 6 月 29 日访问。

极培育并大力发展版权产业，推动版权产业成为带动北京广播影视产业高质量增长的新动力；增强广播影视机构版权保护意识，提高版权管理水平，提升版权价值和战略地位；以广播影视内容产业为纽带发展衍生产业，进行版权多层次开发与多价值实现，升级盈利模式，反哺内容生产，实现良性可持续发展；充分利用北京国际电影节等影视节展的国际文化交流品牌发展版权产业，进一步完善和发挥北京市版权交易平台的功能，加强版权交易平台之间的合作交流和差异化发展，借地缘优势打造“版权之都”。同时，《北京市广播影视“十三五”发展规划》还提出，要建设广播影视版权交易与传播平台，以纪录片为龙头，打造一批匹配专业化、垂直细分化发展趋势的版权交易与传播平台；整合优化现有版权交易会、交易中心的功能定位，将线下交易活动进一步向网络延伸，集版权创造、交易、金融、咨询、保护、检测、管理功能于一体，促进版权交易和传播全球化、实时化，切实提高交易效率，保护和规范产业发展。以《北京市广播影视“十三五”发展规划》的发布为契机，北京市在影视版权的创造、运用、保护和管理方面，仍然大有可为，并最终推动影视产业的发展。事实上，影视行业在未来仍然是一个支柱、朝阳产业，北京市近年来也在从各个方面推动影视产业的发展。为了进一步推动影视版权的发展与保护，建议着重做好以下两个方面的工作。

一方面是加强影视剧本版权登记工作。一部影视作品被抄袭剽窃，经常是影视作品拍摄完成上映之后才发现，但是侵权行为常常从剧本就开始了。因此，通过对剧本环节的监控与保护，就可以有效保护影视版权，避免诸多纠纷出现。不管是直接创作的剧本还是改编的剧本，都属于文字作品，都依法受到著作权法的保护。按照最高人民法院的有关司法解释，著作权登记证书是可以作为诉讼证据的，因此影视版权登记对影视版权的保护而言具有重大的现实意义。

另一方面是发挥专业鉴定机构的作用。现实中的影视版权侵权形式多种多样，不仅有剧本之间的抄袭，而且存在影视剧和影视剧之间的模仿或者抄袭；一旦剧本或者影视剧经过侵权者的改动，侵权认定就变得比较困难。因此有必要通过专业的鉴定机构来进行权威的鉴定。2017 年，“北京影视著作权专家鉴定委员会”正式成立，这填补了影视版权领域鉴定机构的空白。该委员会将接受法院的委托，就一些影视版权侵权等案件组织相关专家进行严格的鉴定比对，并将鉴定结果交给法院作为法官审判案件的依据。值此机会，北京影视著作权专家鉴定委员会应当把握机遇，为法院等委托人提供优质的鉴定服务，并注意总结鉴定影视抄袭剽窃的规律和特点，继而上升为鉴定工作的标准或规则；同时，法院对鉴定委员会作出的鉴定也应给予必要的支持，树立鉴定机构的权威。只有两方共同努力，才能使影视著作权鉴定工作走得更远，发挥的作用越来越大。

# B.3 2017年北京音乐版权发展报告

杨奇虎*

**摘　要：** 2017年是中国音乐产业高速发展的又一年，在数字音乐技术的推动下，多个行业风口集中爆发，给音乐产业注入了前所未有的活力，同时也对音乐版权保护提出了新的挑战。中国音乐版权的正版化不断推进，盗版打击工作取得长足进步，版权的合作大规模开展，音乐用户出现新一轮消费升级。与此同时，各项新技术的兴起也使音乐版权授权许可模式的变革拉开了序幕。北京市依旧坚持对音乐版权强保护策略，重大项目持续推进，相关企业参与度高，音乐产业迎来新的发展机遇。

**关键词：** 音乐产业　音乐版权　版权保护

## 一　音乐产业年度发展情况

### （一）全球音乐市场概况

1. 2017年全球音乐市场概况

音乐产业一直伴随着时代的进步而发展。随着技术的变革，实体唱片的销量依然重要，但流媒体已经成为推动新时代音乐产业的主要动力。根据国

* 杨奇虎，腾讯音乐娱乐集团总法律顾问，北京工商大学法学学士，北京大学法律硕士。

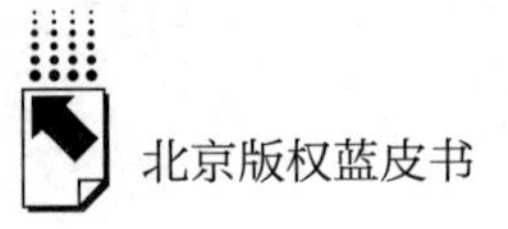



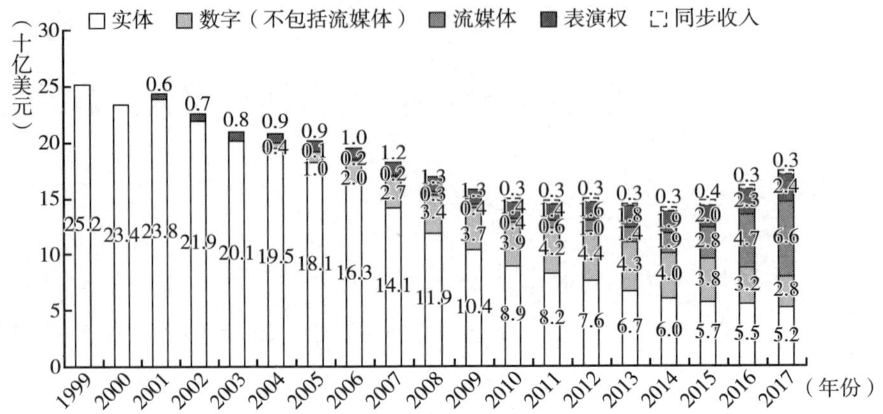



**图1　1999~2017 年全球音乐产业收入**

资料来源：IFPI《2018 全球音乐报告》。

际唱片业协会（International Federation of the Phonographic Industry，IFPI）发布的《2018 全球音乐报告》，2017 年又是一个上涨年，全球录制音乐市场在经历了 15 年的下滑之后实现增长 8.1%。这也是 IFPI 自 1997 年开始统计市场数据以来最大的增长幅度。全球大多数市场，特别是全球 10 大市场中的 8 个市场收入都有所增加。受乐迷对流媒体推崇（特别是付费订阅的音频流媒体）的驱动，数字收入占据了全球录制音乐市场收入的一半以上（54%）。流媒体总收入增长了 41.1%。到 2017 年底，全球约有 1.76 亿付费用户，2017 年增长了 6400 万用户。然而，纵向来看，2017 年的行业总收入仍然只是 1999 年市场高峰期的 68.4%。

2. 全球音乐市场数字收入情况

2017 年，数字收入增长了 19.1%，达 94 亿美元，并首次占到全球音乐产业收入总额的一半以上（54%）。全球流媒体的激增是主要驱动因素，流媒体增长了 41.1%，付费订阅音频流媒体增长 45.5%，下载收入下降 20.5%，占全球数字收入总额的 20%。在全球 32 个市场中，数字收入都占到了录制音乐市场的一半以上。

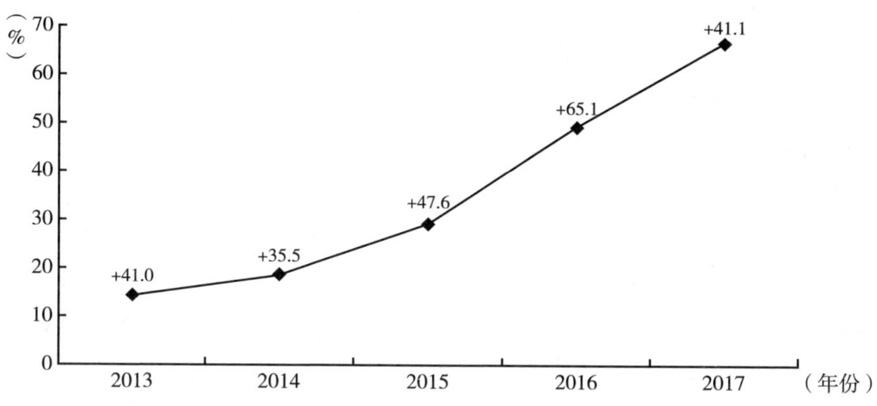


**图 2　2013～2017 年音乐流媒体市场同比增长**

资料来源：IFPI《2018 全球音乐报告》。

3. 全球音乐市场实体收入情况

实体收入下降 5.4%，幅度略大于上年（4.4%）。大多数市场的实体消费下降，但实体收入仍占全球市场的 30%。在日本（72%）和德国（43%）等国家，占比则更高。从全球范围来看，黑胶唱片收入增长 22.3%，占 2017 年录制音乐市场总量的 3.7%。

4. 全球音乐市场表演权及同步收入情况

广播组织和公共场所使用录制音乐的收入增长了 2.3%，达 24 亿美元，占整个行业收入总额的 14%。广告、电影、游戏和电视节目中使用音乐的收入增长了 9.6%。2017 年，同步收入占全球录制音乐收入的 2%。①

## （二）中国音乐产业年度发展情况

1. 中国音乐市场概况

中国的音乐市场依然呈持续增长、充满挑战和创新特性。在政府监管以及唱片公司和其他权利人共同努力推动下，中国在版权价值和保护方面发生

① 资料来源：IFPI《2018 全球音乐报告》。

了重大的文化转变。2016 年，中国数字音乐的产业规模达到 529.26 亿元，同比增长 6.24%。其中 PC 端与移动端的总产值达到 143.26 亿元，同比增长 39.36%，主要动能来自快速增长的付费用户群体。

2017 年，中国本土市场音乐收入增长 35.3%，流媒体收入增长 26.5%，总体产值居全球第 10 位，相比 2016 年的排名第 12 位，上升了两个名次。

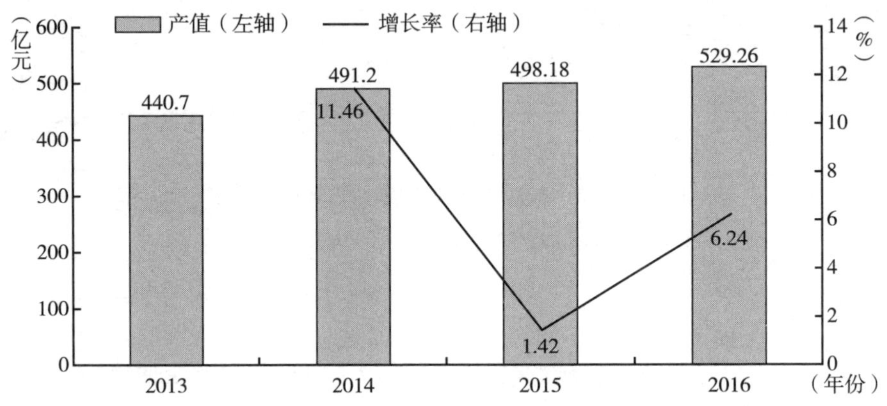


**图 3　2013～2016 年中国数字音乐产业市场规模及增长率**

资料来源：中国音像与数字出版协会音乐产业促进工作委员会组织编写的《2017 音乐产业发展报告》。

2. 著作权集体管理发展

中国音乐著作权协会在 2016 年的许可收入达到 1.84 亿元人民币，同比增长 8.2%。中国音像著作权集体管理协会的总收入达到 1.83 亿元人民币，同比增长 18.06%，呈现快速增长的发展态势。全国政协会议上首次提出《音乐产业促进法》提案、国家版权局出台相关政策法规规范版权管理、引导数字音乐独家版权相互授权等举措，都为音乐产业的版权保护营造了良好的整体环境。

## 二　音乐版权市场特点

### （一）实体音乐版权发展情况

中国的音乐产业报告显示，2016 年中国音乐书籍和音像产业达到 11.05

亿元，其中，音像类出版产业规模为8.38亿元，同比略有下降。实体音乐发展总产值持续下降，以北京市为例，在2005年北京大约有3000家实体唱片店，从2006年起实体唱片店数量持续减少，到2018年，仍然开放的实体音像商店只有几十家。但与此同时，少数民族音乐、古典音乐、黑胶唱片市场开始复兴。虽然实体唱片市场的占比仍然在下降，但在国际市场上，黑胶唱片的销售量自2013年以来仍呈逆势增长态势。

随着人们对于品质生活的追求不断提升，乐迷们对于音乐的质量要求越来越高，保存音乐品质的黑色胶带、民族世界音乐、追求细节的古典音乐都收获了大批乐迷，高质量的音乐已经成为其购买目标。

## （二）数字音乐行业持续发展

### 1. 短视频 BGM 时代迅猛来袭

在实体音乐持续萎缩之际，中国数字音乐产业规模在2016年已达529.26亿元，并在持续增长中。[①] 经历多个发展阶段的探索和成长后，短视频行业在2017年进入了成熟期。2017年中国短视频用户规模比2016年增长了58.2%，2018年的涨幅预计将达到45.9%。[②] 有赖于音乐的延伸性，短视频与音乐同气连枝，借助短视频 BGM（Background Music，伴乐、配乐）风口之下，移动时代赋予了音乐短视频新的生命力。音乐短视频所具备的高社交属性与低创作门槛，很好地契合了碎片化时代的新内容消费习惯，使其在某种程度上紧抓时代脉搏，因此，2017年也成为音乐短视频火力全开的一年。

音乐短视频内容的广泛生成与推广主要集中于音乐短视频平台与在线音乐平台。截至2018年3月，短视频行业的用户规模已经达到4.61亿。[③] 抖音、快手、微视等短视频平台上不断掀起的全民浪潮也是最佳引证。随着短

① 数据来源于中国音像与数字出版协会音乐产业促进工作委员会组织编写的《2017音乐产业发展报告》。

② 数据来源于艾媒网的《2017～2018年中国短视频产业趋势与用户行为研究报告》。

③ 数据来源于 QuestMobile 发布的《2018 春季报告》。

视频市场的日益升温，越来越多的音乐人在短视频平台或在线音乐平台发布音乐内容并尝试进行音乐的宣发与推广，随着传播手段和技术的变化，更符合互联网传播需要的短视频越来越受到年轻人的欢迎，过去一年来，《我们不一样》《带你去旅行》《学猫叫》等歌曲依靠短视频传播脱颖而出，成为音乐短视频网络宣传的代表性案例，短视频平台也越来越受到音乐行业的重视。

与此同时，音乐短视频的版权问题也成为行业发展中面临的新课题。目前的短视频平台在飞速发展期，对于短视频 BGM 使用中的音乐版权问题尚处于野蛮生长阶段，关于 BGM 的使用、翻录、翻唱、改编等情形尚存在大量侵权情形，对于短视频 BGM 运用的法律规制亟待加强。

2. 草根/平民音乐人“长尾现象”

孟兆平等人在《网络音乐版权价值实现的路径分析：电商模式构建》一文中作如下解释：互联网提供了多样化的音乐创作方式，音乐创作不再为少数音乐家、唱片公司所垄断。克里斯·安德森在《长尾理论 2.0》一书中所阐述的长尾（The Long Tail）理论可以描述网络环境下处于不同地位的音乐创作群体对于版权的不同利益诉求：传统传播技术背景下的知名音乐人和大型音乐公司等头部群体依然是主要权利人群体；因互联网分享而产生的各类型草根音乐人则构成了长尾的尾部，这部分人对于版权财产权益的实现不甚关心，其所关注的是作品的广泛分享及其带来的知名度提升，在网络环境下，他们则代表着新兴的力量，能够创造不亚于长尾头部知名音乐人所能创造的经济价值。[①]

简单来说，就是网络草根音乐人所占比重大幅增加，在音乐产业中能够创造的经济价值不低于主流音乐人，但是这一部分音乐人因各种原因造成版权保护意识和意愿相较于头部权利人群体来讲并没有那么强，同时又人数众多，因此使新时代的版权保护工作面临很大的挑战。

在最新的 QQ 音乐热歌榜中，大批的网络草根歌手出现现象级爆红，校

① 孟兆平、周辉、盛星宇等：《网络音乐版权价值实现的路径分析：电商模式构建》，《电子知识产权》2015 年 Z1 期。

长、木小雅、胡 66、深七、新乐尘符等新兴面孔与声音的出现，使得音乐唱作资源的垄断性减弱，大批原创歌手开始在互联网平台崭露头角并获取相应的渠道资源，而热门网络歌曲的版权确权、授权、维权问题也是行业所面临的新挑战。

**图 4　QQ 音乐 2017 年网络歌曲热度 Top 10 歌曲**

资料来源：腾讯网发布的《2017 腾讯娱乐白皮书》。

3. 网络数字音乐版权作品井喷式增长

“互联网 +”时代以前，传统音乐作品尚需实物载体，因此音乐的制作与发行量受制于载体，发行版权作品难度较大、门槛较高，导致音乐作品制作与发行效率不高、音乐作品总量并不多。然而，随着“互联网 +”与自媒体时代的到来，数字音乐流媒体技术不断发展，同技术壁垒一起被打破的是传统音乐行业中制作与发行难题。目前，每一个人都可以成为音乐作品的制作发行主体，并通过网络社交媒体、在线音乐平台等上传自己的音乐作品，新兴音乐人和数字音乐作品数量均呈井喷式增长，并在网络平台形成了数以亿计的音乐播放/下载量，海量音乐作品的涌现与上文提及的“长尾效应”给音乐版权保护工作带来极大的挑战。面对海量作品的版权管理，一方面，著作权集体管理组织可以给出部分解决方案但也因此承受巨大的管理压力，另一方面，大部分音乐人并不会将自己的音乐作品置于著作权集体管理组织的管理之下，同时音乐作品本身缺乏有效的权利标识，加之网络传播的便捷性，加剧了侵权成本低与维权成本高的困境，这也导致了对这部分音乐人及其音乐作品很难进行版权的集体保护，版权侵权问题严重。

4. 人口红利逐步消退，进入存量用户深耕时代

截至 2017 年 12 月，我国网民规模达 7.72 亿，普及率达到 55.8%，超过全球平均水平（51.7%）4.1 个百分点，超过亚洲平均水平（46.7%）9.1 个百分点。①

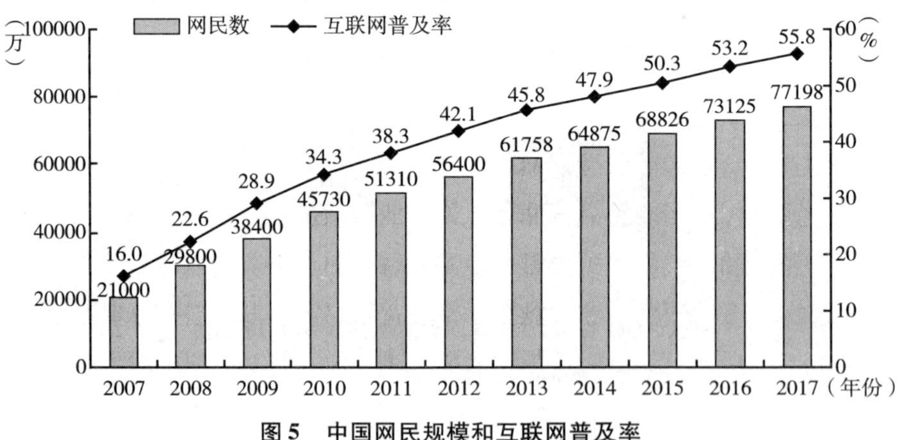


**图 5　中国网民规模和互联网普及率**

资料来源：中国互联网络信息中心（CNNIC）发布的第 41 次《中国互联网络发展状况统计报告》。

① 资料来源：中国互联网络信息中心（CNNIC）发布的第 41 次《中国互联网络发展状况统计报告》。

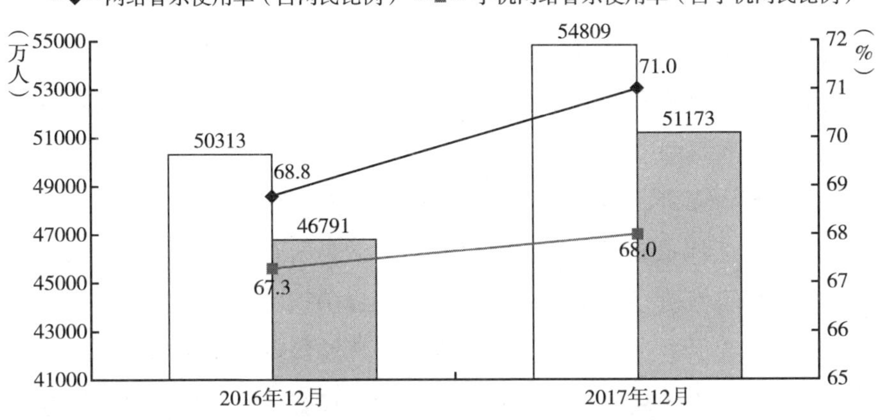


**图 6　中国网络音乐用户规模及使用率**

资料来源：中国互联网络信息中心（CNNIC）发布的第 41 次《中国互联网络发展状况统计报告》。

从中国互联网络信息中心（CNNIC）发布的第 41 次《中国互联网络发展状况统计报告》统计数据来看，2017 年互联网音乐用户占互联网总用户的 71%，用户规模达到 5.48 亿，较之往年同期增速已经放缓。随着网民渗透率的提升及手机等智能终端设备的使用接近饱和，移动互联网时代人口红利开始逐渐消失，但是手机用户对网络使用程度仍在持续加深，付费用户数量迅速上涨，与 2012 年相比，音乐付费用户数上涨了 113%；流媒体音乐付费逐渐成为新趋势，各大音乐行业玩家开始垂直深化服务，并深挖存量市场与用户需求，保持用户关注与使用度。

## （三）音乐版权市场的垂直划分日趋精细化

### 1. 音乐平台持续展开版权合作

音乐版权一直是行业争抢的重点资源，在过去的一年，在线音乐平台间的版权合作也持续开展。2017 年 9 月，国家版权有关部门发出“推动网络音乐产业繁荣发展”倡导，推动了平台之间的版权合作，不久后阿里音乐通过和腾讯音乐娱乐集团开展版权互授，获得了环球、华纳、索尼全球三大唱片公司与 YG 娱乐、杰威尔音乐等优质音乐版权资源。2018 年 2 月，在国家版权局的推动下，腾讯音乐与网易云音乐达成了独家版权互授，相互转授权的音乐作品达到各自独家版权数量的 99% 以上，二者还商定进行音乐版权长期合作。2018 年 3 月初，网易云音乐宣布和拥有 S. H. E 组合、林宥嘉等一线歌手的台湾著名唱片公司华研国际达成战略合作，获得后者旗下音乐曲库的授权，在相隔五天之后，阿里音乐和网易云音乐宣布达成版权互授合作。阿里音乐将滚石、BMG 等优质音乐版权转授给网易云音乐的同时，网易云音乐将天娱、爱贝克思、丰华、华研国际等优质音乐版权转授给阿里音乐。此次版权合作的达成，意味着用户通过阿里音乐旗下的虾米音乐除了可以继续使用田馥甄、林宥嘉、S. H. E 组合等华研国际的艺人歌曲版权外，还可以畅听张惠妹、张雨生、华晨宇、张杰、滨崎步等艺人的音乐。同时，曹格、八三夭、孙盛希、刘若英、周华健、李宗盛等多位主流歌手歌曲已然正式向网易云音乐的用户开放。①

在线音乐平台的版权互授，进一步打破了版权市场壁垒，为音乐用户带来福音，与此同时平台沉淀下来的用户数据也在平台自我优化和商业价值兑现中凸显了更为明确的执行性和价值性。

2. 听众对音乐类别多样性的需求

随着网络时代的发展，人们对作品类型的需求越来越多样化，随着音乐节市场垂直细分，以及年轻观众音乐品位的分化，以往不占主要市场的小众作品也逐渐拥有相当规模的受众。民谣、摇滚、爵士、说唱等多种类型作品的市场影响力逐渐扩大，电子音乐节也掀起一股热潮，多种多样的个性化音乐正逐渐受到资本市场青睐。随着中国音乐版权市场的逐步完善，以及在“90 后”带动下中国整体音乐消费能力的增强，众多海外音乐资源也瞄准了中国市场，Electric Zoo、Life in Color、Ultra Music Festival 等先后落地中国，

① 王琳：《音乐平台持续展开版权整合——从独家割据到版权互授》，《北京晨报》2018 年 3 月 9 日。

日前 MIA 电音节和 EDC 也确认了即将来华的消息，除此之外，日本知名的音乐节品牌 Summer Sonic 也已经在中国上海落地。

3. 音乐版权各项收入百花齐放

2016 年音乐广播广告费约为 15.27 亿元，同比增长 2.1%；2016 年音乐类电视综艺节目及视频网站自制音乐类综艺节目持续活跃，数量和类型稳中有增，电视音乐类综艺节目广告总收入超过 46 亿元，同比增长 53.4%。其中，新媒体收益与表演权收益持续领跑，市场潜力巨大，但产业化发展机制尚需完善。

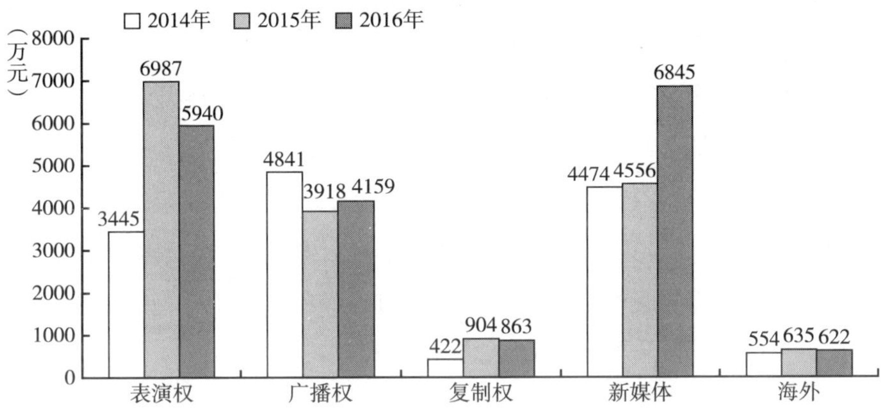


**图 7　2014～2016 年音乐版权各项权利收入对比**

资料来源：中国音像与数字出版协会音乐产业促进工作委员会组织编写的《2017 音乐产业发展报告》。

4. 娱乐体验 + 商业变现不断升级

在音乐产业中，用户群体多、黏性高、粉丝经济变现空间大，音乐人通过 O2O 演出能增加演唱会收入以外的网络付费收入，各类音乐视频节目为粉丝提供更多与偶像互动和接触的机会并降低追星成本、满足多年龄段和经济水平粉丝的不同需求。与此同时，网络宽带、直播技术升级，4K/VR/AI/杜比音效等技术的不断升级和应用极大提升了音乐用户的娱乐体验，也增强了音乐产业的变现能力。

“跨界”一词在2017年的音乐行业也有着全新的诠释和拓展，各大数字音乐平台的跨界营销就是集娱乐体验与商业变现的集中体现：2017年3月网易云音乐联合杭港地铁，推出了“乐评专列：看见音乐的力量”的地铁营销，引起了大量关注，随后又在6月与扬子江航空合作了“音乐专机”营销活动，此后还与农夫山泉联合推出了名为“乐瓶”的瓶装矿泉水；腾讯音乐娱乐也做了诸多尝试，无论是在上海打造的“乐光”潮流地标，还是全民K歌自助店项目，无论是与优衣库推出的“衣·乐人生”电台，还是与宝马、必胜客的跨界营销，都体现了音乐在场景消费下的积极作用。此外，2017年中秋节，虾米音乐也推出了自己的音乐月饼礼盒，随后还和麦当劳（北京）合作了音乐主题旗舰店项目。

除了数字音乐平台的跨界，2017年无论是独立厂牌还是音乐营销及内容服务商也都开展了积极的跨界整合。作为独立音乐厂牌的重要代表——摩登天空在2017年9月成立了创意视觉厂牌MVM，在10月又推出了摩登天空运动厂牌Modern Sky Sports，在此之前摩登还以975摩登音乐台为原点，在全国开始发展摩登音乐台二台、三台。过去一年，得益于技术发展与新型商业营销，显然是音乐玩家们在不断打破边界的一年。

5. 演艺市场显现新的活力

以演唱会为主，直播、音乐节、livehouse为辅的音乐演出产业是除数字音乐外的第二大市场，已基本构成除专辑消费外的重要音乐消费项目。2016年音乐类演出市场快速增长，总体规模达到了160亿元，同比增长6.7%，票房总收入约为48.13亿元，其中剧院音乐类演出票房收入约12.27亿元，演唱会的票房收入约30.21亿元，音乐节票房收入约4.83亿元，LiveHouse票房总收入8285万元。[①] 2017年上半年，音乐节约80个，其中有23个集中在“五一”期间举办，音乐节市场持续升温。演出场次、观演人次、上座率均全面回升。演出行业的市场化、产业化、国际化水平进一步提升。

---

① 资料来源：中国音像与数字出版协会音乐产业促进工作委员会组织编写的《2017音乐产业发展报告》。

演艺市场凭借着科技与创意加持，特别是在现场音乐中，开发出了与以往不同的新玩法，在实体唱片业走衰的时代背景下，音乐演艺市场中产出了众多优秀原创音乐，为本土音乐产业注入了新的活力。

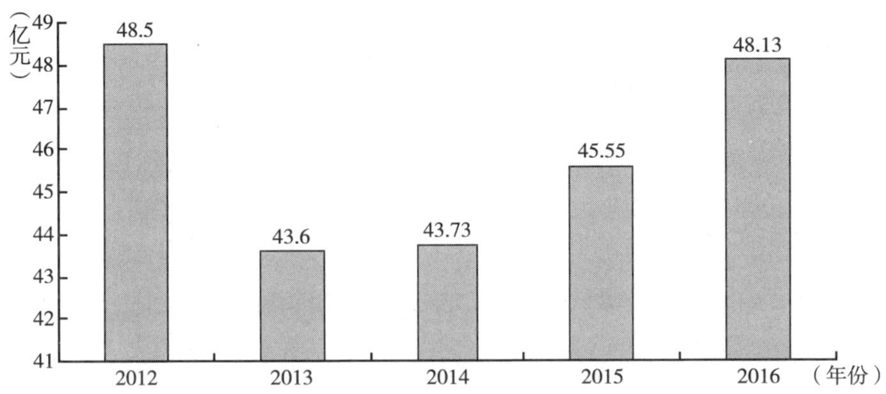


**图 8　2012～2016 年中国音乐类演出市场票房统计**

资料来源：中国音像与数字出版协会音乐产业促进工作委员会组织编写的《2017 音乐产业发展报告》。

## （四）音乐用户付费意愿持续增强

### 1. 音乐用户消费意愿的变化

在在线音乐消费领域，音频视频结合的音乐视频泛娱乐逐渐发展。视频平台纷纷对音乐演唱会、首唱会、live 分享会等采取普通用户付费点播、VIP 会员付费观看的策略，在一定程度上加速了版权正版化，也改变了用户的消费意愿，从单纯地“听音乐”发展为“听 + 看 + 线上线下参与”的多种消费路径。

基于音乐用户消费意愿的变化，音视频网站也从最初的播出平台转变为自制内容进行 O2O 联动，增强了音乐内容与用户的互动性以及平台的变现能力。针对自制音乐内容的全产业链开发及多渠道变现能力的拓展将成为未来平台布局的重点。以腾讯音乐娱乐集团为例，其参与联合出品的《创造101》《明日之子》都是打通上下游、开拓数字音乐新玩法的有益探索。

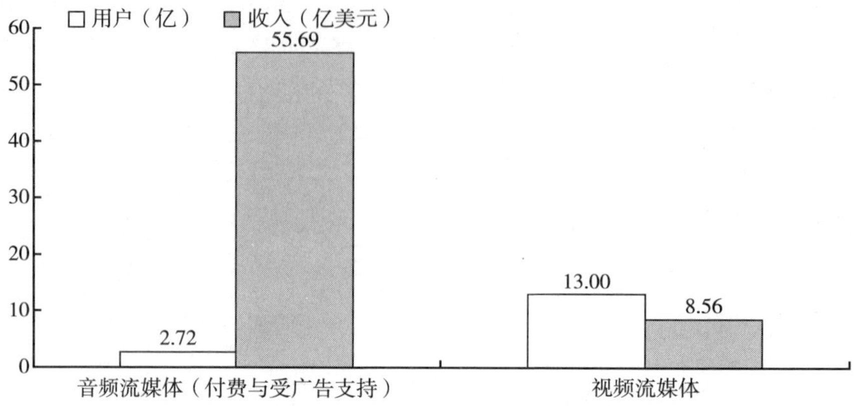


**图 9　2017 年音频流媒体与视频流媒体用户与付费收入统计**

资料来源：IFPI《2018 全球音乐报告》。

2. 音乐用户消费方式的升级

从线下消费市场来看，音乐演出市场持续活跃，演出场次、票房总收入、观演人次都创新高，同比实现快速增长。从线上消费市场来看，互联网音乐用户占互联网总用户的 71%，用户规模达到 5.48 亿，年增长率 8.9%。虽然人口红利逐渐消失，但付费用户数量迅速上涨。①

用户的消费方式在多样化中迎来升级，而音乐成为撬动消费升级的一根杠杆。为实现这一使命，行业积极寻求技术变革。音乐推动了与新产品和服务的结合并非偶然，合作横跨音频流媒体服务等传统合作伙伴和社交媒体平台等新兴平台。

3. 音频内容付费风起

蛰伏了几年的音频平台终于在 2017 年找到了一种较为直接的变现方式，借助知识付费的东风，音频内容付费一时间成为国内一大商业热点。

国内的几大音频平台，蜻蜓 FM、喜马拉雅、荔枝等都纷纷推出了自己的音频内容付费项目。蜻蜓 FM 与高晓松合作了《矮大紧指北》，喜马拉雅

① 资料来源：中国互联网络信息中心（CNNIC）发布的第 41 次《中国互联网络发展状况统计报告》。

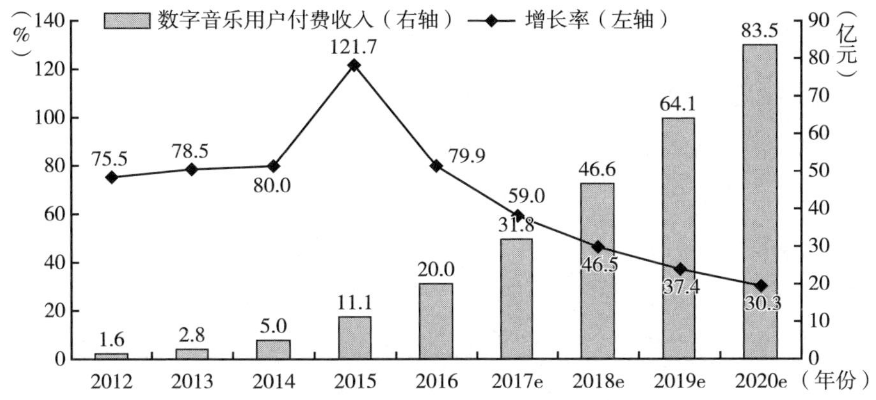


**图 10　2012～2020 年中国数字音乐用户付费收入**

资料来源：艾瑞咨询《2018 年中国数字音乐消费研究报告》。

搭档奇葩说团队推出了《好好说话》，荔枝 FM 也推出了将课程分为月度、季度和年度的荔枝微课。2017 年 9 月，网易云音乐也成为音乐平台中率先进军知识付费的“领头羊”，推出了首款自制的知识付费产品《采铜好书精读》。在 2017 年 12 月 1～3 日举行的喜马拉雅 FM 第二届“123 知识狂欢节”上，平台的内容消费总额达 1.96 亿元，实现了对首届知识狂欢节消费总额近 4 倍的超越。其中排在第一名的《蔡康永的 201 节情商课》，销售额甚至超过千万元。同样，音频付费内容的形式也十分多样，除了上述提到的电台节目和课程外，还包括了讲座、朗读、有声书、广播剧及网红主播的个人频道等。

互联网虽然让世界变平了、让内容生产的门槛降低了，但随之而来的信息过载和内容鱼龙混杂，也给用户带了众多困扰。内容过多和混杂等于没有内容，盛行的音频内容付费就是用户对于优质的内容、有用的知识所带来的稀缺价值的饥渴表现，因此，让用户消费优质的内容成为必然。发迹于 2016 年的知识付费在 2017 年得到了进一步普及，同时也进一步变得“冷静”。而音频内容付费，依然面临着如何打造更多的精品内容、如何培养更多忠实的付费用户等问题。

## （五）音乐版权许可方式的变革

1. 数字音乐时代下传统版权许可方式的搜寻成本进一步上升

在数字音乐蓬勃发展之前，音乐权利人多为职业化的创作者和传播者，使用者则局限于大规模利用音乐的商业机构，音乐著作权制度一直围绕此种市场环境构建，是仅涉及“少数人”的法律。[①] 随着网络技术的发展，借助录音技术与网络传播技术，个人创作、传播音乐的成本降低，音乐由原来的少数人职业创作变为有广泛平民参与的大众娱乐。网络歌手、草根音乐人频频出现，当网络最终用户进入音乐产业的各个环节（创作、改编、传播）后，数字音乐版权制度因此转变为规制潜在“多数人”的法律。

在这一背景下，数字音乐背后的权利人更为分散，传播者寻求个人许可的搜寻、协商成本进一步提高，增加了许可制度整体的运行成本。在传统众多专业音乐人创作音乐的时代，可以通过集体管理组织的一揽子许可避免分散的搜寻、协商过程；而在网络时代，草根个人的创作者并没有加入音著协等类似的集体管理组织，在其作品具有市场需求时，传播者难以找到具体的权利人，或权利人过于分散，搜寻成本过高。由此可能出现的情况就是传播者在未经许可的情况下进行传播，等待权利人主张权利时再进行赔付适当的许可费，这就导致传播者对此类主体创作的作品进行传播需承担相当的法律风险与声誉损害的风险。

2. 网络环境下规模许可的需求加剧网络音乐版权许可成本

虽然随着网络技术的发展，作品复制传播的边际成本大大下降，但在音乐领域，在网络环境下音乐著作权许可的众多环节、权利人过于分散以及大规模要求，使得许可制度运作成本提高。[②] 尽管网络技术降低了传播的边际成本，提高了传播速度与效率，但版权许可的高成本最终抵消了网络技术带

---

① 熊琦：《美国音乐版权制度转型经验的疏解与借鉴》，《环球法律评论》2014 年第 3 期。

② 音乐作品背后复杂的著作权主体导致许可中分散协商的高成本，职业作家到草根大众创作的变化导致权利主体的扩张，许可时面临高额的搜寻成本与协商成本，从热门音乐到个性化音乐导致市场对音乐的规模化许可需求。

来的传播效率。

我国传统网络音乐平台的商业模式是“用户免费欣赏+付费享受高音质+广告”。需要看到的是，不同于网络视频平台可以在作品播放中播放广告，以广告费作为主要的收入来源，音乐作品篇幅较短，在音乐播放过程中呈现广告的空间十分有限，由此可能产生的广告收入微薄。而由于以往盗版泛滥，传播渠道多元等原因，免费欣赏音乐已经成为中国消费者的习惯，音乐平台难以通过使用者付费欣赏方式获得利益。尽管近年来通过对盗版侵权行为的打击，使公众逐渐认识到对版权尊重的重要性，付费意愿也持续提升，但对大多数用户付费欣赏、下载的消费习惯的培养需要经历相当长的时间，当前想要完全依靠用户付费欣赏的模式而达到营利是不可能的。

由此可知，传统较为单一的经营模式并不能满足当前平台营利的需要。国外 Pandora、iTunes、Spotify 等音乐平台形成了付费下载、电台播放、包月付费、音乐社区等多种服务形式以求营利。在版权保护力度加强的背景下，音乐著作权的多重许可客观导致终端音乐网络平台的成本上升，而由于我国用户习惯等问题，这一成本最终未能分担到消费者身上，平台承担巨大成本。

3. 区块链技术对音乐版权的解决方案

音乐行业面临的挑战尤为复杂，对每一首歌曲的版权许可都涉及专业且庞杂的版权体系。首先是录音版权，涉及完整唱片，此项权利通常由唱片公司拥有，且可将其授权给位于他国开展业务的子公司。此外，录音版权可能会随时间推移而进行转让或重新包装。其次是作曲版权，如果不同音乐人在同一曲目中合作，或者某首歌曲成为专辑中的封面曲，那么其版权最终会以多种方式进行拆分，在我国，中国音乐著作权协会可以将已注册音乐人的词曲著作权代为管理，但大量未注册音乐人的词曲权利通常掌握在原始词曲权利人手中。

因此，每当出现对于一首歌曲的使用时，想要获得相应的版权许可，必须弄清音乐作品/录音制品的各项权利人。在流媒体时代，人们能够在全球各地随时收听与使用更多的音乐，但这同时也给版权使用者带来挑战，他们很难确保版税能够以合适的数额被支付给正确的对象。

在音乐行业，区块链技术能将每一首在区块链平台上注册过的新歌曲的数字内容，以及词曲、唱片说明、封面、版权授权、用户使用信息等所有相关信息完整地保存起来。由于区块链的分布式记录方式是独立存在的，不属于任何单一实体，也无法篡改，音乐创作人不需要唱片公司也能够注册自己的作品版权。区块链技术最为革命性的颠覆就是可以实现一首歌曲的点对点收听，这就不可避免地会对中心音乐平台造成巨大的伤害。对于音乐人、词曲作者、唱片公司等的版权持有者来说，版权交易透明度的提升，无疑也增加了他们创收的可能。未来，区块链在音乐版权的许可、保护、收益分成中的应用将大有可期。

## 三　北京市音乐产业及音乐版权现状

### （一）北京市音乐版权市场

#### 1. 北京音乐市场呈现极大活力

北京音乐演出市场繁荣，无论是从演出数量、演出场次还是从演出规格与质量上，均取得较大突破。自 2017 年至今，第二十届北京国际音乐节、长城跑音乐节、乐谷华录音乐嘉年华、2017 49City（Funhill）音乐节、2017 北京潮流音乐节、2018 年北京格莱美音乐节、2018 北京超级草莓音乐节等不同类型与规模的音乐节先后在北京举办。与此同时，北京市积极引进国际优秀剧目与扶持培养本土 IP，包括原版音乐剧、外国音乐剧引进中文版制作、原创音乐剧等都大放异彩。据统计，2017 年北京音乐类演出 2364 场，实现票房 8.19 亿元。剧场演唱会发展势头强劲，全年演出 282 场，在专业剧场演出多达 200 场，促进了演唱会市场发展。①

① 隗瑞艳：《2017 年北京演出市场保持平稳增长》，《中国文化报》2018 年 1 月 9 日。

2. 泛娱乐时代，音乐 + 技术的多种玩法

在传统实体音乐行业持续萎缩、纷纷等待商业模式创新与行业转型的同时，音乐凭借着与生俱来的延展性，与文学、动漫、影视、游戏等内容融合，并不断借助 VR（Virtual Reality，虚拟现实）、AR（Augmented Reality，增强现实）与各种新技术，结合在线 K 歌、综艺选秀、直播等形式，使传统音乐行业的边界加速消融，进入泛娱乐时代。

过去一年中，线下迷你 KTV 的兴起成为泛娱乐时代音乐玩法的新样态。据统计，2017 年中国线下迷你 KTV 市场规模约达 31. 8 亿元，较 2016 年增长 92. 7%，预计 2018 年线下迷你 KTV 市场规模将增长至 70. 1 亿元，增长率达 120. 4%，实现市场大爆发。①

除线下迷你 KTV，海量门店的背景音乐支持、智能音乐硬件与国内外智能设备厂商连接拓展 ToB 音乐需求、音乐主题旅馆等项目都吸引了大量资本的涌入，并陆续落地北京，加速了多元文化娱乐形态之间的联动、迭代及融合，带来了行业资产价值的重估。

3. 重大音乐产业项目有序推进

2016 年国家音乐产业基地的总资产达 234. 34 亿元，同比增长 31. 37%。营业收入总额 119. 34 亿元，同比增长 49. 18%。主营业务收入 112. 72 亿元，同比增长 57. 23%。基地园区主营业务利润达 18. 46 亿元。②

北京作为国家新闻出版广电总局指导下的重要音乐产业基地，北京国家音乐产业基地于 2012 年 6 月 7 日正式挂牌成立，目前有中国乐谷、中国唱片总公司创作园、天桥演艺园区、1919 音乐文化产业基地、数字音乐示范园区 5 个园区。在园区建设中，积极推动“音乐 + 创意”产业融合和转型升级，加强基地之间的联盟以增强产业集群效应，全方位深层次拓宽音乐产业价值链，使音乐产业基地园区的营业收入实现快速增长。

---

① 数据来源于艾媒咨询发布的《2017 年中国线下迷你 KTV 专题研究报告》。

② 数据来源于中国音像与数字出版协会音乐产业促进工作委员会组织编写的《2017 音乐产业发展报告》。

4. 音乐市场行业主体多元化，市场参与度提升

作为全国文化中心，北京市音乐市场的行业主体涵盖多元，从唱片公司到在线音乐平台、从广播电视台到互联网音乐厂商，多家业内领先水平企业的加持使北京市音乐版权市场在多元主体的参与中尽显活力。

坐标北京的太合音乐集团是2017年音乐领域投资动作最多的公司之一，从4月战略投资校园音乐网红平台不要音乐到6月并购独立厂牌亚神音乐，从8月收购了兵马司到10月战略投资了音乐科技公司飞行者，从11月与君联资本一起投资了音乐空间品牌MAO到12月投资了新民族音乐厂牌生养之地，2017年是太合音乐加速投资布局的一年，内容依旧是核心投资方向，无论是亚神、兵马司还是生养之地，都是其积累优质音乐内容及版权的重要动作。

摩登天空有限公司创立于1997年12月，是目前中国最大规模的新音乐独立唱片公司，2017年对摩登天空来说，是值得铭记的一年，9月，摩登天空成立MVM（Modern Sky Vision Maker）创意视觉厂牌，10月又推出了摩登天空运动厂牌（Modern Sky Sports），两笔重要投资均是布局生活方式领域。Lab实体扩张、MDSK、视觉厂牌、运动厂牌……这也是摩登天空“音乐+”不断打破边界的一年。专注于“音乐内容+生活方式”升级，摩登天空20周年全新起航，已经赋予了“独立音乐”更多可能。

同样总部坐落于北京的今日头条在收购Musical.ly后，已完成国际化业务的初步版图。在11月完成对海外音乐短视频平台Musical.ly的收购，交易总价近10亿美元。交易完成后，今日头条旗下音乐短视频社区抖音和Musical.ly合并，这笔收购也是继Flipagram后，今日头条收购的北美第二款短视频产品，同时也是今日头条历史上最大的一笔收购案。2018年，拥有算法优势和媒体内容优势的今日头条，将会在中国乃至全球市场与众多对手展开更加激烈的竞争。

## （二）北京市音乐著作权司法保护情况

1. 司法新规出台

为贯彻执行两办《关于加强知识产权审判领域改革创新若干问题的意

见》、提升北京法院著作权审判的质量和效率、推动首都文化产业的发展和创新，北京市高级人民法院总结整理以往涉及侵害著作权案件的各项指导文件，并梳理汇总实践中的各类问题，形成了《北京市高级人民法院侵害著作权案件审理指南》，并于2018年4月20日正式对外公布。指南分为11个部分，共计160条，涉及基本规定、权利客体、权利归属、侵权认定（包括著作人身权、著作财产权、邻接权）、抗辩事由、法律责任、侵害信息网络传播权的认定等问题，并对网络环境下著作权侵权案件的审理提出了极具指导性的司法意见。

指南的发布，是对北京市高级人民法院以往规范性文件的修改、补充、汇总与完善，系统研究了著作权法立法者的相关释义，总体上是对司法实践中亟待解决的、具有共通性的问题，作出结论性或指引性的规定。指南的发布，将推动北京法院著作权审判实践，是全市著作权审判工作的新起点。北京市高级人民法院将以此为契机，推进著作权审判工作向更完备、更全面、更科学的方向不断发展。

2. 音乐版权宣传及研讨活动多次开展

2017年至今，北京市各方围绕音乐版权问题的研讨及会议多次开展：2017年3月，北京影视著作权专家鉴定委员会成立，对于影视剧中使用的音乐等各类作品形式的著作权司法鉴定问题展开讨论，开启了中国影视法制化建设新纪元。①

2017年8月18日，由中国反侵权假冒创新战略联盟指导，13家知名企业和行业人士联合发起的国内首个版权区块链联盟在北京正式成立。②

2017年12月15日，由国家音乐产业基地、北京市新闻出版广电局（北京市版权局）和无限星空音乐集团联合主办的第五届中国国际音乐产业大会在京举行，大会由音乐产业高峰论坛、音乐博览会、音乐嘉年华三大板块共同构成，2013年至今，中国国际音乐产业大会已连续成功举办了4届，

① 王坤宁：《北京影视著作权专家鉴定委员会成立　开启中国影视法制化建设新纪元》，《中国新闻出版广电报》2017年3月30日。

② 常青：《隽手高新技术　打造版权共赢格局——国内首个版权区块链联盟在京成立》，《中国版权》2017年第5期。

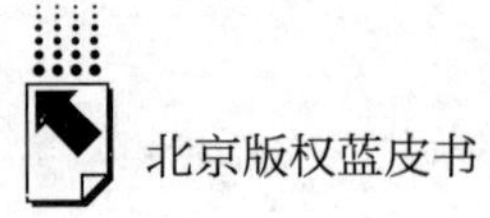



每一届都围绕行业年度热点话题展开讨论。①

2018 年 3 月 15 日，由中国音乐著作权协会与日本远藤实歌谣音乐振兴财团共同主办的 2018 年度“中日著作权研讨会”在北京诺富特和平宾馆召开。研讨会主要围绕“互联网音乐的现状与问题”展开，通过介绍中日两国互联网音乐的发展状况与数字音乐版权保护的具体实务，相互分享观点、交流经验，探讨数字时代下网络音乐版权保护的应对方案。②

作为政治文化中心的北京市，2017 年至今，开展了各种音乐版权的宣传与研讨活动，对于厘清音乐版权使用的具体问题、落实实务运用、推动行业有序发展均发挥了良好助力。

3. 政策布局

2017 年是实施首都新闻出版广播影视“十三五”发展规划关键的一年，北京市新闻出版广电局（北京市版权局）提出将全面加强与大型龙头文化企业的战略合作，努力实现首都新闻出版广播影视健康良性发展。一是加强统筹规划，做好顶层设计，继续保持首都新闻出版广播影视在全国同行业中领头羊的位置，做好北京城市副中心相关行业规划；二是狠抓产业转型升级，推进供给侧改革，切实调动和发挥龙头文化企业的带动作用，建立产业链完整、内容安全、业态齐全、技术先进、传播广泛、秩序优良的产业生态；三是整合资源，形成合力，发挥北京影视出版创作基金、提升出版业国际传播力专项资金等的示范作用，实施精准扶持、持续发力；四是办好大型活动，树立文化品牌。

## 四　音乐产业版权保护所面临的问题

### （一）技术发展所带来的音乐版权侵权问题

互联网技术飞速发展的同时也对数字音乐版权的法律保护提出了新的、

① 刘芳：《第五届中国国际音乐产业大会在京召开》，《中国新闻出版广电报》2017 年 12 月 19 日。

② 殷珠：《中日聚焦网络音乐版权保护应对方案》，《中国新闻出版广电报》2018 年 3 月 22 日。

更大的挑战。无论是网络搜索服务提供者侵权案件的频发，还是新型对等网络侵权事例的层出不穷；无论是自媒体等新型版权侵权事件的涌现，还是版权收益分配失衡所导致的不良后果，都使得数字音乐的版权法律保护问题成为当下影响深远且亟待解决的重要课题。

1. “对等网络”服务带来的版权问题

对等网络（Peer to Peer）技术早已不是新产物了，但在当前的技术背景下，P2P 技术的升级与变型仍然在数字音乐版权保护领域引发了一系列值得关注的问题。对等网络，即“对等计算机网络，是一种在对等者（Peer）之间分配任务和工作负载的分布式应用架构，是对等计算模型在应用层形成的一种组网或网络形式……可以定义为：网络的参与者共享他们所拥有的一部分硬件资源（处理能力、存储能力、网络连接能力、打印机等），这些共享资源通过网络提供服务和内容，能被其他对等节点（Peer）直接访问而无需经过中间实体。在此网络中的参与者既是资源、服务和内容的提供者（Server），又是资源、服务和内容的获取者（Client）”①

谈及 P2P 技术，我国的 BT 服务便自然是不可回避的焦点。BT（Bit Torrent）又称比特洪流，是 P2P 网络系统中的一种协议类型，用于多用户之间关于大容量文件资源的共享服务之中。目前，网络视频音频的传播日益盛行，这也是造成网络数字版权作品保护难的一个根本性问题。但由于 BT 技术本身是互联网技术的大趋势，必然不能通过封杀行为来进行处理，而应该出台相应的法律法规，构建合理的监管机制使 BT 技术造福于民，同时保护好版权人的合法权益。

关于 BT 技术背景下版权的保护方式，一方面，就如美国的版权集体管理组织统一代理入会版权人来进行版税收取一般，想要直接监控 BT 系统中用户的共享信息的版权信息并进行统计需要耗费大量的人力物力，因此并不可采。但是，若仅对版权作品的传播情况进行统计则相对容易。然后在此基

① “对等网络”，载“360 百科” http：//baike. so. com/doc/6157256. html，浏览时间：2018 年 7 月 3 日。

础上，根据作品的共享传播情况来制定 BT 系统中的版税收费标准并据此来向版权人支付版税便显得可行得多。这部分版税亦可以先由 BT 服务商提供，而后根据 BT 服务商制定的标准来向用户进行适当的收费，这样一来，层层传递，便可以较好地保护版权人的权益。另一方面，便是要做好 BT 种子源头的版权保护工作。BT 种子的源文件一般来自某一位用户，而该用户在获取该版权作品时可能采取的是合法或非法的途径。就合法途径而言，为了进行后续版权的保护，前版权作品管理网站可以采取明确告知禁止下载后进行非自用性的传播或设置技术壁垒防止版权作品的二次传递等方式来进行保护。而对于非法途径而言，前版权作品管理网站则必须首先加强自身的技术保护措施，防止他人进行未经许可的下载，此外再采取诸如上述的后续保护措施。总之，此类 P2P 技术是未来发展的大方向，我们应该做的便是实现技术利民和版权保护二者之间的平衡。

2. 自媒体时代版权的保护问题探析

若将 P2P 技术的升级认为是“互联网 +”时代与互联网时代的区别之一，那么自媒体时代的来临则显得更加具有代表性。自媒体（We Media），“是指私人化、平民化、普泛化、自主化的传播者，以现代化、电子化的手段，向不特定的大多数或者特定的单个人传递规范性及非规范性信息的新媒体的总称”。[①] 博客、BBS、微博、贴吧、论坛、微信等均是自媒体的典型代表。自媒体本身的平民化和普泛化使得每个人都成为信息源，这与对等网络的概念有相似之处，但是在个人（peer）方面更加广泛。

首先，个人原创性音乐作品通过朋友圈上传后的版权保护问题难以解决。当下许多音乐发烧友、音乐爱好者、草根音乐人等经过不懈的努力，自己录制了许多原创性的音乐作品，但是鉴于现在信息大爆炸的特征，想要为大家所熟知难度很大，便会选择先在朋友圈上传，然而在博得点击率和人气的同时，这些版权人也相当于将版权作品的版权进行了无偿处理，因此在一

---

① “自媒体”，载“360 百科”，http://baike.so.com/doc/5013890－5239245.html，浏览时间：2018 年 7 月 3 日。

首成名曲广为流传的同时，这些版权人从中可能很难获得足够的版税。虽然，这可以看成是一种“赌注”，目的是能够成名，但是也不排除有一部分版权人在做此决定之前是仓促的、缺乏相应考虑的。在自媒体时代的今天，通过自媒体管理端或其他公告方式规范和告知自媒体信息发布者关于版权的相关内容也成为网络运营商对版权管理的重要课题。①

其次，通过朋友圈等方式分享音乐作品的法律问题也缺乏定性。北京市海淀区人民法院在“丁某起诉某卫视官方微博未经原作者同意使用其系列漫画且未署名”案中判决被告侵犯了原告的署名权，这一判决便说明了即使是在自媒体中，在信息转载和传播过程当中也不能侵犯版权人的合法权益。数字音乐作品的版权保护中不仅署名权是关注的重点，版权收入的分配也是重中之重。按照目前的版税计费标准，数字音乐作品的版税费用一般是按照下载次数来计算的，也正因为如此，P2P 网络中免费的资源共享才严重影响了数字音乐版权人的权益。而在自媒体的版权作品分享中，通常情况下，发布人分享其他网站或 APP 上的音乐作品所导致的侵权问题与自媒体信息发布人无关，而是与相关网站或 APP 有关。

3. 云存储带来的版权保护冲击

另一个重要的版权保护挑战便来自云存储技术。首先值得一提的是云端或云端平台，其通过使用应用程序虚拟化的技术（Application Virtualization）来为用户免费（一般情况下免费，而为企业提供服务的云端则一般需付费）提供软件服务的软件平台。通过云端用户可以进行软件搜索、下载、使用、管理和备份等，而不需要安装软件程序，且能够保证在运行软件时，软件与本机系统是隔离的，因此可以保障软件运行的安全。云端除了隔离性之外，其备份功能深受当今大众的喜爱，一键备份即可将本地的软件列表甚至相关

① 在《腾讯微信软件许可及服务协议》中，腾讯公司对此已经进行了简单的告知：该协议第 7.2.2 条款、7.2.5.4 条款、8.1.2.2 条款以及 8.4 条款便涉及此处笔者所讨论的内容。但是由于该合同往往会被预期用户所忽略，且告知的条文较为零散，而又没有以足够明显直接的方式来明确知识产权方面的相关内容，在版权的保护方面很难产生足够明显的效果，往往只能作为腾讯公司在面对侵权之诉时自身免责的抗辩。

文件备份到网络服务器，从而可以随时随地地从网络云端提取，此外其灵活的软件分享功能也深受欢迎，通过缓存或链接分享等方式均可自由分享软件资源。云端技术充分保障了用户在“互联网+”时代的自主性、关联性和便捷性。但是技术上的不断升级进步给数字音乐的版权保护带来了巨大的挑战，云端技术的普及同样导致了版权作品的侵权传播，而用户个人应对其承担侵权责任的便是版权作品的下载服务的直接提供行为。与之类似的便是用户网盘服务，其一般具有存储空间大、提取自由方便、不需实物载体等特点，提供的是在线存储服务，而用户则亦可以对文件资源进行存储、访问、备份和共享等。无论是云端服务还是网盘服务，都不可避免地出现用户个人将版权音乐作品上传后供他人免费或付费下载的问题，而这一类的侵权事件不要说确定侵权标准，就连最初的如何发现都是一个难度较大的问题。

对于云存储带来的版权侵权问题，目前尚未有行之有效的解决方案，只能通过终端服务器的监管，而监管本身又不能侵犯用户的隐私权，因此实时审查是不现实的。这对于监管的形式以及侵权赔偿数额的确定提出了挑战。

4. 缓存技术领域版权侵权的相关问题分析

数字音乐产业中流媒体技术，全称为流式媒体技术，是一种比较新兴的技术手段，其通过流式传输技术来使用户可以在接收媒体节目时实现边看边下，而不再需要等待全部内容下载完毕后才能欣赏。流媒体技术的实现离不开缓存技术，简单来说，就目前常见的可从不同播放位置随时进行缓冲观看的流媒体技术而言，则相当于在一个完整的媒体文件中加入了多个节点，而当用户从不同位置开始观看时则可以实现从不同节点开始缓存，因此即可满足用户前台播放后台下载的需求。当今的数字音乐播放也越来越离不开流媒体技术，其中的缓存问题便成为当今数字音乐版权保护面临的挑战之一。

如果音乐用户最终并未完全实现文件的下载，而同时该网站又不是按照标准的流媒体运营计费方式对版权作品进行收费的而是按照下载次数来进行收费的，此时对于用户来说，若未按照下载一次来进行计费的话，这一版权作品的缓存文件在用户电脑中保存时长则成为衡量是否侵权的重要因素。“美国版权局在权衡了复制和表演之间的争论之后，认为数据流在传输的过程中，临时的复制和缓冲区内的复制属于公平使用范畴，因此不需要支付额外的报酬给版权所有者”[①]，且在其《千禧年数字版权法》第512条（b）项中规定了对于服务提供商在经常访问某些互联网资料时所进行的缓存行为的责任限制。用户临时的复制和缓冲可以认为是合理使用的范畴，但是“临时”的时间界定则随着技术的升级而不断发生变化。就当前的情况来看，由于不同的用户的加载速度不同，设计固定的时间标准既不现实，也尚欠公平。

## （二）新时代音乐版权市场面临的问题

### 1. 音乐版权价值确定问题

音乐版权市场价值的确定问题在各个时期各有不同，不仅源自各个时期经济条件和经济环境的不同，也源自音乐作品在各个不同时期的版权内容和传播范围的不同。而在“互联网+”时代，数字音乐作品的版权保护内容较之于此前的情况并没有太大的变化，仍然包含有词/曲作者的版权和改编权、音乐表演者权、录制权、出版权、发行权以及音乐表演者的改编权等，因此欲探析新时代数字音乐作品版权市场价值的变动需从这一时代数字音乐传播范围的变化入手。“传统经济的商业距离——地段”[②]“PC互联网的商业距离——流量”[③]“移动互联网的商业距离——时间”[④]，这一顺序清晰地揭示了各个不同时代，商业争夺对象的变化，同样可见不同时代，市场价值的评价基准对象亦是有所不同的。

“互联网+”时代数字音乐的一个非常显著的特征便是传播的深度和广度，而体现在市场价值的确定上，深度无疑体现在技术升级后人们每天享受音乐盛宴的时长上，而广度则体现在作品受众的广泛性上。因此，在新时代对于数字音乐的版权市场价值的确定还是要看其深度和广度的结合，而播放

---

① Digital Millennium Copyright Act of 1998, Section 104 Report, August 2001, pp. 82－83，转引自〔美〕大卫·J. 莫泽：《音乐版权》，权彦敏、曹毅搏译，西安交通大学出版社，2013，第193页。

② 刘润：《互联网+战略版：传统企业，互联网在踢门》，中国华侨出版社，2015，第27页。

③ 刘润：《互联网+战略版：传统企业，互联网在踢门》，中国华侨出版社，2015，第29页。

④ 刘润：《互联网+战略版：传统企业，互联网在踢门》，中国华侨出版社，2015，第36页。

次数、下载人次、受众人数则成为衡量深度与广度的重要指标。

数字音乐的IP价值与日俱增，然而音乐作品本身版权权利人众多，加之一系列导向和市场情况等因素，因此便出现了这一时代特有的一个问题——音乐作品权利人之间IP收益失衡的问题。“目前，词曲作者并没有得到合理的回报，甚至也正因为这种不公的收入，令他们失去社会应该赋予的尊重和认同。这种失衡导致许多幕后作者转换身份、台前献唱，或摇身成为出镜露脸的歌手导师”。①

引人担忧的是，这种严重的失衡会导致音乐创作源头上的动力缺失，导致整个音乐产业，更确切地说是音乐原创产业的动能萎缩，大量音乐人改做他业，或从幕后走到台前，造成音乐创作领域的空缺，致使高水平的经典作品越来越少，神曲则日益风靡。如果说对于数字音乐版权权益的保障是对于数字音乐版权的保护，那么解决音乐作品的多个权利人之间IP收益的分配问题便是对于“互联网+”时代数字音乐产业长足发展的重要保障，这是版权问题当中延伸的部分。

2. 上下游利益分配问题

“价值差距”是指音乐作品的上游创作者、投资人等通过音乐的创作、制作、投资行为所付出的成本并未得到合理的回馈。音乐价值未得到合理评估，投资音乐和创造音乐的人没有从自己的劳动中获得合理报酬。当前音乐市场的分配机制在经历了“免费为王”时代下的摧残后，显然还未得以合理重建，产业主体之间尚未形成良性的产业链。盗版运营和不正当竞争行为使得某些服务商没有意识到音乐的真正价值就从其他获得授权的服务商那里争夺用户，并大肆盈利，而上游的音乐创作、制作、投资人无法获得合理的报酬，这种行为会使音乐作品价值难以得到实现，好作品越来越少，音乐生态系统无法可持续发展，最终导致音乐产业的萎缩与恶性循环。

音乐价值的不合理评估是音乐产业亟待解决的问题。音乐创作源头的水

① 张丰艳：《中国音乐产业要想走得远　必须直面这五大隐患》，《中国版权》2016年5月4日。

汇聚成瀑布，但瀑布的水回流不到创作者手里，音乐行业的核心价值是不断涌现的优质音乐作品，只有优质作品才能从根本上激发消费欲，优质作品的涌现是音乐行业发展的命脉。

3. 公平的音乐版权市场建立

音乐创作者获得合理回报，让音乐传播者实现盈利，让音乐用户听到更多好的作品，是产业良性循环的基础，但目前来看，原创不足仍是音乐产业发展中面临最大的问题。

随着互联网的发展，数字音乐迅速挤占了传统唱片业的空间，但数字音乐服务商盈利能力弱，反哺给创作者的非常少。尽管全球传统唱片业都因受到互联网冲击而显著下滑，但是国外得益于较好的版权环境，音乐创作者还能从数字音乐中拿到一半收益。这两年来，我国数字音乐平台反哺创作者的回报机制已经有了改善，但是仍未达到预期效果。

## 五　对音乐版权保护的展望

### （一）新型数字音乐版权集体管理组织的建立

1. 我国现行的版权集体管理组织

中国音乐著作权协会成立于1992年，主要负责维护作词者、作曲者和其他音乐著作权人的合法权益。作为非营利性机构，其总部设在北京，下设有会员部、作品资料部、表演权许可业务部、复制权许可业务部、广播权许可业务部、法律部、信息宣传部、分配与技术部、财务与总务部九个职能部门。中国音像著作权集体管理协会成立于2008年，是目前我国唯一的音像集体管理组织，负责依法对音像节目的著作权以及与著作权有关的权利实施集体管理。

顾名思义，我国音乐产业的版权集体管理组织主要是从人和物两个角度来进行划分的，其中中国音乐著作权协会负责保护音乐人的权益，而中国音像著作权集体管理协会则负责音乐作品（传统上是唱片）的相关合法权益的管理。这种分类的涵盖性很高，从分类上覆盖了与音乐产业相关的几乎全部的版权内容，但是同时也不难看出，这样粗线条地划分必然会导致管理上的力不从心。中国音乐产业内的音乐人和版权作品数量逐年飞速增长，拥有极其庞大的音乐产业市场，仅靠两个版权集体管理组织很难很好地实施管理行为。尤其在进入了“互联网 +”时代之后，网络音乐人作为一种新型的音乐人分支，日益呈现出爆炸式增长的特点，同时网络数字音乐作品的产出同样显现出了这一特点，这样一来单单依靠这两个版权集体管理组织已经难以满足当下音乐产业的版权管理需求。

2. 对于“互联网 +”时代背景下版权集体管理组织的革新之讨论

音乐作品历来就是版权作品中法律关系最复杂的作品类型之一，作品和权利人众多，使用者广泛，使用方式复杂和衍生权利多元。这些特点的叠加，使得授权流程控制困难，交易成本不断提升。因此，音乐版权是一种最适于权利人集体管理的作品类型。但目前，我国的著作权集体管理还比较薄弱，难以满足产业需求，因此我们需要在尊重“先授权再使用”传统授权法则的基础上创新思路，使其更好地满足互联网环境下的授权需要。在革新版权集体管理的思路上，有以下两点可思考。

首先，版权集体管理组织的革新可以考虑细化版权集体管理职能，使得分工更加明确、更加容易具有针对性地解决问题、更加利于制定相应领域的版权保护标准，面对着越来越多的版权人和版权作品，可适当地向美国的集体管理组织的划分方式学习，并结合着时代的因素，划分出诸如网络音乐人版权保护协会、网络数字音乐版权保护协会甚至更加细致的，诸如影视作品音乐版权保护协会等版权集体管理组织。

其次，网络数字音乐人及其作品的网上注册合作制亦十分关键。此处的合作制是与网络数字音乐原创平台的合作，目前草根音乐人的聚集地便主要是各大网络原创音乐平台，例如 5sing 中国原创音乐基地、虾米音乐人等等，这些平台和许多其他的平台一样，一般均实施注册制，而欲成为其音乐人中的一员则需满足各种各样的要求，并且需要实名制认证。以 5sing 中国原创音乐基地为例，若要申请成为音乐人，不仅要拥有 10 首以上的作品，而且需提供形象照和通过实名认证。因此，若与这一类的网络数字音乐原创平台合作，即可实时、高效地获取网络音乐人的统计信息，而且可以在这些网络数字音乐原创平台的音乐人申请和认定过程中，明确告知其一旦成为音乐人便成为相应版权集体管理组织的会员，根据当下网络音乐人的普遍意向，这无疑是一种共赢的选择。这种合作制度一旦建立，相关领域的版权信息即大幅提升其完整性和有效性，这对于保障音乐权利人特别是词曲权利人的合法权益，保证授权音乐作品做到“权属清晰、链条完整”实有裨益。据悉，北京市版权局也在努力与国内音乐平台合作打造正版曲库，将使用最多的2万首金曲的权属信息、授权渠道进行公示，让使用者通过这一渠道能快速获得授权，促进作品更广泛地传播。

## （二）持续加强音乐版权保护

### 1. 版权秩序建立良性循环

从整顿卡拉OK市场到重点发展数字音乐，从打击侵权盗版、力推音乐正版付费到音乐倍增计划、打造正版曲库，北京音乐产业的发展得到高度重视，音乐版权的治理也走在了全国前列。数字音乐版权通过前期治理和市场集中已明显好转，然而新时代的音乐版权保护工作依然面临很多挑战。

版权保护的成果直接影响到音乐产业未来的发展。中国政府日益增强的解决盗版问题的决心，加上对音乐价值态度的改变，是中国音乐形成可盈利的合法商业模式的关键。北京市版权局副局长王野霏认为，音乐版权制度的设计目标，是要平衡创作者、传播者和最终用户之间的利益关系，以推动音乐版权产业的发展。我国的音乐产业起步较晚，要实现良性循环仍有待时日。①

### 2. 相应政策法规的出台

近几年来，各级版权行政部门持续实施清除非法网站的快速反应机制，

① 刘仁：《数字音乐亟待建立健康的版权秩序——访北京市版权局副局长王野霏》，《中国知识产权报》2017年9月29日。

大批非法网站已被清除，但一些 PC 端的非法小网站已经转化为 APP 移动端的音乐平台，继续实施侵权行为。目前网络上流行的 APP 音乐平台大都没有视听许可资质，其经营方式主要有两种：一是利用云存储空间上传并分享未经授权的音乐作品；二是利用“聚合经营”方式向用户提供未经授权的音乐作品。针对新型盗版侵权行为，版权治理工作仍需继续，针对技术发展所带来的挑战，法律法规及相关司法解释中对立法空白问题有了更多的填补，除《北京市高级人民法院侵害著作权案件审理指南》外，针对音乐版权领域的相关司法解释及新型指导案例的出台，都是值得期待的。

### （三）寻求音乐版权保护多方共赢模式

加强版权监管、重视版权价值、打通产业链条，形成合理产业闭环：使上游的音乐版权生产者依据法律获得版权保护、依据行业规范获得合理回报促进创作；中游的音乐版权加工者通过对音乐版权的运营赋予其新的属性、拓展服务类型，并在过程中提升盈利空间反哺上游创作；下游音乐用户通过中游市场的服务获得良好的音乐体验，并在享受音乐的过程中提升国民版权意识、形成音乐内容付费习惯。将产业的上下游有机串联，不断深挖和拓宽音乐产业的深度和跨界，建立音乐产业的绿色生态，是中国音乐版权领域下一个努力的目标。

# B.4

# 2017年北京软件版权发展报告

徐家力　张军强*

**摘　要：** 2017年，北京市的软件行业实现突破式发展，软件登记数量和质量再创新高，呈现出软件登记数量成绩喜人、软件登记绝对优势不再、大型企业仍为全国软件登记的引领者、前沿领域软件研发实力强、跨入软件定义时代等特点。但目前的软件登记制度存在软件著作权登记效力不明确、撤销登记制度不完善等问题。开源软件保护存在开发过程中被写入侵权代码、后续开发过程中没有标注版权信息等问题。在完善软件著作权登记机制方面，应当分阶段赋予软件登记不同的效力。在完善开源软件保护方面，应当赋予开源软件许可证协议法律效力、建立开源软件登记制度、强化开源社区的管理组织作用。

**关键词：** 软件登记　软件产业政策　开源软件

在互联网产业迅速发展、智能城市建设加快步伐、共享经济日益成熟、科技创新向高精尖方向转变的背景下，互联网行业日益繁荣，互联网创新能力不断提高。其中，软件产业作为互联网行业中的朝阳产业，

---

* 徐家力，法学博士，国家知识产权战略专家，隆安律师事务所创始合伙人，北京科技大学知识产权研究中心主任、博士生导师，中国政法大学博士生导师，主要研究领域为知识产权法学；张军强，中国政法大学知识产权法博士研究生，天津市高级人民法院知识产权庭助理审判员。

在2017年实现了突破式发展，全国软件著作权登记数据从40万件连续跨过50万件和60万件大关，直接突破70万件。这一年，全国共完成软件著作权登记745387件，同比增长近83%，登记数量和增速远远高于前几年。

北京市作为互联网企业的聚集地，在嵌入式软件、APP、金融、游戏、教育、医疗、地理、物联网、人工智能、云计算、信息安全等多个软件领域继续发挥领军作用。2017年北京市软件著作权登记数为12.5万件，与2016年相比增长49.7%，登记数量占全国总量的16.8%，登记数据继续位于全国前三。

## 一　北京市软件著作权发展概况

### （一）北京软件登记数量成绩喜人

2017年互联网产业和数据产业不断发展，软件申请与注册成为互联网产业密不可分的重要体现，全国的软件著作权登记数量实现了跨越式发展。北京市因为拥有众多的互联网企业、科研院所，并且具有软件创新活力较强的中关村、上地、西二旗等互联网产业聚集地，较好地发挥了产业的规模优势和资源聚合优势，叠加北京市对互联网行业的政策扶持，2017年北京市的软件登记数量亦在全国的增长浪潮中处于领先位置。

2017年北京的软件著作权登记数量从2016年的82490件增长到125013件，绝对增长量为42523件。2017年北京市的软件著作权增长量相当于2013年北京市全年的注册量。

### （二）北京软件登记绝对优势不再

虽然在2017年北京市的软件登记数量实现大幅增长，但是与广东、浙江、江苏等地相比，增长速度已不具优势，甚至落后于全国平均增长速度。

从图2也可以看出，虽然在2017年全国和北京市均实现了软件登记数

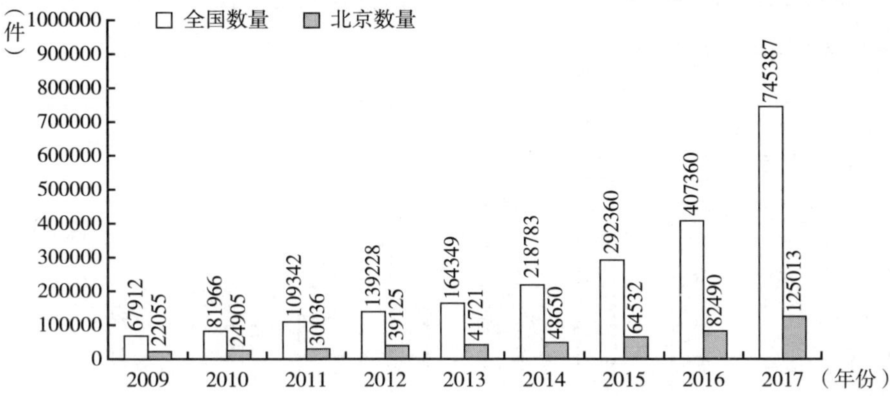


**图 1　全国及北京地区软件著作权登记数量**

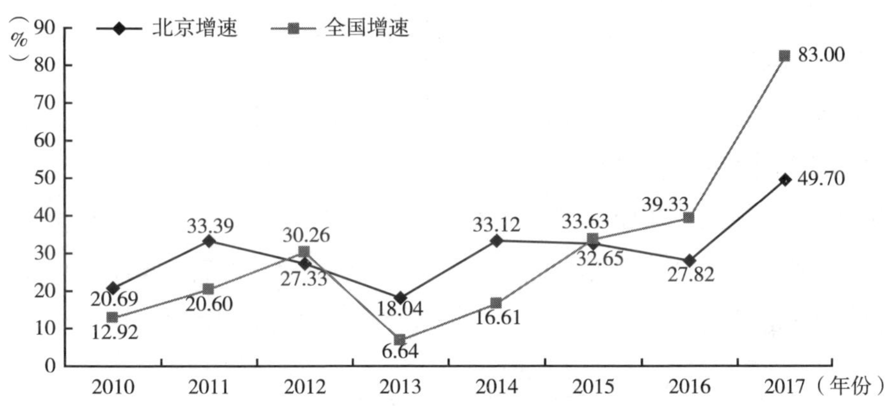


**图 2　全国及北京地区软件著作权登记数量同比增长速度**

量的大丰收，但全国增速为 83%，而北京增速仅为 49.7%。① 特别是 2015 年和 2016 年北京市软件著作权登记数量增速与全国增速处于较为接近的水平，但在 2017 年北京与全国的增速落差拉大，两者相差 33 个百分点。这一方面是因为北京软件登记基数大，维持高增速较为困难；另一方面，全国各地均十分重视互联网和软件产业的发展，特别是深圳、杭州、武汉、成都、

① 《2017 年度中国软件著作权登记数据分析报告》。

贵阳等城市在物联网、游戏、大数据等方面持续发力，使得全国软件登记数量处于较快增长阶段。

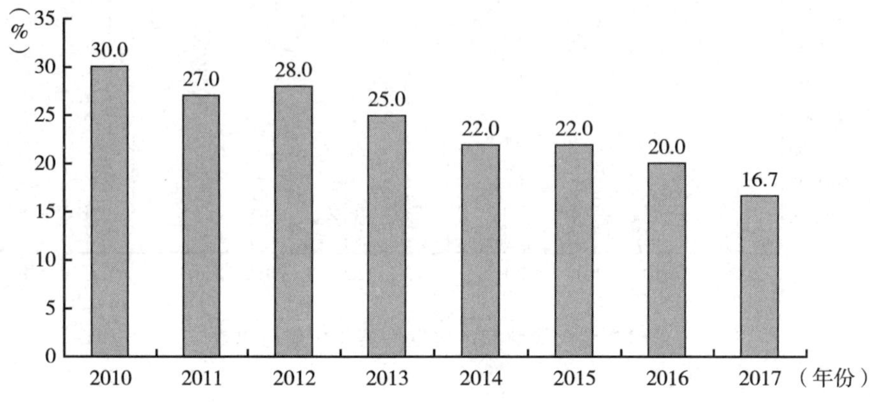


**图 3　北京软件注册量全国占比**

增速的降低，导致北京市登记的软件数量持续性走低。从图 3 看，北京软件注册量全国占比从 2016 年初的 20% 降至 2017 年的 16. 7%，北京在全国的软件注册量占比从 2010 年的约 1/3 降为 2016 年的 1/5，继而又降为 2017 年的 1/6。继 2016 年广东省的软件登记总数首次超过北京之后，2017 年广东省的软件登记数量仍蝉联第一位，北京市的软件登记数量居第二位。①

## （三）大型企业仍为全国软件登记的引领者

企业是软件研发的主体，特别是龙头企业。因具有较强的软件研发实力和对人力、资金的持续性投入，大型企业在软件著作权登记中发挥着引领示范作用。北京市具有互联网企业发展早、软件人才聚集、企业技术积累丰厚等优势，使得 2017 年北京市的大型软件和信息企业仍然在全国发挥着火车头的作用。

在 2017 年的互联网百强企业中，北京共有 32 家企业入选，相较于 2016

① 《2017 年度中国计算机软件著作权登记情况分析报告》。

年增加了5家，其中百度、京东、新浪、搜狐、美团等企业排在前十名，占据了前十强企业的半壁江山。在2016年的中国软件和信息技术服务综合竞争力百强榜单中，北京市共有40家企业进入，较2016年增加3家，北京市龙头企业的技术竞争力和市场竞争力持续增强，特别是航天信息、百度、京东等软件企业排在该榜单的前位。在软件企业收入方面，北京市共有35家企业进入前100名，相较于2016年增加了2家，并且北京市这35家大型企业共实现软件业务收入1358.6亿元，占全国软件百家企业软件业务总收入的比重较2016年也有显著提高，从2016年的17.4%增长到2017年的20.5%。2017年全国仅有39家企业获得了国家颁发的信息大型一级企业证书，其中北京企业以19家的数量成为大型一级企业榜单的绝大多数。①

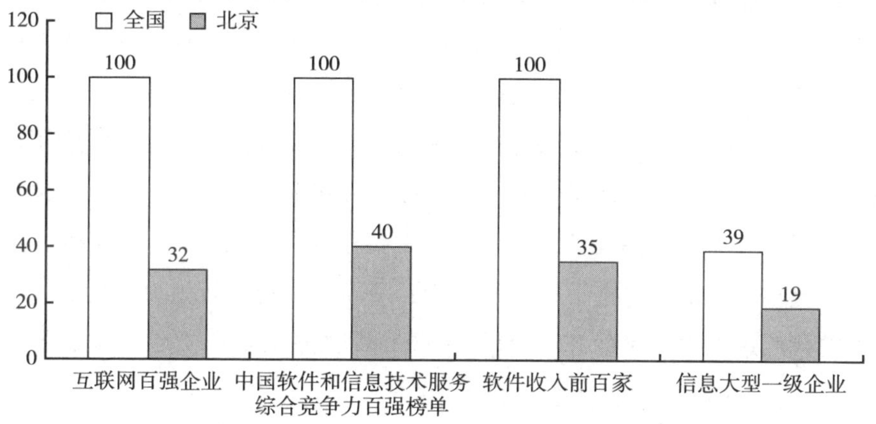


**图4　2017年北京软件及信息行业巨头排行情况**

## （四）前沿领域软件研发实力强

2017年，北京的软件登记主要集中在金融类软件、手机APP、游戏软件、教育软件、医疗软件和云计算软件等领域。尤其是金融类软件是所有登记软件中增长速度最快的，金融软件登记数量已连续两年保持高速增长的态

① 《2018北京软件和信息服务业发展报告》。

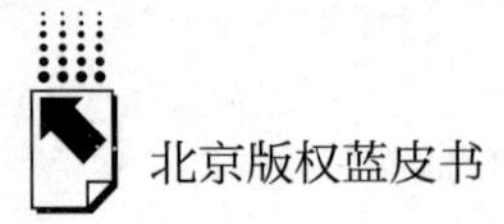


势，金融类软件的快速增长也反映了投资理财在社会中的热度和需求。2017年北京市登记的金融软件主要分布在银行、证券、保险、信托、基金、财务、投资理财、典当和期货等多个领域，2017年我国金融软件高速增长，显示出我国的软件行业发展与相关经济领域的发展成正比例关系，尤其是在消费结构升级的背景下，人们对互联网金融产品的需求越来越旺盛，而互联网金融软件为社会的金融需求提供更为便捷的服务。

除此之外，APP、游戏软件、人工智能、教育软件、医疗卫生软件、云计算软件、信息安全软件、云计算软件和物联网等热点类别软件的增长速度也远远超出其他软件的平均增速，这也反映了软件研发具有明显的市场导向性。而金融类、游戏、医疗等行业的网络化也顺应了市场需求。

在云计算方面，2017年北京云计算相关产业增长较快，产业整体营业收入约870.61亿元，同比增长10.1%。以百度云、美团云、新浪云、京东云为主的云计算平台进一步成熟。北京市在云计算方面布局较早，且已经形成了运营商、传统企业、新兴企业等多层级的企业群，不同企业的应用领域和开发产品组成了丰富而又具有特色的云计算产业生态链，该产业链包含云储存、云服务器、云端设备等。其中，易捷思达公司在2017年获得北京高精尖基金投资，依据自主可控的企业级云平台，取得了较为突出的成绩。该企业的代码影响力在国际开源社区OpenStack的核心代码贡献度排名中位居国内第一，并挤进全球前十。

在大数据方面，2017年北京大数据产业增长较快，营业额达1311亿元，同比增长33.1%。与大数据相关企业单位数量超过160家，形成一批拥有大数据自主核心技术产品的企业。在数据成果方面，2017年北京全年新增完全开放数据361项，完全开放数据更新了82项。数据只有开放使用，才能发挥其市场价值，2017年北京完全开放了42家单位提供的739项数据集，累计数据记录数170多万条。大数据在新兴软件中得到很好的应用，催生了O2O、共享经济等数据驱动的新兴业态，如美团、滴滴、摩拜、ofo等。

在人工智能方面，北京注册的人工智能企业数量超过250家，排名国内第一，其数量比第二名的上海和第三名的广东省的总和还要多。[①] 这些以人工智能技术为核心的企业多聚集在中关村，该区域进行人工智能相关拓展研究、创新应用的外围企业数量多达500家。在人工智能研发方面，创新工场牵头成立北京人工智能基础研究创新中心、商汤科技牵头成立北京智慧社会创新中心、臻迪科技牵头成立北京人工智能专利创新中心，这些研发中心将为人工智能技术的进一步发展提供强大的科研推力。在应用方面，百度、小米、京东、寒武纪等企业在无人驾驶、智能家居、新零售、计算芯片等领域呈现相对明显的比较优势，特别是百度在自然语言处理、计算机视觉、智能驾驶、基础算法等领域投入较大的研发力量。

在信息安全领域，2017年北京信息安全软件登记数量增长较快，产业实现营业收入488.18亿元，同比增长9.1%，北京在国家安全战略支撑、网络安全研发、网络安全集聚、网络安全领军人才培育和网络安全产业制度创新等方面积极进行产业布局。信息安全是传统软件领域，北京市通过多年的技术优势积累，形成了中关村软件园、丰台中国网安企业聚集区、海淀玉泉慧谷科技园、海淀硅谷亮城、昌平未来科技城及望京360企业聚集区六大产业聚集区。表现较为突出的企业为绿盟科技、网神、启明星辰等，这些企业在安全芯片、可信计算、密码产品、安全操作系统、安全数据库方面产品扎实。

### （五）跨入软件定义时代

2017年北京基本跨入软件定义时代，即软件相关行业在智能工业、智慧城市建设、网络信息安全等领域发挥着越来越重要的作用，大数据、人工智能、导航服务、制造业、云储存等行业日益依托软件开展服务和生产，软件成为生产、管理、服务的重要基础性资源。我国于2016年提出《中国制造2025》计划，将传统制造业与“互联网+”进行融合，打造智能制造，其中软件在制造业数字化、网络化、智能化的建设过程中发挥着日益

① 《2017年中国人工智能产业数据报告》。

重要的作用。

除此之外，软件定义时代的另一个特征是平台软件、入口软件已经具备市场绝对优势。北京市的大众点评、滴滴、今日头条等软件已经成长为人们生活、餐饮、外卖、交通的重要入口，其他软件功能必须借助这些平台和渠道才能开展附加业务。

软件定义时代，北京市软件产业发展质量和创新度较高，对经济结构转型和经济增长方式转变均发挥较大作用。2017 年北京市软件产业从业人员数达到 77.5 万人，软件相关企业数量为 25788 家，较 2016 年增加 0.47%。且软件行业的发展质量和效益均创新高，2017 年北京市相关产业实现软件业务收入 7836.7 亿元，较 2016 年增长 19.4%，软件企业平均营收 2.9 亿元/家，较 2016 年增加 11.8%。而在绿色环保方面，软件产业属于绿色产业，2017 年北京软件产业万元增加值能耗仅为 0.065 吨标准煤，较 2016 年下降了 4.4%。

## 二 软件政策基本概况

互联网产业繁荣与否，一项重要指标就是软件的登记数量。因为软件是互联网产品和服务的最终载体，互联网企业的许多功能都需要通过软件最终进行呈现。现在城市竞争力主要体现在对互联网产业的争夺，许多城市均出台相关的优惠政策促进互联网行业的发展。北京作为中国互联网产业和软件行业的最早发源地，在扶持软件行业发展上积累了较为丰富的政策资源。特别是在京津冀一体化战略指导下，北京需要疏解非首都职能，因此北京市的软件政策更需要向高精尖方向聚集，将发展潜力大、科技含量高、知识密度强的产业留在北京，并辅助其发展壮大。围绕软件产业的政策体系主要由人才政策、财政税收政策、用地政策等相关政策组成，任何产业的发展均离不开人才的聚集，而税收和用地政策可以给软件行业创造较大的发展空间。围绕着该背景和方向，2017 年北京市出台了以下四个相关文件。

2017 年北京市出台《中共北京市委北京市人民政府关于印发加快科技

创新构建高精尖经济结构系列文件的通知》（京发〔2017〕27 号），将软件和信息服务业、新一代信息技术产业、人工智能产业等 10 个高精尖产业确定为北京市未来发展的重点产业，软件行业被赋予更高的地位，也迎来了高速发展的黄金期。

为了配合将软件和信息服务业作为高精尖产业的产业布局，北京市在 2017 年又分别出台了《关于财政支持疏解非首都功能构建高精尖经济结构的意见》（京政办发〔2017〕35 号）、《关于优化人才服务促进科技创新推动高精尖产业发展的若干措施》（京政发〔2017〕38 号）和《北京市人民政府关于加快科技创新构建高精尖经济结构用地政策的意见（试行）》（京政发〔2017〕39 号）等文件，重点解决软件和信息服务业的财政支持、财政倾斜、人才队伍建设、人才吸引、用地紧张和空间发展等问题。

## 三　问题和对策

软件著作权版权登记制度是软件保护体系中的重要一环，随着“互联网 +”战略的不断推进，软件行业已经成为我国经济新的增长点，也是企业抢占市场优势的重要竞争资源。随着行业竞争的白热化，围绕软件版权登记产生的纠纷日益增多，其中最为基础的问题就是反思和完善我国现有的软件著作权登记制度，使之更加科学合理，成为保护软件著作权人的有力武器。另外，以自由开放为价值主导的开源软件是反登记制的，作为知识产权制度的对立面，开源软件在知识产权保护中也面临较为严重的问题。

### （一）改良机体，软件著作权登记机制的问题与完善

#### 1. 软件著作权登记机制的积极意义

软件著作权登记机制是伴随着我国著作权法的实施而设立的，随着将软件纳入著作权法保护模式成为世界通行做法，我国在著作权法之外，又制定《计算机软件著作权登记办法》对软件的保护模式和登记方式进行了专门性的规定。至此，软件著作权登记制度已经成为我国著作权保护体系中的重要

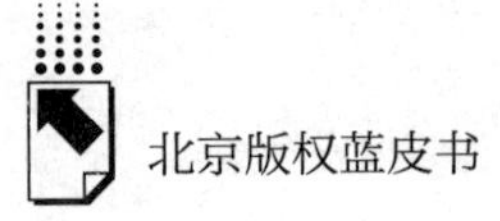


组成部分，激励了高质量软件的大量创造，为软件权利人提供了有效的保护。

（1）软件著作权登记转向“自愿”

最初我国在1990年的《著作权法》建立了通过作品的方式保护软件，将软件保护纳入著作权法保护轨道。因为软件的高度抽象性和易修改性，我国在构建软件保护机制时，强调对软件的保护和管理，1991年颁布的《计算机软件保护条例》第24条明确规定：“向软件管理登记机构办理软件著作权登记，是软件权利纠纷行政处理或诉讼的前提”。将软件的登记赋予纠纷解决的前置性程序属性，赋予了软件著作权登记旺盛的生命力。1992年，我国又制定了《计算机软件著作权登记办法》，对软件登记的种类、条件、步骤等事项做出详细而系统性的规定，标志着软件著作权登记制度在我国全面建立起来。软件著作权的登记主体为国家版权局下属的“中国版权保护中心”，登记事项主要包括软件著作权登记、软件著作权转让或专有许可合同登记等内容。

在2001年对《计算机软件保护条例》进行了修订，与此同时，《计算机软件著作权登记办法》也在2002年完成修订，这两次修订使我国的软件著作权登记制度发生了一次较大的转变。因为旧的条例规定了，只有进行登记的软件才能获得确权和救济，这违反了作品一经产生则应得到保护的自动保护主义原则。因此在2002年《计算机软件著作权登记办法》修订后，将登记前置主义改为自愿主义。其中第7条规定：“软件著作权人可以向国务院著作权行政管理部门认定的软件登记机构办理登记。软件登记机构发放的登记证明文件是登记事项的初步证明”。这也就意味我国的软件登记不是设权行为，仅仅能发挥事实证明力的作用。除此之外，《最高人民法院关于深入贯彻执行〈中华人民共和国著作权法〉几个问题的通知》也明确要求：“计算机软件著作权案件，凡当事人以计算机软件著作权纠纷提起诉讼的，经审查符合《中华人民共和国民事诉讼法》第108条规定，无论其软件是否经过有关部门登记，人民法院均应予以受理”。最高法院从司法解释的层面取消了软件登记的前置主义，无论是否进行软件登记都可以进行民事诉讼和行政处理程序。

（2）软件著作权登记机制的积极作用

软件登记制度在我国已经开展了30余年，多年的实践表明，软件登记制度在软件著作权保护体系中可以在明确权属、预防和避免纠纷发生、保障交易秩序、提供证明效力、固定证据、打击侵权等方面发挥良好的作用。

软件登记的主要功能就是帮助软件权利人确定权属，避免因权属和创作时间的问题而产生纠纷。软件作品不同于传统著作权法意义上的作品，软件作品具有无形性、难识别性、易修改性。若完全按照著作权法上的创作完成即获得授权，则软件撰写人很难证明自己的软件早于别人的软件，尤其是在相似软件之间存在抄袭等现象时。因此软件登记可以在一定程度上改善软件创作自动获得版权的自然无序状态。而且在开发者之间以及开发者与组织者之间，软件登记也能为其划分一条清晰的权属线。申请登记往往需要申请人提交身份证明和软件开发材料，这些基础证据，可以为开发过程中各方的参与度及贡献度充分留痕，能够避免软件开发成熟之后各方就软件归属产生争议。

登记的安定性作用还可以发挥在交易和救济阶段。软件作品开发出来之后，只有进入市场流通才能发挥其价值，而在许可和转让过程中，经过登记可以有效保障双方的交易安全，避免因信息不对称而引发的道德风险。在侵权救济过程中，软件登记和相关底档材料可以为侵权之诉解决证据难以收集的问题，提高司法机关、行政机关调取证据的效率，既能加快维权过程，又能起到震慑侵权人的心理效果。

2. 软件著作权登记机制存在的问题

（1）软件著作权登记效力不明确

现行的登记自愿主义，产生了软件保护不力和登记后效力不强两个问题。按照当前的制度安排，不进行软件著作权登记，仍然可以提出民事诉讼和行政处理手续。未登记不再是诉讼障碍，这样就导致很多软件权利人失去进行软件登记的动力。登记的缺失导致很多权利人在进行维权和救济的过程中很难完成举证责任，承担着较高的败诉风险。因此从保护效果上看，软件登记自愿主义减弱了对软件权利人的保护力度。

除此之外，当前的登记制度并没有赋予登记行为一个明确的法律效力。当前的登记并不是设权行为，因此即便软件经过了登记，仍然没有取得公示公信的效力。我国的软件著作权登记并不进行实质审查，只是形式审查，因此并不能保证登记的软件一定不会存在抄袭、权利瑕疵等问题。基于这样的审查形式，我国的登记更多的只是一种行政确认。这种确认仅仅具有事实拘束力，并不具有其他效力。因此新修订的《登记办法》明确了软件登记机构发放的登记证明文件是登记事项的“初步证明”。“初步证明”就意味着其他人可以用相反的证据推翻该登记行为。综上，我国的软件登记制度并不具有公示公信效力。这会导致在很多案件审理过程中遭遇法院依据版权登记确认软件著作权的司法尴尬，这种登记没有公示公信力，法院据此确认著作权的行为也缺乏基础事实。

（2）撤销登记制度不完善

修订前《登记办法》规定了异议登记程序，因为修订前的登记行为就有一定的法律效力，故其对登记的实质性审查要素要求较高，即便已经登记并公布的软件，如果存在信息异常、不真实、不符合登记条件的可以向登记中心提出异议，对已经登记的软件进行撤销。因此这种撤销登记制度的存在，使得软件登记制度具备了“类授权”的属性。修订后的《登记办法》取消了异议撤销制度，将撤销软件登记的范围限缩为两种：依据最终的司法判决或者行政处罚决定。

但是目前的《登记办法》并没有规定撤销登记的主体，登记机关和司法机关由谁来行使还是均可行使撤销权，软件登记被撤销或无效后的撤销之前的登记效力如何？这里需要重点解决的是在撤销之前，被登记的软件进行了交易，善意第三人的利益如何进行保护。

这种撤销登记制度的不完善的问题根源是登记行为效力不确定，而撤销登记制度的不完善对软件交易的影响较大。作为无形、难识别、易修改的软件，缺乏通过表明权属外观的有效途径，而软件著作权登记恰恰是最不坏的表明权属的重要制度。尤其在软件交易过程中，需要明确软件人是否具有真正的著作权，尤其是软件的继受取得者是否真正发生了权利转移。缺乏撤销登记制度，很可能是瑕疵权利人进入交易市场，严重影响善意第三人的合法利益和市场交易秩序。

3. 完善软件著作权登记机制的建议

（1）应当分阶段赋予软件登记不同的效力

比较妥当的做法是在软件著作权原始取得阶段，应当采用自愿登记制度，因为著作权应当坚持创作完成即自动取得原则。但是在权利变动阶段，应当赋予版权登记一定的公示公信效力，即只有经过登记，才能发生软件著作权权利变动。经过登记的软件交易，可以对抗善意第三人。通过软件著作权登记，使得版权权利来源清晰可见，交易链条衔接顺畅。这里必须指出的是，软件著作权登记在权利本质上不是设权行为，软件著作全不因登记而产生。

虽然在原始取得阶段，采用的是自愿登记制度，软件登记不具有交易阶段中的公示公信效力，但是软件登记应当具有事实拘束力，即经过登记的软件权利人可以在诉讼及行政处理程序中得到良好的救济，换言之，软件著作权登记应当发挥比“初步证据”更优的效力。只有这样才能促使和引导更多的软件开发者即时进行软件登记，并回归到通过软件登记寻求救济的轨道上来。但是不能将登记作为诉讼和行政处理的前置性必要程序。有观点认为要将登记作为诉讼的唯一依据，没有进行登记则不提供保护。这种观点是值得商榷的，软件著作权登记并不是设权行为，登记只是产生一定的事实拘束力，虽然进行软件著作权登记有利于纠纷的解决和避免纠纷的发生，但是开发者可以证明自己是版权人的方式有很多，除了登记之外，还有诸如开发文档等其他证据。如果将登记设置为前置性必要程序，会增加社会的整体制度成本，而且已经获得登记的一方，在诉讼中必然获得相对优势的诉讼地位，会造成诉讼力量的失衡。

（2）应明确无效登记和被撤销登记的法律效力

在原始取得阶段，赋予软件著作权登记高于“初步证据”的效力，在权利变动阶段赋予软件著作权登记公示公信效力，那么就应该对登记进行一定程度的审查，至少应当保留对不符合条件登记的撤销和无效程序。通过撤销程序，可以在一定程度上保证对软件著作权登记的严谨态度。保留撤销登记制度可以为赋予软件著作权登记公示公信力提供正当性证明。在实践中会出现损害公共利益的黑客软件和黄色网站软件等，这些软件在登记后发现不符合软件登记条件，应该通过撤销程序予以撤销。

### （二）突破难点，关键开源软件保护的难题与对策

1. 开源软件的特征

开源软件是为了改变传统软件封闭性而设立的一种软件开发模式。随着软件产业的不断发展，尤其是操作系统的不断推出，开源软件的重要性日益突出和市场份额也越来越大，代表了未来技术开发和软件行业发展的主要方向。开源软件是指在软件开发过程中遵照开源软件协议进行开发，在将软件开发出来之后，将源代码向社会开放的一种软件。开源软件的源代码是开放的，其他开发者可以在源代码的基础上，继续开发出新的软件，因此开源软件更加自由开放，也能实现软件内部的程序衔接和编辑逻辑的自恰。

开源软件有一套属于自己的生态系统，在这个生态系统内，源代码可以自由、共享、开放、延续。其中维系源代码开发生态系统的重要支柱就是许可证，开源软件的源代码开放并不是无条件的，而是需要后续开发者必须取得该许可证。许可证的本质是一种协议，即使用开源软件开发的软件仍然需要继续作为开源软件开放代码，这样才能保证开源软件的继承性和延续性。许可证协议使得开源软件变成一个有理论支撑、有制度保障的生态系统。

基于此，开源软件具有如下几方面的特征。第一，开发者必须遵守开源软件许可证和开源协议，许可证是开源软件的核心特征，目前的许可证均为通过 OSI（open source initiative association）认证，常见的许可证主要有 LGPL、MPL、QPL 等。许可证对在先的开发者以及后续开发者均具有约束力。第二，软件的源代码必须完全开放，利用之前开放的源代码进行开发的后续软件，必须让渡自己的私有控制权，通过对代码的开放，保证开源软件能够革除普通软件上所设置的种种权利藩篱。保证后来者可修改和开发出衍生软件版权的可能性。第三，开源软件的作者可以保留适当且必要的著作

权，这些著作权主要是著作人身权。比如在后的修改者必须标明在修改软件过程中的修改内容、片段，需要保障源代码的完整性，向社会公布和说明软件的原作者，并确保创新性的修改没有降低和侵犯原作者的声誉，不能对原软件进行恶意修改和改劣修改。第四，原作者对软件后续开发的衍生版本享受免除责任的权利，开源软件在公布了源代码之后，其他程序员可以任意地复制和修改该源代码，这种修改不受原作者的控制，原作者自然也不应对在后的衍生软件负责。对于复制过程中产生的后果及连带责任，开源软件协议规定了后续开发者的免责条款。第五，衍生软件对许可证协议具有继承性。即在开源软件基础上进行修改和开发出来的衍生软件也必须内置许可证协议，以保证每个在开源软件基础上开发的软件都含有开放、共享的基因。当然，开源软件许可证协议并没有限制在后的开发者销售自己获得的开源软件并从中获利。

2. 开源软件在保护过程中面临的问题

（1）开源软件在后续开发过程中被写入侵权代码

开源软件的主要价值就是后续开发者可以在其基础上进行修改和再发布，因此公开的源代码被重写和修改的次数非常多。虽然开源软件要求所有的参与人遵守许可证协议，但因在后续多手开发过程中，难以保证每一个开发人员都严格遵守协议。有些开发者在对基础代码进行优化和重写时没有标明部分代码的出处，导致后续的开发者无法辨识这些代码是否含有侵权代码。开源软件之所以能够顽强地存在，是建立在其代码均为开源代码无侵权风险的基础上的。如果开源软件在后续开发过程中被写入侵权代码，那么后续开发的每款包含该段侵权代码的软件都有可能构成侵权。

在开源软件的次生阶段，开源代码要经过多次开发和重写，后续开发者识别其代码风险就是依靠表明出处制度。如果开发者在对基础代码进行优化和重写时没有标明部分代码的出处，那么后续开发者无法识别该开源代码存在瑕疵，大部分后续开发者在主观上均为并不知晓，也没有能力知晓。因此在考虑责任承担时，应当区分知晓和不知晓两种情形。知晓开源代码已经被写入侵权代码，而仍然进行二次利用，或者故意将侵权代码写入开源代码，则应构成侵权，既要停止侵权，也要赔偿损失。不知晓源代码已经被写入侵权代码，则可以借助合理来源制度，因其主观未有恶意，且开源代码来自上手，而仅仅令其停止侵权，不承担赔偿责任。

（2）后续开发过程中没有标注版权信息

开源软件虽然代码开放，并可以自由利用，但是开源软件放弃的仅仅是复制权、传播权等权利，并没有放弃署名权等人身权。且通过表明原版权信息，可以对软件的每一次改写都清楚留痕。通过署名方式既能尊重每一位代码编写人，又能约束每一位代码编写人。但是部分开发者在二次开发过程中没有保留原始的版权信息，致使开源软件的生存逻辑被严重破坏。

后续开发过程中没有标注版权信息的行为，在定性上存在两种性质：一种是因违反许可证协议而构成违约，另一种是侵犯著作权中的精神权利而构成侵权。从美国的司法案例的发展过程看，最早法院将开发过程没有标注版权信息的行为认定为违约，后来法院认识到这种情形侵犯了在前作者的著作权，而将其认定为侵权。

从理念上，开源软件虽然缘起于对著作权权利丛林的抵抗，但是开源软件生态的延续和发展也需要借助著作权法中的相关制度，否则，开源软件则会变成混乱不堪的泥潭。许可证协议制度要求应保护作者的署名权，标注原始版权信息。二次开发者在开发的过程中，既要标明该软件的原始权利人相关情况，也要清晰地表明自己在二次开发过程中将哪段代码进行了重写和修改，即便在二次开发过程中代码出现权利瑕疵，也不会影响在前的开发者的声誉。开源软件多是不计酬劳的义务劳动，支撑其将智慧和才智进行无偿分享的重要动力就是其开发兴趣和业界声誉，因此精神权利对鼓励其参与开源软件开发具有十分强大的动力。因此，在后续开发过程中标注版权信息，对开源软件生态的维系十分重要。

（3）开源软件与非开源软件的混合

虽然开源软件自成一个生态系统，但开源软件单独一个生态无法运行，在现实生活中开源软件需要结合非开源软件才能变成具有实用功能的应用。开源软件更多地应用在操作系统中，但是一个操作系统是由巨量的代码组成，这些代码中一部分是开源代码，但是另一部分往往是具有著作权的非开源代码。后续开发者在利用操作系统重写或修改软件时，应该只能使用开源代码，对于有著作权的代码应当申请获得授权。

除此之外，在开源软件中还有一部分代码很可能存在瑕疵权利，比如在某一个环节的衍生软件中，开发者没有标明原始权利信息，或者将他人自主开发的商业性软件代码直接抄入开源软件中，这些情况导致开源软件的开源性被污染。在使用这些软件时，应当进行辨别，对于被污染的部分，应当积极获取授权。因此实践中存在大量软件与非开源软件的混合交织的情况。

3. 完善开源软件保护的建议

（1）赋予开源软件许可证协议法律效力

开源软件许可证是开源软件能够得以维系并逐步发展的重要制度，该许可协议虽然是最初的开源软件开发者制定的，但是往往都能满足自由、开放、共享的基本精神。而且该许可证协议的内容规定了开源软件生态的基本规则、指导思想、理论体系，最为关键的是其规定了协议的继承性和表明原始权利人信息等重要内容。在该协议中，开源软件的开发者让渡了其复制权、传播权等财产性权利，使得开源软件具有了商业性软件所不具有的制度优势。许可协议是格式的、不可更改的，但是在后的衍生软件的开发者可以选择遵守或者不加入开源软件。因此一旦选择加入开源生态，就是与最初开发者制定的许可证协议达成了合议。如果许可证协议不能很好地得到执行，那么就会导致开源生态被污染，很多侵权代码会被写入开源软件中。开源软件与非开源软件的混合，侵权代码的写入会严重损害开源软件的生态。因此应当赋予开源软件许可证协议一定法律效力，使后续的开发者严格遵守和执行该协议。

（2）建立开源软件登记制度

开源软件虽然以自由、共享、反知识产权为价值导向，但是对开源软件进行登记并不意味反知识产权组织与知识产权组织的妥协。我国的软件著作权登记也经历了一个从无到有的阶段，目前我国的软件著作权登记并不是设权行为，没有公示公信力，而仅仅具有事实拘束力。开源软件虽然倡导代码开放和自由使用，但是前提是许可证协议被后续的不可知的开发者严格遵守。但是这种软性的约束，很难为开发者划出一条刚性边界。而软件登记制度，可以固定开源软件最初开发者开发的内容，区分其开发的内容与后续者重写、修改的内容，发挥为其将来的免责提供证据固定的作用。且登记可以为后续衍生软件的每一次倒手修改、重新留痕。

（3）强化开源社区的管理组织作用

从实践看，开源软件的开发过程主要依靠集合化的团队配合，参与开发者如同云计算一样分散又集中。这种自由散漫的气质有利于激发程序员的创作热情，但是平台管理的虚无化，使得原始软件的著作权人难以有效维护其著作权。在这里可以参考借鉴著作权集体管理组织的模式，让管理平台参与衍生软件每一次开发的跟踪和固定，这样可以避免许可证协议的肆意破坏。同时赋予开源社区一定的诉讼主体资格，可以有效化解个人应对纠纷的诉讼风险，从而促进开源软件生态体系健康有序发展。

## 参考文献

中国版权保护中心：《2017 年度中国软件著作权登记数据分析报告》，人民网，2018 年 10 月 15 日访问。

北京市经济和信息化委员会：《2018 北京软件和信息服务业发展报告》，http://www.bsia.org.cn，2018 年 9 月 7 日访问。

中国信息通信研究院：《2017 年中国人工智能产业数据报告》，搜狐网，2018 年 10 月 8 日访问。

# B.5
# 2017年北京游戏版权发展报告

唐 亮*

**摘 要：** 2017～2018年，北京网络游戏产业持续加快发展，游戏产品数量和市场规模进一步提升，产业社会效益和经济效益双丰收。随着《北京市“十三五”时期新闻出版业发展规划》的出台，北京响应前新闻出版广电总局（现中宣部新闻出版署）游戏出版简政放权要求，建设网络游戏内容审读平台，加强北京网络游戏属地化管理工作，同时推动北京优秀游戏原创作品的发展也取得不俗成绩。

中国游戏产品数量的高速增长，给相关行政部门游戏版权申报、版权保护和维权等事务带来诸多挑战，同时也对游戏版权交易和版权融合发展带来新的机遇。该报告回顾了2017年全国和北京游戏版权数据，列举了2017年游戏版权发展的现状，同时也重点提出了游戏版权在申请、交易、保护和维权、版权融合等多个环节的问题与对策，针对游戏版权发展的趋势进行说明并提出相关建议。

**关键词：** 游戏版权 审核标准 产业规范 版权保护

---

* 唐亮，深圳电通信息技术有限公司总经理，多项游戏领域国家标准第一起草人，广东省新闻出版广电局游戏评审专家，广东省游戏协会产业专家，游戏动漫版权出版服务平台创始人。

# 一　2017年游戏版权数据

## （一）2009～2017年全国软件著作权登记情况

我国软件著作权登记数量从2009年的不足5万件跃升至2017年的近75万件，年均增速41.92%，同比增长达到83.30%，凸显出在“信息时代”下“互联网+”的爆发力。

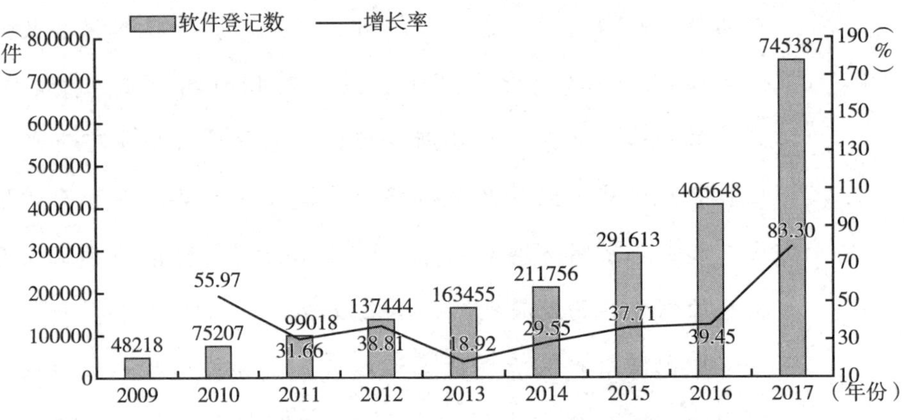


**图1　2009～2017年中国软件著作权登记数与增长率**

## （二）2009～2017年全国游戏软件著作权登记情况

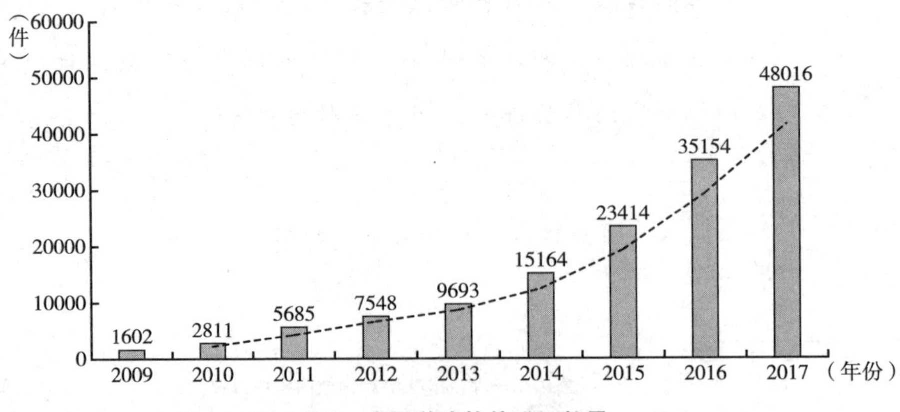


**图2　全国游戏软件登记数量**

## （三）2009～2017年北京地区游戏软件著作权登记情况

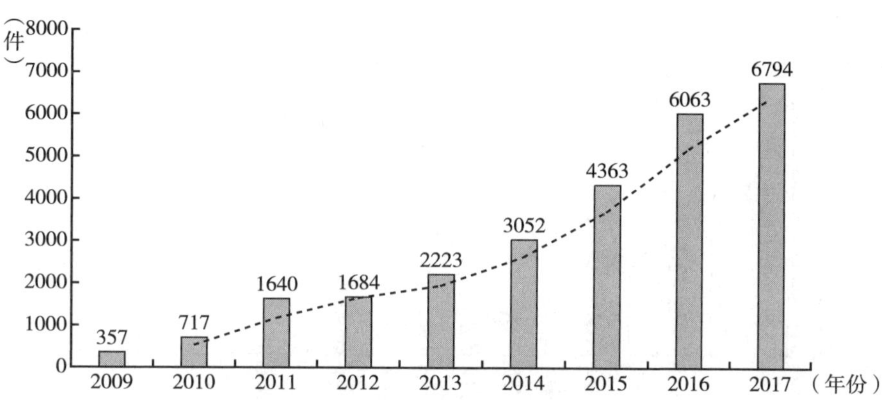


**图3　北京游戏企业软件登记数量**

## （四）2017年全国国产网络游戏审批情况

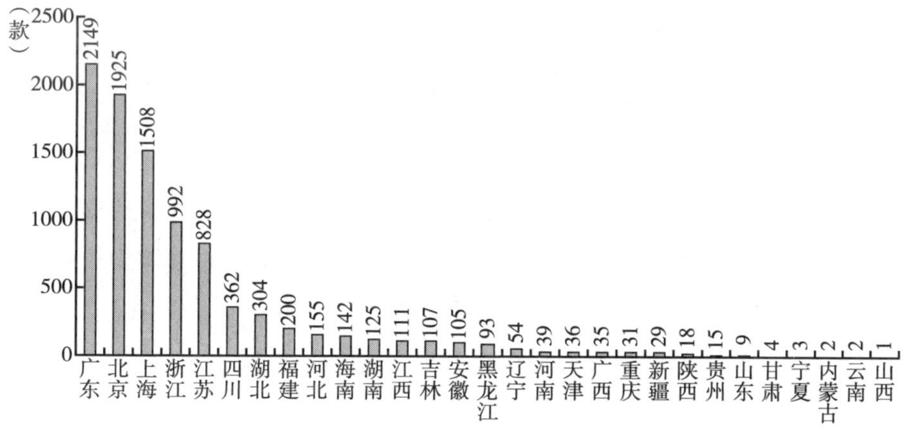


**图4　2017年全国版号批复数**

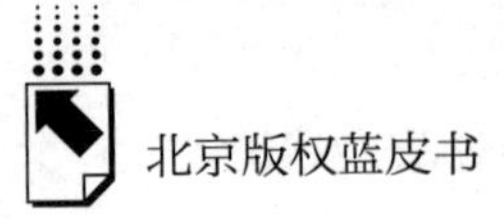


### （五）2017年全国国产网络游戏出版单位出版游戏情况

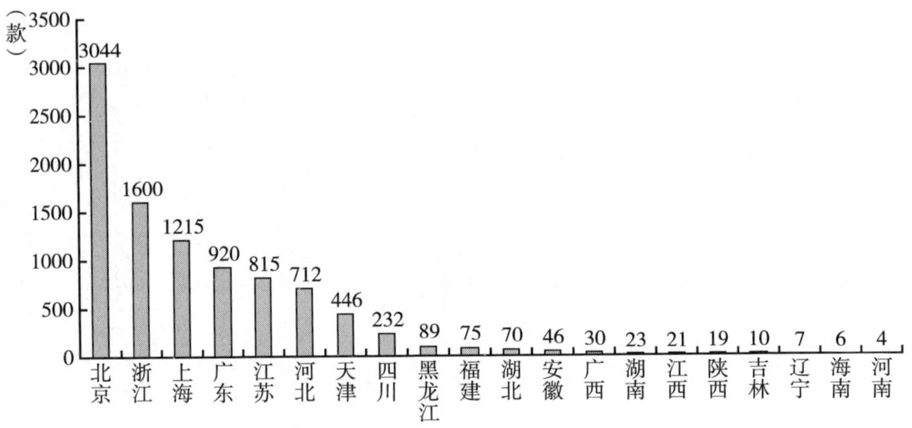


**图5　2017年各地出版单位出版游戏数量**

## 二　2017年北京地区游戏版权发展现状

### （一）北京游戏产业继续又好又快发展

2018年1月，北京市新闻出版广电局（北京市版权局）、北京动漫游戏产业协会发布了北京动漫游戏产业报告。2017年北京动漫游戏产业企业总产值达627亿元，相比2016年增长约20%。北京游戏产业总体规模持续高速发展，全国演艺之都、动漫网游之都的地位进一步彰显。近年来，北京市涌现出一批全国知名的动漫游戏企业和优秀产品，形成了包含创作、出版、运营、发行以及产品开发的全产业链，涵盖了从研发型到渠道型的全产业类型，北京已成为全国动漫游戏产业的研发中心。

包括智明星通、昆仑游戏、完美世界、猎豹移动在内的重点企业，积极收购海外的研发和发行公司，布局全球动漫游戏市场，交易金额约为

116.09 亿元人民币，与上年相比增长了约 93%。

2017 年北京游戏登记数量为 6794 款，较 2016 年增长了 12.06%，但较 2016 年的增幅降低了 144%。从产业规模看，北京的游戏产业有了较大的进步。综合数据反映了政府文化主管部门加大对原创与核心技术的扶持力度，着力扶持原创，支持核心技术创新和龙头企业发展，以精品游戏替代原有以海量游戏堆积换取市场份额的措施取得较大成效。

### （二）北京游戏出版独占鳌头

据统计，2017 年全国新游戏出版批复数量为 9384 款，其中在北京申报的游戏产品总数就高达 3044 款，占全国总数的 32.4%。有 272 家北京游戏运营企业共申报了 1067 款游戏，其余 1977 款游戏均是外地企业申报。同时我们发现，2017 年仍有 237 家北京游戏运营企业的 857 款游戏选择在外地申报。

**表 1　北京游戏运营企业**

单位：款

| 公司名称(共 47 家) | 客户端游戏出版数 | 网页游戏出版数 | 复杂移动游戏出版数 | 休闲益智移动游戏出版数 | 总计 |
|---|---|---|---|---|---|
| 北京畅元国讯科技有限公司 | 2 | 3 | 175 | 349 | 529 |
| 北京艺术与科学电子出版社 | 6 | 13 | 265 | 178 | 462 |
| 三辰影库音像出版社有限公司 | 2 | 13 | 104 | 276 | 395 |
| 北京幻方朗睿软件科技有限公司 | | | 93 | 235 | 328 |
| 北京中科奥科技有限公司 | | 1 | 58 | 252 | 311 |
| 北京中电电子出版社 | | 1 | 39 | 167 | 207 |
| 北京伯通电子出版社 | 4 | 6 | 57 | 131 | 198 |
| 北京科海电子出版社 | 3 | 5 | 62 | 124 | 194 |
| 金报电子音像出版中心 | 1 | 1 | 15 | 81 | 98 |
| 北京华网汇通技术服务有限公司 | | | | 88 | 88 |
| 北京联众互动网络股份有限公司 | | | | 38 | 38 |
| 互爱互动(北京)科技有限公司 | | | 23 | 4 | 27 |
| 北京当乐信息技术有限公司 | | | 3 | 19 | 22 |
| 北京侠客行网络技术有限公司 | | 3 | 2 | 13 | 18 |

续表

| 公司名称（共 47 家） | 客户端游戏出版数 | 网页游戏出版数 | 复杂移动游戏出版数 | 休闲益智移动游戏出版数 | 总计 |
|---|---|---|---|---|---|
| 北京新媒传信科技有限公司 | | | | 17 | 17 |
| 北京漫游谷信息技术有限公司 | | | 15 | | 15 |
| 北京畅游时代数码技术有限公司 | 1 | | 10 | 2 | 13 |
| 趣游科技集团有限公司 | 1 | 4 | 4 | 2 | 11 |
| 北京掌趣科技股份有限公司 | | | 9 | | 9 |
| 北京百度多酷科技有限公司 | | | 1 | 6 | 7 |
| 北京北纬通信科技股份有限公司 | | | 6 | | 6 |
| 蓝港在线（北京）科技有限公司 | | | 3 | 1 | 4 |
| 北京中清龙图网络技术有限公司 | 1 | | 2 | 1 | 4 |
| 北京新娱兄弟网络科技有限公司 | | | 3 | | 3 |
| 北京中娱在线网络科技有限公司 | | | 3 | | 3 |
| 北京光宇在线科技有限责任公司 | 1 | | 2 | | 3 |
| 中文在线数字出版集团股份有限公司 | | | 3 | | 3 |
| 北京奇虎科技有限公司 | | 1 | 2 | | 3 |
| 北京网元圣唐娱乐科技有限公司 | 1 | 1 | 1 | | 3 |
| 竞技世界（北京）网络技术有限公司 | | | | 2 | 2 |
| 北京极品无限科技发展有限责任公司 | | | 2 | | 2 |
| 竞技世界（北京）网络技术有限公司 | | | 2 | | 2 |
| 艾格拉斯科技（北京）有限公司 | | | 2 | | 2 |
| 游艺春秋网络科技（北京）有限公司 | | | | 2 | 2 |
| 北京五爪雷龙网络科技有限公司 | | | | 2 | 2 |
| 华录出版传媒有限公司 | | | | 2 | 2 |
| 人民东方出版传媒有限公司 | | | 1 | | 1 |
| 北京智明星通科技股份有限公司 | | | 1 | | 1 |
| 大唐网络有限公司 | | | | 1 | 1 |
| 北京凯罗天下科技有限公司 | | | | 1 | 1 |
| 北京雷霆万钧网络科技有限责任公司 | | | | 1 | 1 |
| 北京目标在线科技有限公司 | | | 1 | | 1 |
| 北京神奇时代网络有限公司 | | | 1 | | 1 |
| 北京极光互动网络技术有限公司 | | | 1 | | 1 |
| 北京龙图智库科技有限公司 | | | 1 | | 1 |
| 北京闪联互动网络科技有限责任公司 | | | | 1 | 1 |
| 北京空中信使信息技术有限公司 | | | 1 | | 1 |
| 合计（47 家出版单位） | 23 | 52 | 973 | 1996 | 3044 |

注：属地化管理是国家新闻出版广电总局推出的一种游戏审批方式，通过属地审查申报总局备案的方式，压缩审批时限，提高审批效率。北京作为国家新闻出版广电总局批复的国产网络游戏属地管理 4 个试点地区之一，北京市局负责对北京地区运营出版的游戏出版前内容审核。

北京能够在属地化管理过程中实现大量产品有序申报，与北京市新闻出版局建立游戏审核机制、游戏评审标准密不可分。根据《北京市政务服务中心进驻窗口首席代表制度实施办法》（京政服发〔2017〕8 号），北京市新闻出版广电局（北京市版权局）已实施首席代表制，审批流程进一步压缩，审批效率显著提升。北京市新闻出版广电局（北京市版权局）还在开展国家“千人计划”文化艺术人才项目等申报工作过程中，进行动漫游戏专业技术职务资格评审工作，积极组织人才参与文化部等各单位组织的培训，服务全市文化人才队伍建设。

## （三）网络游戏出版物内容审核监管平台上线

北京市新闻出版广电局（北京市版权局）建设的全国首家网络游戏内容审核监管平台目前已通过试运营，已于 2018 年春节期间投入使用，通过信息化手段提升内容审核效率。

在平台 2017 年试运行期间，共收到游戏出版申请 245 款，对内容存在问题的游戏退回 43 款，其中比较典型的是未经审批擅自上线的游戏《魔霸对决》和价值导向严重偏差的游戏《摄政王》等。对报送内容存在问题的出版单位，北京市局采取了约谈、责令整改、书面检查等多种方式进行处置。

此前，中宣部、国家新闻出版广电总局等 8 部委联合印发《关于严格规范网络游戏市场管理的意见》（以下简称《意见》），北京市局采取多项措施，加强网络游戏管理。一是遵照《意见》要求，立即召开游戏审读专家工作会议，部署加强属地游戏内容审核工作，特别是把《意见》中明确的违法违规和不良内容作为审读重点，确保属地游戏内容积极健康。二是推行游戏出版编辑责任制度，强化出版单位主体责任。在近日下发的《关于在北京地区网络出版服务单位全面落实编辑责任制度的通知》中，在全国率先推行游戏出版编辑责任制，强化游戏出版单位主体责任。三是利用技术手段，对每款经北京市局审核的游戏“留痕”，即保留每款游戏送审的版本，从根本上解决游戏出版过程中送审版本上线后“变脸”擅自添加违规内容的问题。

### （四）多项活动推动传统文化产业转型升级

推动文化娱乐行业转型升级是北京市文化局2017年的重点工作内容之一。针对动漫游戏行业、演出娱乐行业及互联网上网服务场所转型升级培训，举办了“2017年演出行业专业技能培训会”、文化娱乐行业转型升级培训、动漫游戏行业研发技能培训等六场培训会，对动漫游戏、艺术品、演出、互联网上网服务行业等进行有针对性的行业培训，培训人次累计2000余人次。

2017年北京还成功组织了第十四届网博会、中国（北京）动漫游戏嘉年华、第六届动漫北京等活动。

2017年9月15～17日第十四届网博会是在数字创意产业的发展和“一带一路”建设的背景下，坚持政府主导、社会参与、市场运作，在内容设置上以展现产业成果和创新为基础，充分展现数字创意产业竞争力；以交流、交易为重点，为网络文化各领域企业代表提供商务洽谈机会；专设“一带一路”展示区，展示参展国家的数字创意内容，推动中外数字创意产业交流。

7月20～23日的第六届“动漫北京”和中国（北京）动漫游戏嘉年华活动以动漫游戏融合为主。包括产业峰会、展览展示、交易推介、动漫游戏嘉年华艺术节、电竞赛事、金翼奖颁奖盛典六大板块，以及两个分会场近百项活动。活动期间共有80余家企业和百余个专业社团参与其中，累计接待观众16万人次，交易总额1.3亿元。

### （五）常态化开展网络游戏专项整治

网络游戏专项整治工作已经成为北京市新闻出版广电局（北京市版权局）的常态化工作。北京市文化执法总队、市公安局网安总队、市网信办、市网络文化协会、在京重点网络游戏企业等单位有关负责人均设专人参与整治行动。整治措施要求企业落实主体责任，加大线上审核力度，严禁制作传播危害国家、有害人民的网络游戏内容。同时要求网络文化公司坚决抵制垄断、侵权盗版、低俗营销、诱导消费等不正当竞争行为；提高网络系统安全用户信息安全意识，坚决抵制泄露游戏用户个人信息、账号非法交易等现象。

完美、空中网、小米和畅游等50余家重点网络文化企业负责人共同签署倡议书，坚决抵制含有低俗暴力、歪曲历史、恶搞英雄等内容的网络游戏产品。

## 三　问题与对策

### （一）北京游戏产业的主要矛盾发生变化

《北京市新闻出版广电局（北京市版权局）“十三五”时期文化发展规划》要求强化文化产业的支柱性地位，加快发展动漫、游戏、网络文化、数字文化服务等新兴文化产业，构建结构合理、门类齐全、科技含量高、竞争力强的现代文化产业体系，推动文化产业跨越式发展，绝不是2000～2010年期间，通过人口红利和粗放式的游戏产品数量堆叠就能实现的。在“十三五”期间，只有通过引导文化创意产业转型升级，让文化创新驱动能力不断增强，让具有较广泛社会影响力、社会效益的优质游戏产品多层次带动才能实现这一目标。

游戏是大众传媒和大众娱乐，同时也是新闻出版领域的主要组成部分。我国仍处于并将长期处于社会主义初级阶段的基本国情并没有发生改变，社会发展速度过快，市场经济导致的各种社会现象层出不穷，社会主要矛盾发生转化，都是导致游戏产业和游戏产品井喷式发展的原因。伴随而来的是游戏产品数量急速增加，游戏企业逐利性强，各种为了追求经济效益而漠视社会责任感的手段比比皆是。中国游戏产业发展20年，部分企业完成了资本原始积累，游戏产业的基本面正在发生悄然变化。2017年北京游戏软件登记数量增长率大幅度降低，但产业规模持续保持高速增长。从侧面佐证了这一阶段性变化，从量变到质变的过程，但这一过程也是一个较为漫长的过程。

在游戏产业初期，我国游戏产品主要是以中国台湾以及日、韩等地区和国家的产品为主，为支持国内游戏企业更健康地发展，新闻出版署连续10年组织“中国民族网游”评选活动，通过持续推动国内自主研发产品更快更稳地走向市场进行不懈努力。经过多年的培育辅导，当前游戏产业有超过80%的市场规模都来源于国产游戏贡献。而随着国产游戏数量的增加，产品质量参差不齐，各种不良企业的非法出版物充斥市场，游戏产业的主要矛盾从国内游戏企业与海外企业拼抢市场的矛盾转为国内正规优质游戏与粗糙的非法游戏之间的矛盾。

“坚持政府引导、市场主导、企业主体的运行模式，充分释放市场活力，积极推动文化发展方式转变”。2016年11月，国家新闻出版广电总局发出《关于实施“中国原创游戏精品出版工程”的通知》（新广出办发［2016］98号），决定在2016~2020年期间，实施“中国原创游戏精品出版工程”（以下简称“游戏精品工程”），进一步加强游戏出版内容建设，引导游戏企业打造更多传播中国价值观念、体现中华文化精神、反映中国人审美追求的游戏精品，为广大人民群众特别是青少年提供昂扬向上、丰富多彩、寓教于乐的精神食粮。2016年发布的《北京市文化创意产业发展指导目录（2016年版）》中，也将“动漫游戏的美术制作环节等劳动力密集的文化产品生产制作环节”列为禁止类业态，不享受文化创意产业相关优惠政策。

游戏产业从虚拟到现实，浓缩着不断发展和演变的社会形态。在实现“十三五”时期文化发展的总体目标过程中把社会效益放在首位、实现两个效益相统一的体制机制，文化产业的支柱地位得以巩固提升，形成一批文化产业发展新的增长点和增长极，全面提升文化产业发展的质量和效益。

### （二）各类游戏审核规范与游戏分级制度需尽快制定

北京市新闻出版广电局（北京市版权局）在2018年春节期间推出“网络游戏内容审核监管平台”，将材料递送、审核过程管理、后续舆情监控等内容通过互联网平台进行集成化管理，在加强监管的同时提高效率。

2016年国家新闻出版广电总局发布了《移动游戏内容审核规范（2016年版）》，对移动游戏审核工作有了较明确的指引。但对于客户端网络游戏、网页游戏、家庭游戏机游戏等内容仍然没有具体的约定和约束。对于屏蔽词库规范性、实名制和防沉迷系统实时监控查询、游戏衣服遮挡比例与裸露程度、游戏非人民币的随机抽取玩法次数限定、虚拟道具兑换小额实物的小额定义等也没有具体标准。网络游戏出版审核和游戏产品备案针对的都是游戏运营企业，只有软件著作权针对游戏研发企业，导致大部分游戏研发企业在游戏研发中不了解游戏审核过程中的各种要求。

我国的游戏分级制度亦是如此，原则上我们遵循了相对严格的分级措施，即将游戏分为未成年人游戏和成年人游戏，未成年人必须实施防沉迷措施和家长监护系统，而成年人就没有这种限制。从游戏内容而言，无论是未成年人和成年人都适用于同一套审定规则，即《移动游戏内容审核规范（2016年版）》和《关于规范网络游戏运营加强事中事后监管工作的通知》等条文所包含的内容。这对于整个网络游戏产品链并非好事。特别是网络游戏和传统出版物最大的区别在于，它是一个动态变化的产品，是能够在互联网上进行人与人实时交互的产品。如果审核过程是一次性，而非动态的，非及时响应的，加之经济效益和社会效益的矛盾性，逐利的游戏企业不断挑战现行政策，难免会造成不可估量的后果。

加快推出“非移动游戏”的审核标准，特别是顺应时代发展的家庭游戏机游戏、云游戏审核标准已经迫在眉睫。而推行游戏分级不能寄希望于商家自觉，必须要有来自顶层设计的引导和强制力。当下我们的游戏行业管理还存在许多亟待优化之处。比如游戏内容审查涉及工信部、文化部、国家新闻出版广电总局，而诱导消费行为又关乎工商部门，如何协调各方、厘清责任，是强化监管的重点。再如设计分级制度，中国幅员辽阔，各地区经济、文化差异巨大，是否都要装进一个标准化的“盒子”里，标准要细化到什么程度，业界争议纷纷。更重要的是，制度能否妥善落地，还需要家长、学校、游戏开发运营商、管理部门群策群力。

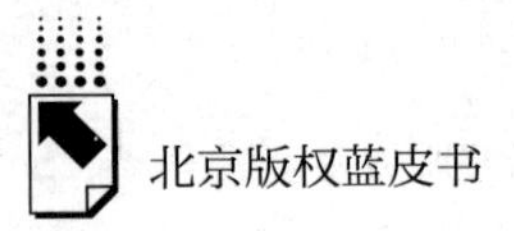


### （三）从根本上解决“蓝鲸”“邪典”等问题游戏和视频还需多层次协作

2017 年中，一种“蓝鲸”（Blue Whale）死亡游戏在全球各地悄然蔓延。2017 年末，又有一款叫“儿童邪典”的视频在全国蔓延。全国“扫黄打非”办发布声明称，针对利用经典卡通形象制作传播涉暴力、恐怖、残酷、色情等妨碍未成年人健康成长的有害视频情况，全国“扫黄打非”办公室已部署开展深入监测和清查。目前，相关网站开展了自查和清理。对不履行企业主体责任，造成有害视频及信息传播的企业，一经查实，必予严惩。

虽然通过政府行为遏制住了“蓝鲸”“儿童邪典”等问题游戏和视频的蔓延，但是伴随而来的问题是，为何这些外来变态文化会造成如此规模的影响。

社会发展速度加快，未成年人辨识力不强、自控力差，大量成人元素诸如暴力、色情充斥其中，极易让他们误入迷途。清理“儿童邪典”这类侵害儿童身心的毒瘤，司法惩治必须跟上。无论是制作者、传播者还是监管不力者，只要突破法律界限、触及儿童保护红线，一律应严惩，加大打击和处罚力度。在儿童保护问题上，从不应该有任何商量的余地。

对网络平台来说，也应该完善自查机制，畅通举报渠道，强化反应机制，充分利用技术筛查和人工干预，决不能让有害儿童的内容传播，更不能为了“流量”而不顾道德法律。对执法机关来说，应该建立多部门的联合监管机制，形成强有力的监管。

当前的政策要求所有游戏、视频等出版物均需要进行登记、审批、备案等操作方能进行传播，各级平台应恪守内容监管的要求，家长也要尽监督职能。查漏补缺，通过多层次保障，让儿童免受伤害。

### （四）“山寨”成本低促使网络游戏侵权更猖獗

网络游戏侵权一直以来都是游戏产业的主要问题，网络游戏产业投资回报率高，成为文化创意产业的新增长点。开发一款新网络游戏的成本高、时间长，而“山寨”一款热门游戏的成本很低。更有甚者，一些研发人员将本公司的游戏研发代码、美术资源等进行包装、“换皮”等艺术处理变身为新的游戏产品。面对巨大的经济诱惑，游戏侵权者屡屡不惜以身试法，网络游戏领域知识产权侵权现象频发。

2017 年，北京市海淀区法院发布《涉网络游戏侵犯知识产权案件审理情况》，并发布涉网络游戏侵犯知识产权十大案例。该报告对涉网络游戏的知识产权侵权案件做出详细分析，并对加强网络游戏产业知识产权保护提出了科学、合理的司法对策，以解决目前存在的司法救济不到位、诉讼禁令下达难、诉讼进程推进难等问题，并就游戏产业发展中的法律风险防范、纠纷解决策略等提出相关建议。

这 10 个案例是乐元素科技（北京）有限公司诉浙江古川科技股份有限公司侵犯著作权、商标权、不正当竞争权案，北京麦爱文化传播有限公司诉北京神雕展翅科技有限公司侵犯著作权案，无锡圣火令科技有限公司诉北京小米科技有限责任公司侵犯著作权案，无锡圣火令科技有限公司诉北京搜狐互联网信息服务有限公司侵犯著作权案，完美世界（北京）网络技术有限公司诉北京巨阵星空科技有限公司侵犯著作权案，北京畅游时代数码技术有限公司诉北京普游天下科技有限责任公司、北京微游互动网络科技有限公司不正当竞争案，腾讯科技（深圳）有限公司、深圳市腾讯计算机系统有限公司诉北京中科奥科技有限公司、北京小奥互动科技股份有限公司侵犯商标权案，上海数龙科技有限公司诉北京奇客创想信息技术有限公司侵害著作权及不正当竞争案，广州网易计算机系统有限公司诉北京世纪鹤图软件技术有限责任公司等侵害著作权、商标权及不正当竞争案，温瑞诉北京玩蟹科技有限公司侵犯著作权及不正当竞争案。

### （五）中国网络游戏健康发展需建立在网络安全上

2017 年全球先后报出多起网络账号泄露、网站频报安全漏洞等事件。2010 年 6 月 22 日，文化部正式对外出台网游实名制相关法案《网络游戏管理暂行办法》，并于 8 月 1 日正式实施。而作为我国第一部全面规范网络空间安全管理的基础性法律，2017 年 6 月 1 日《网络安全法》正式实施，标志着我国网络安全从此有法可依，而网络游戏行业的健康发展更需游戏企业自律整顿。中国网络游戏健康发展需建立在网络安全上。

中国网络游戏的网络安全不仅仅是企业的事情，同时也包含玩家自身的网安全意识和习惯。网络游戏运营单位应加强网络安全建设，履行网络安全等级保护责任与义务，保护公民信息，按时完成公安备案，落实安全主体责任和网络实名验证、建立安全管理制度、进行数据保护，防止网络数据泄露、窃取或篡改等。而玩家要养成健康阅读信息，不随意点击来路不明的广告、新闻、弹出式画面等信息。

从政府层面，《未成年人网络保护条例（送审稿）》已经出台，我国也已经开始完善在这方面的法律建设。而在互联网时代，视“网络”如毒品的现象已经基本不存在了，因此全面普及互联网安全教育势在必行，仅仅是间接性的宣传或者教育讲座不够，大可新增教导正确利用互联网的课程，逐渐让孩子能够明辨不良信息内容以及一些基本的计算机技能，这有些类似于前段时间备受争议的未成年人的性知识普及。

### （六）版权认定和版权多重交易让游戏版权交易受阻

版权交易过程中的标的物，即版权产品的版权认定一直以来都是最大的问题。现行版权保护中心和各地版权局进行的版权登记都是形式审查，审核过程中不能够完整重现产品原貌，导致版权交易完成后才发现其版权产品中依旧包含部分侵权元素。

根据《著作权法》规定，版权的取得有两种方式：自动取得和登记取得。在中国，按照著作权法规定，作品完成就自动有版权。所谓完成，是相对而言的，只要创作的对象已经满足法定的作品构成条件，即可作为作品受到著作权法保护。在学理上，根据性质不同，版权可以分为著作权及邻接权。简单来说，著作权是针对原创相关精神产品的人而言的，而邻接权的概念，是针对表演或者协助传播作品载体的有关产业的参加者而言的，如表演者、录音录像制品制作者、广播电视台、出版社等。

但这两种方式在版权认定和版权交易过程中，均不能充分反映版权人的真实所有权。如某游戏公司通过不正当渠道获得的游戏代码或美术资源，经过包装后亦可申请著作权并进行商业化和版权交易。此举还可能导致后续获得版权的企业陷入法律风险。

游戏产品的版权交易除版权侵权风险外，还要面临另一个问题。要形成爆款必须依托版权本身的知名度和影响力，但一般而言，版权方并不会只将一个版权（如《盗墓笔记》）授权给唯一的一家游戏公司，这就造成版权影响力的分化。

因此，2017 年自有版权打造产品和影视剧版权交易红火，但游戏产业版权交易在经历了 2015 ~2016 年的火爆后，2017 年普遍都偃旗息鼓，等待新的机会。

## 四　发展趋势

### （一）精品网游提升网游产业社会效益

精品网游并不仅是指各游戏分发平台收益超高的爆款产品，也不仅是知名度高的短期热点产品，而是能够引导游戏企业打造更多传播中国价值观念、体现中华文化精神、反映中国人审美追求的游戏精品，为广大人民群众特别是青少年提供昂扬向上、丰富多彩、寓教于乐的精神食粮。

2017 年北京市新闻出版广电局（北京市版权局）择优推荐了北京 70 余款网络游戏申报“中国原创游戏精品出版工程”，充分体现了北京市引导本地游戏企业又好又快发展的殷切希望。虽然中办、国办印发《关于推动国有文化企业把社会效益放在首位、实现社会效益和经济效益相统一的指导意见》要求国有文化企业先行动起来，但是以民营企业为主的网络游戏企业也应当担负起中华文化传承的使命。

未来通过“中国原创游戏精品出版工程”“慈善公益”等活动以点带面，先带动一批“先富起来”同时具有较强社会责任感的企业和具有较强社会效益的产品，以经济效益拉动社会效益，而后以社会效益推动经济效益，实现协同发展。

### （二）持续加强游戏出版内容监管

面对数量庞大的游戏产品集中申报，北京市将加大网络游戏出版前内容审核把关力度，防止含有违规内容的网络游戏流入市场；运用网络游戏内容审核监管平台等技术手段，做好游戏上线后的监管；加强宣传报道，为集中整治行动营造良好的舆论氛围；加强同公安、文化执法等部门的信息沟通，将审读过程中发现的问题线索及时转交给执法部门处理。

产业发展不能持续性的进行粗放式管理，当前游戏产业已经到了“量变到质变”的过渡阶段。加强监管和行业自律，是营造健康有序的产业发展环境的先决条件。

### （三）保护未成年人健康，游戏是老问题新现象

加强未成年人保护是新中国成立以来的基本国策，网络游戏这种强社交性的产物无时无刻不在影响着未成年人的心智，必要的管控和引导为青少年营造一个健康、绿色、安全的网络文化环境是全社会的责任。

早在 2007 年，新闻出版总署等八部委就联合发布了《关于保护未成年人身心健康实施网络游戏防沉迷系统的通知》，要求各网游运营商于当年 4 月 15 日起在所有网络游戏中试行防沉迷系统。但是防沉迷并不能完全保护青少年免受不良信息的伤害。

无论是“蓝鲸”还是“儿童邪典”，都是国外邪恶文化的舶来品，加强宏观调控、保护未成年人健康成长亦是未来政府的工作重点。针对青少年沉迷网络游戏，当前要求建立游戏分级制度的呼声越来越高，从网络游戏的开发到运营都需要纳入监管，按照用户不同的年龄段进行分级也有可能导致未来游戏产业环境变化。

### （四）北京游戏“走出去”的步伐还将加快

中国网络游戏出版产业要做大做强，需要增强我国游戏企业的整体实力和参与国际竞争的能力。实现健康可持续发展，必须要在出版内容上下功

夫，要突出强调游戏出版文化的深层次内涵，打造具有时代文化特征的精品力作。

北京地区游戏企业在2017年通过强化产品质量，让世界看到了中国游戏产品的品质，海外出口总额超过百亿元。政府主管部门将继续通过推动和倡导绿色网络游戏、鼓励企业提高研发水平、扶持网络游戏出版骨干企业和推动民族网络游戏“走出去”等措施，与业界一道共同推进产业健康发展。

### （五）打击网络游戏侵权盗版，建立长效机制

2018年将是《国家知识产权战略纲要》颁布实施十周年，近年来国家频繁发出关于打击网络盗版侵权的通知，2014年末国务院办公厅下发《关于转发知识产权局等单位深入实施国家知识产权战略行动计划（2014～2020年）的通知》，2017年持续开展对新《著作权法》的修订，并在第十二届全国人民代表大会常务委员会第二十九次会议上，组织召开和汇报了《全国人民代表大会常务委员会执法检查组关于检查〈中华人民共和国著作权法〉实施情况的报告》。进一步推动以著作权法为核心、多方位多层次、较为系统完备、符合国际规则的著作权法律规范体系建设。

多年来，通过政府对盗版的持续打击、多家龙头企业的综合维权以及行业沟通交流机制的建立，国内版权保护环境逐步改善。

通过政企合作，建立长效机制，加大打击网络侵权盗版力度，营造一个尊重知识、鼓励创新、倡导公平的产业发展环境。

### （六）游戏版权交易规模将进一步扩大

网络游戏作为文化产权商品，无论是游戏代理、版权转让还是衍生品交易、上下游版权融合等细分领域，网络游戏拥有资产交易的先天属性。伴随着不断完善的网络游戏版权交易市场，衍生出的诸如版权价值评估、版权公证、版权维权、版权投融资、版权流量变现等商业文化服务在近几年迅速扩大规模。

当前网络音乐、网络小说、网络影视剧已经在版权交易过程中走在前列，网络游戏由于不具有常规手段和标准进行价值评估和盗版侵权维权难等问题，市场喜忧参半。随着政策和产业环境的进一步完善，上述问题已经有了明显改观。作为互联网流量变现最好的途径之一，网络游戏的版权交易也随之将有新的爆发点。

# B.6
# 2017年北京文化创意产业发展报告

徐家力　赵　威*

**摘　要：**　2017年，北京市规模以上文化创意产业法人单位的收入总值达到16196.3亿元，同比增长10.8%。文化创意产业仍然在北京市经济结构中占据举足轻重的地位，文化创意产业知识产权问题的核心内容之一是创造版权。主城区是首都传统意义上文化与科教都较为发达的区，底子好，文化创意产业保持平稳增长，重点领域增势良好，引领全区文化创意产业平稳健康发展。非主城区在文化创意产业发展中敢想敢干，拿出优惠的政策条件吸引文化创意产业落户，建立文化创意产业园（基地），文化创意产业发展良好。北京市文化创意产业的发展要在注重人才培养、为文化创意产业积蓄后备力量等方面继续着力。

**关键词：**　版权　文化创意产业　文化创意人才

## 一　版权与文化创意产业的发展

2017年，北京市规模以上文化创意产业法人单位的收入总值达到

* 徐家力，法学博士，国家知识产权战略专家，隆安律师事务所创始合伙人，北京科技大学知识产权研究中心主任、博士生导师，中国政法大学博士生导师，主要研究领域为知识产权法学；赵威，北京科技大学文法学院博士研究生，法学硕士，隆安律师事务所律师，主要研究领域为知识产权法学。

16196.3亿元，同比增长10.8%。[①] 文化创意产业仍然在北京市经济结构中占据举足轻重的地位，成为支撑首都经济创新发展、构建“高精尖”经济结构的重要引擎。文化创意产业是以个人的创意和智慧为依托，以版权保护制度为保障，以生产、经营文化产品和文化服务为主要业务范围，以满足人类社会的精神文化生活需求为本质内容的社会生产组织形式。文化创意产业突破传统的产业形式与产业发展思维，通过创新、创造，用文化艺术服务、新闻出版发行服务、广播电视电影服务、软件和信息技术服务、广告和会展服务、工艺美术品生产和销售服务、设计服务、文化休闲娱乐服务、文化用品设备生产销售及其他辅助服务，满足广大公民的精神文化需求。

### （一）版权制度是文化创意产业发展的基础

一方面，随着人类社会经济文化的不断发展，物质财富的不断丰富，人们在衣食无忧之后的精神文化消费需求不断增长，在知识经济时代形成了一种对知识、文化产品的巨大需求；另一方面，在版权保护制度下，知识、文化产品已经成为社会财富的一个重要组成部分，因此，对知识、文化产品的需求就意味着会产生巨大的经济利润。在巨大经济利益的引导下，社会上将有更多的人投身于知识、文化产品的生产和经营上。与此同时，社会化的大生产形式借助科学技术的发展，对文化生产、经营过程不断进行调整、重组，逐渐形成分工明确、具有完整产业链的文化产品生产、经营集群，如出版集团、报业集团、影视集团、广播集团等。在这种社会经济条件下，版权保护制度的建立就造就了文化创意产业的诞生和发展。

### （二）版权是文化创意产业的核心资产

文化创意产业是以创作、创造、创新为根本手段，以文化内容和创意成果为核心价值，以知识产权实现或消费为交易特征，为大众提供文化体验的

① 《2017年北京市文创产业产值破万亿，新业态显现集聚效应》，http：//www.mnw.cn/news/ent/xx/1930946.html，2018年6月27日访问。

产业。版权，是作者和其他著作权人对文学、艺术和自然科学、社会科学、工程技术等作品所享有的权利，涉及文化领域的方方面面，是文化创意产业发展的核心资源。对文化创意产业而言，版权是一种典型的无形资产，具有显著的可转化性和增值性等特征，在生产和经营过程中与其他有形资产有效结合，对产业的经济效益将产生放大效应，从而提高文化创意产业企业资产运用效率和投资回报率。正是版权具有这样的特性，而文化创意企业一个鲜明的特性就是“轻资产”，这就决定了版权资产必然成为文化创意企业生存和发展过程中的稀有核心资产。如果文化创意企业只有资金、设备、人才，但是没有创造出有价值的版权，或版权受制于人，企业就只能为他人做嫁衣；而有了版权，虽然缺乏资金、技术等，但是只要通过市场化运作，版权就会转化为现实生产力，这时，版权就成为企业发展的决定性因素。因此，在文化创意企业，版权资源、版权资产是企业的核心资产。

### （三）完善的版权保护制度是文化创意产业发展的必备条件

当前，在绿色发展理念和文化北京建设的指引下，文化创意产业已经成为北京市的支柱产业之一。文化创意企业数量继续增多，文化产业产值继续增大，权利保护成为产业是否能够健康、长远发展的重要保障因素。完善的版权保护制度，一方面可以鼓励、促进文化创意产业创造出具备优质版权的文化产品，进一步繁荣文化创意产业的发展，另一方面可以预防、打击文化创意产业的侵权行为，进而规范文创产业的有序竞争，最终促进文化创意产业的良性进步。

## 二　北京市文化创意产业发展的总体情况

北京市文化创意产业 2017 年收入合计 16196.3 亿元，其中软件和信息技术服务业收入合计 7015.8 亿元，占比最大，其次是文化用品设备生产销售及其他服务业与广告和会展服务业，收入分别是 2502.2 亿元和 1998.1 亿元。在从业人员平均人数中，除了设计服务业有较大幅度的增长之外，其他行业要么只有些微增长，要么有所下降。

对比2016年的数据，可以发现，近两年北京市文化创意产业的总产值和各行业的产值连续增长，但是从业人员连续两年大面积且几乎是全产业的减少，这是一个值得注意的现象。

**表1　2017年1~12月规模以上文化创意产业发展情况**

| 项　目 | 收入合计（亿元） | 同比增长（%） | 从业人员平均人数（万人） | 同比增长（%） |
|---|---|---|---|---|
| 文化艺术服务 | 323.4 | 11.1 | 5.7 | 0.6 |
| 新闻出版及发行服务 | 853.2 | 8.2 | 7.7 | -1 |
| 广播电视电影服务 | 867.2 | 3.9 | 5.5 | -0.8 |
| 软件和信息技术服务 | 7015.8 | 16.7 | 68.1 | 0 |
| 广告和会展服务 | 1998.1 | 8.1 | 6.5 | -5.6 |
| 艺术品生产与销售服务 | 1249.2 | 2.1 | 1.9 | 1.3 |
| 设计服务 | 335.6 | 20.9 | 9.3 | 21.7 |
| 文化休闲娱乐服务 | 1051.6 | 1.0 | 8.4 | -2.3 |
| 文化用品设备生产销售及其他服务 | 2502.2 | 6.7 | 12 | -5.6 |
| 合　计 | 16196.3 | 10.8 | 125.1 | 0.3 |

资料来源：《2017年1~12月规模以上文化创意产业情况》，http://zfxxgk.beijing.gov.cn/110037/jdsj53/2018-01/31/content_cd8dd5909792451e8b279bee3d364bba.shtml，2018年6月29日访问。

**表2　2016年1~11月文化创意产业发展情况**

| 项　目 | 收入合计（亿元） | 同比增长（%） | 从业人员平均人数（万人） | 同比增长（%） |
|---|---|---|---|---|
| 文化艺术服务 | 238.2 | 2.3 | 5.4 | -0.1 |
| 新闻出版及发行服务 | 626.6 | 1.3 | 7.6 | -3 |
| 广播电视电影服务 | 726.8 | 6.5 | 5.1 | -3.1 |
| 软件和信息技术服务 | 4755.1 | 12.9 | 63.6 | 1.9 |
| 广告和会展服务 | 1503.6 | 11.1 | 6.6 | -2.8 |
| 艺术品生产与销售服务 | 1066.0 | 6.0 | 1.8 | -4 |
| 设计服务 | 268.5 | 13.4 | 7.4 | -4.4 |
| 文化休闲娱乐服务 | 918.3 | 3.7 | 8.5 | -1.1 |
| 文化用品设备生产销售及其他服务 | 1814.5 | -1.2 | 11.6 | -7.8 |
| 合　计 | 11917.7 | 8.3 | 117.6 | -0.7 |

资料来源：《2016年1~11月文化创意产业发展情况》，http://www.bjstats.gov.cn/tjsj/yjdsj/whcy/2016/201612/t20161229_366071.html，2017年8月2日访问。

北京市文化创意产业在2017年继续增长，与北京市采取的一系列促进措施，解决阻碍文化创意产业发展的一些瓶颈，是有关系的。为了健全文化投融资体系，北京建立了涵盖投资基金、融资担保、融资租赁、小额贷款等一整套联动的融资服务体系，成立了北京文化产权交易中心，并在华夏银行、北京银行等银行中设立了专门的文创事业部与文创支行。为缓解文创企业“融资难、融资贵、融资慢”等问题，北京市国有文化资产监督管理办公室会同北京市财政局推出北京市文化创意产业“投贷奖”联动体系，依托北京市文创金融服务网络平台、文创企业股权转让平台等文化金融服务类平台，实现文化创意产业“投贷奖”联动。在文化功能区建设方面，为推动文创产业集聚化发展，自2016年起，北京认定了30个文化创意产业聚集区。截至2017年底，利用老旧厂房、批发市场改造，累计完成占地面积达40万平方米的21个文化园区的建设工作，引进并孵化了包括“开心麻花”在内的文创企业。在全国文创企业中上市公司达58家，其中北京就有21家，市值累计达3000多亿元。在加快文化与科技融合、培育新型业态方面，北京依托高新技术增强文化产品的表现力、感染力、传播力，强化文化对科技手段的内容支撑、创意和设计提升，促进了文化与科技双向深度融合。

## 三　北京市主城区文化创意产业的发展情况

东城、西城、朝阳、海淀、丰台、石景山等区，是首都传统意义上文化与科教都较为发达的区，底子好，文化创意产业保持平稳增长，重点领域增势良好，引领全区文化创意产业平稳健康发展。

### （一）主城区文化创意产业基本运行情况

#### 1. 东城、西城区文化创意产业发展情况①

2017年，东城区规模以上文化创意产业法人单位实现收入2029.9亿

① 本部分数据来自数字东城，http://www.bjdch.gov.cn/n2001806/n2917391/n2917392/c6530263/content.html，2018年6月27日。

元，同比增长5.1%。2017年，东城区规模以上文化创意产业法人单位从业人员平均人数达到83195人，同比下降2.9%。2018年1~4月，东城区规模以上文化创意产业法人单位从业人员平均人数达到8.3万人，同比下降1.9%；实现收入642.7亿元，同比增长8.5%。可以看出，北京市东城区文化创意产业的从业人员数量一直呈波动下降趋势，同期营业收入有缓慢增长。这从一个侧面反映了东城区文化创意产业的创新发展程度较高，人均产值在提高。

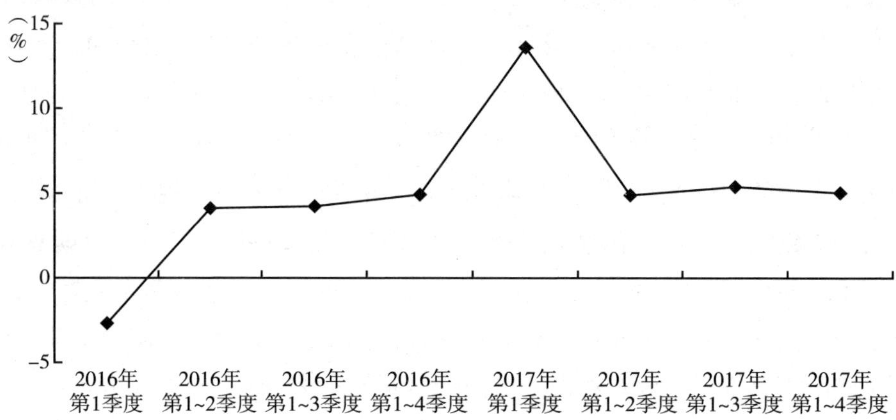


**图1　东城区文化创意产业收入累计增速**

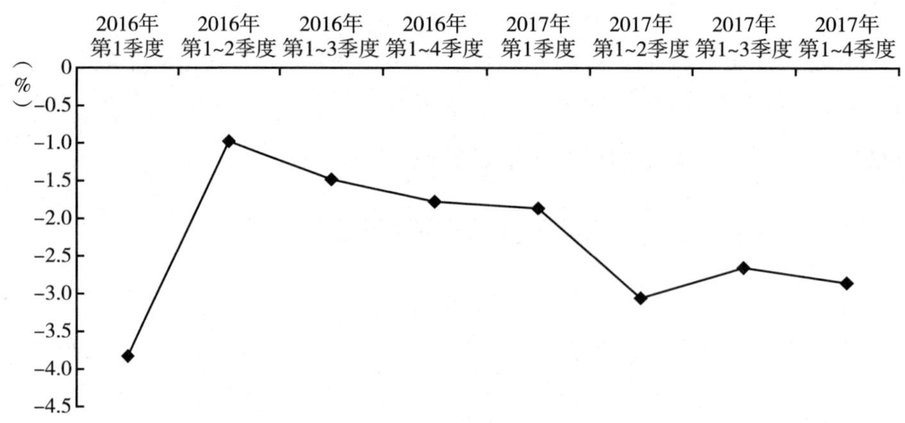


**图2　东城区文化创意产业从业人员平均人数增速**

从现有数据可以看出，2017 年 1 ~8 月西城区文化创意产业在收入增速放缓的情况下，实现收入 512.7 亿元。与东城区不同的是，与收入增速放缓同步的，却是从业人员的小幅增加。① 或许正是因为从业人员的增加，2018 年 3 月 6 日，西城区成立了文化创意产业新的社会阶层人士联谊会，并且加大对文化创意产业的扶持力度。

**表 3　2017 年 1 ~8 月西城区规模以上文化创意产业情况**

| 指标名称 | 1 ~8 月收入(亿元) | 增速(%) | 从业人员(人) | 增速(%) |
|---|---|---|---|---|
| 规模以上文化创意产业 | 512.7 | -4.2 | 101882 | 1.4 |

2. 朝阳区文化创意产业发展情况

从朝阳区现有数据可以看出，文化创意产业的从业人数在 2017 年略有下降，在 2018 年的头两个月份也只有小幅增长，总体上，从业人数呈减少趋势，但是同期，文化创意产业的产值规模，有大幅的增长。朝阳区也通过文化创意产业发展引导资金，促进文化创意产业的发展。②

**表 4　朝阳区 2017 年 1 ~11 月规模以上文化创意产业情况**

| 项　目 | 2017 年 1 ~11 月 | 同比增长(%) |
|---|---|---|
| 收入合计(亿元) | 2712.2 | 7.8 |
| 从业人员平均人数(人) | 248631 | -1.5 |

**表 5　朝阳区 2018 年 1 ~2 月规模以上文化创意产业情况**

| 项　目 | 2018 年 1 ~2 月 | 同比增长(%) |
|---|---|---|
| 收入合计(亿元) | 464.9 | 11.4 |
| 从业人员平均人数(人) | 276077 | 1.7 |

① 本部分数据来自北京市西城区统计局，http：//tjj.bjxch.gov.cn/xxxq/pnidpv686190.html，2018 年 6 月 27 日访问。

② 本部分数据来自北京市朝阳区统计局，http：//www.chystats.gov.cn/cytjj/tjsj/_404/420194/index.html，http：//www.chystats.gov.cn/cytjj/tjsj/_404/422009/index.html，2018 年 6 月 27 日访问。

朝阳区规模以上文创企业数、实现收入、从业人员数量等各项主要指标，均约占北京全市文创产业的1/4。目前，朝阳区共有北京国家广告产业园、国家音乐产业基地、国家动画产业基地、国家版权贸易基地等一批国家级文化创意产业基地，文化创意产业园区发展已呈现更高层次和更广范围的总体格局。此外，还集聚了798艺术区、751时尚设计广场、惠通时代广场等一批市级文创基地，对朝阳区乃至全市文化创意产业的发展起到重要支撑作用。朝阳区文化创意产业园区发展建设的优势地位进一步凸显。①

3. 海淀区文化创意产业发现情况

海淀区规模以上文化创意产业单位达到2500家，占北京市比重超过三成，根据目前统计，2017年海淀区的文化创意产业收入超过7000亿元；文化园区建设方面，海淀区已经有国家、北京市、海淀区认定的18家文化科技园区、功能区及孵化器。② 2017年，海淀区全区文化出口企业有115家，文化创意产业出口居全国、全市前列；2017～2018年，国家文化出口重点企业295家，海淀区有27家企业入围，占全国的9.2%、全市的41.5%。③ 仅在2017年1～5月，海淀区规模以上文化创意产业单位数量即达到2442家，收入合计2236.5亿元，同比增长12.7%，占北京市收入的42.1%。④

**表6　海淀区2017年1～12月规模以上文化创意产业收入情况**

| 指　标 | 2017年1～12月 | 2016年1～12月 | 增长(%) |
|---|---|---|---|
| 文化创意产业收入合计(亿元) | 7118.3 | 6118.9 | 14 |

资料来源：北京市统计局，http://hdtjj.bjhd.gov.cn/tjsj/jdsj/2017n/whcy2015/4jd/，2018年6月27日。

① 《文化产业融入城市发展的朝阳实践》，http://finance.sina.com.cn/roll/2017-05-03/doc-ifyetstt4228446.shtml，2018年6月27日访问。

② 《北京海淀区2017年文化创意产业收入有望接近7000亿》，http://www.chycci.gov.cn/news.aspx?id=35415，2018年6月27日访问。

③ 《文化产业发展的海淀模式》，http://baijiahao.baidu.com/s?id=1590983840050503324&wfr=spider&for=pc，2018年6月27日访问。

④ 《让海淀告诉你，文化创意产业有多牛》，http://www.sohu.com/a/191072041_391300，2018年6月27日。

4. 丰台区文化创意产业发展情况①

2017 年 1 ~ 11 月，在重点行业收入保持稳定增长的带动下，丰台区文化创意产业保持营业收入持续增长、利润总额快速增长的良好发展态势。营业收入持续增长。1 ~ 11 月，丰台区文化创意产业实现营业收入 272.2 亿元，同比增长 1.6%，延续了前几个月以来的正增长态势。文化创意产业 9 个领域中，7 个领域收入都实现了增长，其中广告和会展服务、文化休闲娱乐服务、文化艺术服务同比均实现两位数以上增长，增速分别达到 18.8%、12.7%、12.0%。利润总额快速增长。1 ~ 11 月，丰台区文化创意产业实现利润总额 17.8 亿元，与上年同期相比增长 40.8%。其中，文化艺术服务和广播电视电影服务实现扭亏为盈。软件和信息技术服务利润总额增长持续领先，实现利润总额 13.5 亿元，同比增长 27.3%，对文化创意产业利润总额增长的贡献率达到了 56.4%。从业人员小幅下降。1 ~ 11 月，丰台区文化创意产业从业人员平均人数为 3.4 万人，与上年同期相比减少 1173 人，下降 3.3%。其中，软件和信息技术服务人数减少幅度最大，减少 651 人。文化休闲娱乐服务和广告和会展服务吸纳就业人数同比略有增加，分别增加 96 人和 46 人。

从九大领域看，丰台区文化创意产业营业收入呈现“七升两降”态势，整体运行平稳。其中，软件和信息技术服务、新闻出版及发行服务、文化用品设备生产销售及其他服务是全区文化创意产业的重要组成部分，共实现营业收入 206.7 亿元，占全部文化创意产业收入的 75.9%。艺术品生产与销售服务收入与上年同期相比下降幅度较大，同比下降 38.4%，直接影响全区文化创意产业的收入增长。

软件和信息技术服务发展稳定。1 ~ 11 月，软件和信息技术服务实现营业收入 132.1 亿元，占全区文化创意产业收入的比重为 48.5%，同比增长 0.3%；实现利润总额 13.5 亿元，占全区文化创意产业利润总额的比重为

① 《文化创意产业运行平稳——2017 年 1 ~ 11 月丰台区文化创意产业情况分析》，http://tjj.bjft.gov.cn//tjsj/tjfx/18144.htm，2018 年 6 月 23 日访问。

76.2%，同比增长27.3%。其单位数量、从业人员数、税金、资产等指标均位列九大领域之首，是丰台区文化创意产业的重要组成部分。

广告和会展服务发展迅速。1～11月，广告和会展服务实现营业收入12.1亿元，同比增长18.8%，增幅位列九大领域第一，对全区文化创意产业营业收入增长的贡献率达到了44.0%，拉动文化创意产业收入增长0.7个百分点。其中，广告服务增长较快，实现收入9.3亿元，同比增长21.5%；会展服务实现收入2.8亿元，同比增长10.8%。

艺术品生产与销售服务收入降幅较大。艺术品生产与销售服务的收入来自工艺品销售服务行业，1～11月，该行业实现营业收入5.4亿元，同比下降38.4%，下拉全区文化创意产业收入增速1.3个百分点。营业收入大幅下降原因主要是某大型艺术品批发企业2016年借里约奥运会销售大量的纪念币、纪念章等珠宝饰品，收入大幅上涨，导致2017年收入同比降幅较大。

广播电视电影服务盈利能力大幅提升。1～11月，广播电视电影服务扭亏为盈，实现利润总额0.2亿元，同比增加2.4亿元，对全区文化创意产业利润总额增长的贡献率达到了45.8%，仅次于软件和信息技术服务领域，位居第二。其中，广播电视传输服务利润总额同比增量占该领域增量的99.6%，是拉动该行业利润增长的主力。

**表7　2017年1～11月丰台区文化创意产业发展情况**

单位：亿元，%

| 行业分类 | 收入 | 占比 | 增速 |
|---|---|---|---|
| 文化艺术服务 | 15.36 | 5.6 | 12.0 |
| 新闻出版及发行服务 | 39.8 | 14.6 | 2.1 |
| 广播电视电影服务 | 9.8 | 3.6 | -4.5 |
| 软件和信息技术服务 | 132.1 | 48.5 | 0.3 |
| 广告和会展服务 | 12.1 | 4.51 | 18.8 |
| 艺术品生产与销售服务 | 5.4 | 2.0 | -38.4 |
| 设计服务 | 10.1 | 3.7 | 6.2 |
| 文化休闲娱乐服务 | 12.7 | 4.6 | 12.7 |
| 文化用品设备生产销售及其他服务 | 34.7 | 12.8 | 4.2 |
| 合　计 | 272.2 | 100 | 1.6 |

5. 石景山区文化创意产业发展情况①

2017 年石景山区 196 家规模以上（纳入日常统计范围）文化创意产业单位共实现收入 439.1 亿元，同比增长 14.6%；实现利润总额 63.3 亿元，同比增长 55.1%；从业人员平均人数为 2.98 万人，同比下降 3.8%；各项应交税金合计 14.3 亿元，同比增长 0.2%。在石景山区文化创意产业所涉及的八大领域中，软件和信息技术服务所占比重最高，且发展较为稳定，保持了较高增速；广播电视电影服务领域，在区域政策影响下成长迅速，行业增幅最高，但还需增强行业凝聚力，以推动整体产业的发展。

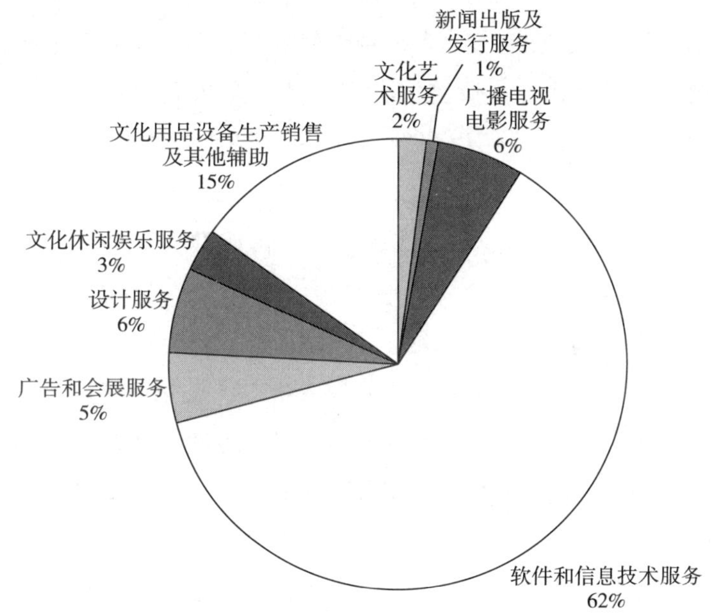


**图 3　石景山区文化创意产业各领域实现收入所占比重**

动漫网游优势企业引领力显著增强。以动漫网游研发、运营为主要构成的软件和信息技术服务领域，是文化创意产业中的重点领域，同时也是石景

① 《2017 年石景山区文化创意产业收入、利润均以双位数增长》，http://baijiahao.baidu.com/s?id=1595132219547123656&wfr=spider&for=pc，2018 年 6 月 27 日访问。

山区重点提升影响力的产业之一。2017 年其在文化创意产业中的收入占比达到 62.2%，所占比重同比扩大了 2.3 个百分点，保持了绝对优势地位。2017 年该领域实现收入 273.3 亿元，同比增长 19.1%，环比增速提升了 9 个百分点，拉动文化创意产业收入增速增长 11.5 个百分点；实现利润总额 54 亿元，在文化创意产业中所占比重达到 85.3%，同比增长 52.6%，使总体产业利润提升了 45.6 个百分点，该领域对文化创意产业的发展影响显著。近年来随着智能手机的普及及应用，APP 软件得到了广泛的推广和应用，以 APP 平台研发和运营为主要业务的公司盈利能力显著增强，如乐元素公司的“开心消消乐”备受喜爱，长期引领休闲游戏风向标，字节跳动公司的“今日头条”快速崛起为全国新闻类 APP 市场第一品牌，上述知名企业具有明显技术优势，正在产业链的各个环节、产品应用和推广上引领和带动相关产业的发展。2017 年以运营 APP 为主要业务的企业实现收入 97.6 亿元，是同期的 3.6 倍，拉动该领域增长 30.6 个百分点，实现利润总额 31.2 亿元，是同期的 6.1 倍，在该领域中所占比重达 57.8%，是该领域的主要推动力。

数字影视持续强化成为新动能。石景山区以高端绿色发展为战略目标，文化建设不断加强，“互联网 +”战略深入推广，文化创意产业与高新技术加速融合，均促进了文化创意产业中广播电视电影领域的快速发展。该领域中重点企业开始进行业务调整，积极拓展互联网平台广播等业务，取得明显成效，2017 年实现收入 27.1 亿元，同比增长 30.1%，是文化创意产业中增速最高的领域，占总体收入的 6.2%，比重扩大了 0.8 个百分点，拉动总体收入增长 1.6 个百分点。该领域的增长点主要来自互联网广播业务，2017 年互联网广播业务实现收入 14.9 亿元，同比增长 10.4%，拉动该领域增长 6.8 个百分点，成为石景山区文化创意产业的新生动能。

创意设计积极应用新技术成为新亮点。设计服务领域在新技术的引领下以及积极政策促进下，2017 年实现收入 25.8 亿元，同比增长为 22.7%，拉动文化创意产业收入增长 1.2 个百分点；实现利润总额 9.6 亿元，同比增长 66.2%，为文化创意产业利润的增长贡献了 1.7 个百分点，逐渐成为石景山区文化创意产业中的新亮点，但是产业的拉动效应尚未形成，需进一步释放动能，形成行业凝聚力，以带动整体产业的发展。

### （二）主城区文化创意产业的整体运行特点

1. 主城区文化创意产业总收入总体呈上升态势

2017 年，海淀区规模以上文化创意产业法人单位实现收入 7118.3 亿元，同比增长 14%。2017 年，东城区规模以上文化创意产业法人单位实现收入 2029.9 亿元，同比增长 5.1%。2018 年 1～4 月，东城区规模以上文化创意产业法人单位实现收入 642.7 亿元，同比增长 8.5%。2017 年，朝阳区规模以上文化创意产业法人单位实现收入 2712.2 亿元，同比增长 7.8%。2018 年 1～2 月，朝阳区规模以上文化创意产业法人单位实现收入 464.9 亿元，同比增长 11.4%。2017 年 1～11 月，丰台区文化创意产业实现营业收入 272.2 亿元，同比增长 1.6%。2017 年石景山区 196 家规模以上（纳入日常统计范围）文化创意产业单位共实现收入 439.1 亿元，同比增长 14.6%；实现利润总额 63.3 亿元，同比增长 55.1%。

2. 主城区文化创意产业从业人数整体减少

2017 年，东城区规模以上文化创意产业法人单位从业人员平均人数达到 83195 人，同比减少 2.9%；2018 年 1～4 月，东城区规模以上文化创意产业法人单位从业人员平均人数达到 8.3 万人，同比减少 1.9%。2017 年，东城区规模以上文化创意产业法人单位从业人员平均人数达到 248631 人，同比减少 1.5%。2017 年 1～11 月，丰台区文化创意产业从业人员平均人数为 3.4 万人，与上年同期相比减少 1173 人，减少 3.3%。2017 年石景山区 196 家规模以上（纳入日常统计范围）文化创意产业单位从业人员平均人数为 2.98 万人，同比减少 3.8%。

3. 同一区的不同行业发展有快有慢，相同行业各区有差异

主城区文化创意产业的不同行业发展差别很大。以数据比较丰富的丰台区为例，软件和信息技术服务、新闻出版及发行服务、文化用品设备生产销售及其他服务是全区文化创意产业的重要组成部分，共实现营业收入 206.7

亿元，占全部文化创意产业收入的75.9%。艺术品生产与销售服务与上年同期相比下降幅度最大，下降38.4%，直接影响全区文化创意产业的收入增长。以新闻出版及发行服务为例，丰台区文化艺术服务占比达到12%，而在石景山区只占到2%。

## 四　非主城区文化创意产业发展情况

通州、顺义、大兴、昌平等非主城区，虽然与海淀、朝阳、东城、西城深厚悠久的文化底蕴存在差距，但是或许正是因为存在差距，没有历史的负担，在文化创意产业发展中敢想敢干，拿出优惠的政策条件吸引文化创意产业落户，建立文化创意产业园（基地），文化创意产业发展良好。

### （一）非主城区文化创意产业基本运行情况

1. 通州区文化创意产业发现情况①

**表8　通州区2017年1~6月规模以上文化创意产业情况**

| 项　目 | 收入(万元) | 同比增长(%) | 从业人员人数(人) | 同比增长(%) |
|---|---|---|---|---|
| 文化艺术服务 | 4798.6 | 62.1 | 187 | 8.1 |
| 新闻出版及发行服务 | 39735.1 | -2.5 | 968 | 0.2 |
| 广播电视电影服务 | 10606.9 | -4.3 | 365 | 6.4 |
| 软件和信息技术服务 | 27034.0 | 7.9 | 613 | -20.2 |
| 广告和会展服务 | 100144.6 | -5.7 | 1030 | -7.0 |
| 艺术品生产与销售服务 | 6004.1 | -7.1 | 146 | -5.8 |
| 设计服务 | 0.0 | 0.0 | 0 | 0.0 |
| 文化休闲娱乐服务 | 15280.2 | -31.1 | 381 | -3.1 |
| 文化用品设备生产销售及其他服务 | 640766.0 | 23.1 | 7752 | -5.1 |
| 合　计 | 844369.5 | 14.9 | 11442 | -5.2 |

① 通州统计信息网，http://stats.bjtzh.gov.cn/n5244966/n5254380/n14483703/c15096487/content.html，2018年6月27日访问。

表9　通州区2018年1~3月规模以上文化创意产业情况

| 项　目 | 收入(万元) | 同比增长(%) | 从业人员人数(人) | 同比增长(%) |
|---|---|---|---|---|
| 文化艺术服务 | 3178.3 | 22.9 | 257 | 24.2 |
| 新闻出版及发行服务 | 10955.9 | -30.8 | 1330 | 13.9 |
| 广播电视电影服务 | 6464.9 | 17.4 | 391 | -6.9 |
| 软件和信息技术服务 | 13728.0 | -12.7 | 1175 | 41.4 |
| 广告和会展服务 | 84357.9 | 57.7 | 979 | -12.1 |
| 艺术品生产与销售服务 | 2841.3 | -22.7 | 134 | -10.7 |
| 设计服务 | 1058.9 | -11.3 | 118 | -13.2 |
| 文化休闲娱乐服务 | 9037.3 | 51.3 | 436 | 11.2 |
| 文化用品设备生产销售及其他服务 | 371593.4 | 22.6 | 7627 | 1.2 |
| 合　计 | 503215.9 | 23.7 | 12447 | 4.1 |

从可查的现有数据来看，进入2018年文化艺术服务业、文化休闲娱乐服务业以及文化用品设备生产销售及其他服务，这几项的收入与从业人员均有较大幅度的增长；艺术品生产与销售服务业、设计服务业两个行业，不管是收入还是从业人数均有较大幅度的下滑；广播电视电影服务业在从业人员人数减少的背景下，实现了收入的增加。

2. 顺义区文化创意产业发现情况①

2017年1~12月顺义区125家文化创意产业单位（规模以上，下同）实现营业收入160.9亿元，同比增长14.6%。从全市看，顺义区文化创意产业营业收入位居全市第九，城市发展新区排名第三位。从营业收入增速看，文化创意产业营业收入增速高于全市3.8个百分点。

从营业收入增速走势看，2017年文化创意产业营业收入增速呈现稳中趋缓走势，前7个月增速在20%~30%运行；1~8月因重点企业筹备项目无明显收益，导致文化创意产业营业收入增速呈现小幅回落；1~12月文

① 《顺义区文化创意产业发展稳中趋缓文化科技领域有望成为新的增长点——2017年顺义区文化创意产业经济运行情况简析》，http：//tj. bjshy. gov. cn/level3. jsp？ id =14037，2018年6月27日访问。

化休闲娱乐服务企业受市场环境影响，承接的工程量大幅减少，导致文化创意产业增速降至全年最低点。

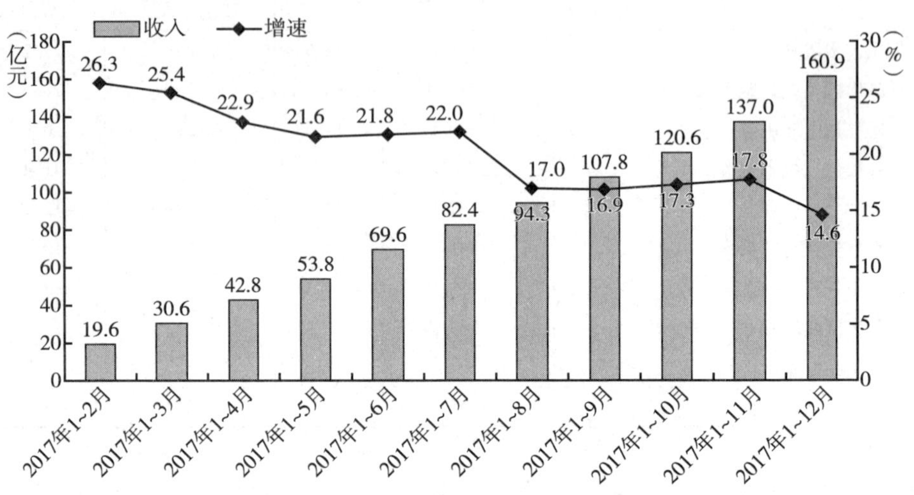


**图4　2017 年顺义区文化创意产业营业收入及增速走势**

全区文化创意产业九大领域营业收入呈现“三升六降”格局。其中，广告和会展服务实现营业收入 87.1 亿元，占文化创意产业总营业收入的比重为 54.1%，同比增长 41.5%，拉动文化创意产业营业收入增长 18.2 个百分点，增速居九个领域首位，是推动全区文化创意产业营业收入增长的主要力量；软件和信息技术服务实现营业收入 10.9 亿元，同比增长 19.9%，增速排九个领域第二位；增速排第三位的为设计服务，实现营业收入 5.9 亿元，同比增长 12.4%（见表 10）。

**表 10　2017 年 1～12 月顺义区文化创意产业各领域营业收入情况**

| 领域名称 | 单位数（个） | 营业收入（亿元） | 增速（%） | 比重（%） | 拉动百分点（个） | 贡献率（%） |
|---|---|---|---|---|---|---|
| 文化艺术服务 | 2 | 0.3 | -34 | 0.2 | -0.1 | -0.7 |
| 新闻出版及发行服务 | 3 | 1.2 | -5.2 | 0.7 | 0.0 | -0.3 |
| 广播电视电影服务 | 5 | 0.7 | -19.7 | 0.5 | -0.1 | -0.9 |
| 软件和信息技术服务 | 14 | 10.9 | 19.9 | 6.8 | 1.3 | 8.9 |
| 广告和会展服务 | 31 | 87.1 | 41.5 | 54.1 | 18.2 | 125.0 |

续表

| 领域名称 | 单位数（个） | 营业收入（亿元） | 增速（%） | 比重（%） | 拉动百分点（个） | 贡献率（%） |
|---|---|---|---|---|---|---|
| 艺术品生产与销售服务 | 7 | 4.4 | -18.6 | 2.7 | -0.7 | -4.9 |
| 设计服务 | 7 | 5.9 | 12.4 | 3.7 | 0.5 | 3.2 |
| 文化休闲娱乐服务 | 28 | 20.5 | -17.7 | 12.7 | -3.1 | -21.5 |
| 文化用品设备生产销售及其他服务 | 28 | 29.9 | -5.6 | 18.6 | -1.3 | -8.7 |
| 合　计 | 125 | 160.9 | 14.6 | 100.0 | 14.6 | 100.0 |

吸纳就业人数稳步提升。2017 年 1～12 月顺义区文化创意产业共吸纳就业人数 1.4 万人，同比增长 7.0%，增速比 1～11 月上升 0.8 个百分点。九个领域中，就业人数增加最多和增长幅度最大的均为软件和信息技术服务，吸纳就业人数 2122 人，同比增加 674 人，同比增长 46.5%；就业人数增加量和增长幅度排名第二的为设计服务，吸纳就业人数 1325 人，同比增加 233 人，同比增长 21.3%。

劳均创收增长明显。2017 年 1～12 月顺义区文化创意产业从业人员劳均实现收入（劳均创收）117.4 万元/人，同比增长 7.1%。文化创意产业劳均创收的主要领域为广告和会展服务，劳均创收 504.4 万元/人，同比增长 54.1%，增速最快。艺术品生产与销售服务劳均创收居第二位，为 105.9 万元/人；其他劳均创收超过 50 万元/人的领域为新闻出版及发行服务、软件和信息技术服务、文化休闲娱乐服务和文化用品设备生产销售及其他服务。从重点领域来看，广告和会展服务支柱地位牢固，软件和信息技术服务和设计服务虽然比重较低，但增长趋势明显，有望成为新的增长点。

第一，广告和会展服务营业收入占文创产业收入的五成以上。广告和会展服务作为文化创意产业的支柱领域，对产业发展有着重要的作用。31 家广告和会展服务企业实现营业收入 87.1 亿元，同比增长 41.5%，占文化创意产业总营业收入的比重为 54.1%。从营业收入增速走势看，广告和会展服务 2017 年一直保持较快的增长速度，7 月升至最高点，此后略有回落，但仍居于文化创意产业首位。

从行业来看，广告和会展服务营业收入占比较排第二位的文化用品设备生产销售及其他服务高 35.5 个百分点，稳居行业第一位。

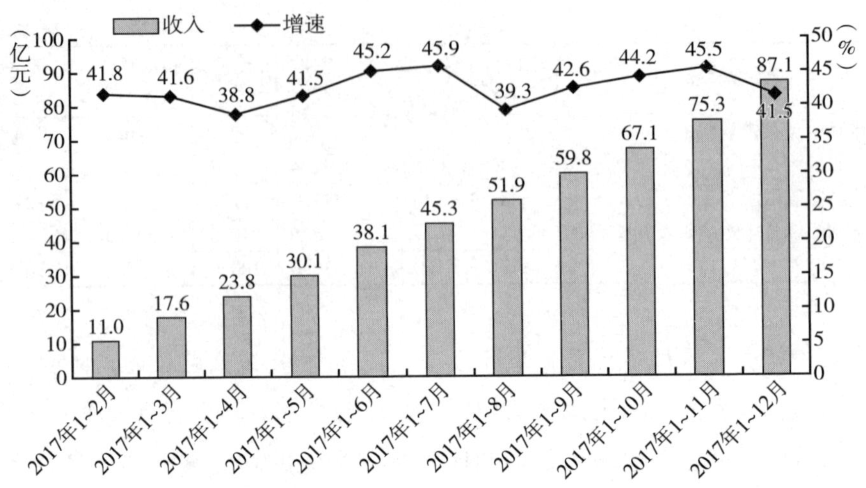


**图5　顺义区广告和会展服务2017年营业收入及增速走势**

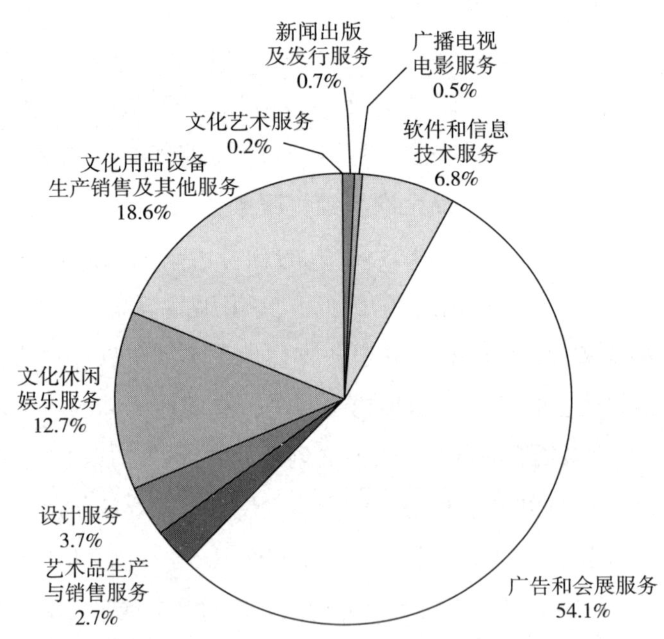


**图6　2017年1～12月顺义区文化创意产业营业收入占比**

广告和会展服务的两家代表企业由于增加新媒体业务和广告发布平台，拉动顺义区文化创意产业营业收入增长17.0个百分点，贡献率高达116.8%。

第二，文化科技领域有望成为新的增长点。科技创新、文化创意交融发展是顺义区产业发展的新趋势、创新发展的新范式。软件和信息技术服务与设计服务作为文化与科技融合发展的重要领域，2017年1～12月分别实现营业收入10.9亿元和5.9亿元，同比增长19.9%和12.4%，拉动文化创意产业营业收入分别增长1.3个和0.5个百分点，增长趋势明显。此外，从吸纳就业能力看，软件和信息技术服务与设计服务领域分别吸纳就业人数2122人和1325人，同比增长46.5%和21.3%，高于文化创意产业平均增速39.5个和14.3个百分点，位于文化创意产业前列。由此可见，文化科技领域已成为吸纳就业的重要领域，人才优势逐渐凸显，在北京市“全国文化中心”和“科技创新中心”建设推动下，软件和信息技术服务与设计服务有望成为顺义区文化创意产业发展新的增长点。

第三，企业盈利能力有待提升。顺义区文化创意产业虽然收入增速较平稳，但企业盈利能力有待提升，提质增效任重道远。2017年顺义区文化创意产业实现利润总额6.5亿元，同比下降48.5%；成本费用利润率下降明显，每投入100元成本费用，利润总额增加4.1元，比上年同期减少了5.2元。分重点领域看，除了文化艺术服务涉及单位均为行政事业单位无成本和利润外，其他八个领域的利润总额呈现“三升五降”格局，其中三家重点企业受经营战略调整和活动宣传费用增加影响，利润总额同比减少过亿元。由此可见，文化创意产业盈利水平仍较低。文化创意企业应加强对企业效益的管理，通过合理的产业化运作，进一步加强文化跨界融合，转变传统的价值增长机制，优化产业结构，促进文化创意产业平稳较快发展。

3. 大兴区文化创意产业发现情况①

2017年1～12月，大兴区共有规模以上文化创意产业法人单位83

① 本部分数据来自《大兴区2017年规模以上文化创意产业情况》，http：//dxtjj.bjdx.gov.cn/tjsj/jdsj/2422747.htm，2018年6月26日访问。

家，实现收入80.1亿元，同比增长4.4%；利润总额为1.6亿元，同比增长111.3%；从业人员平均人数为9858人，同比下降2.9%。收入合计排名前三位的领域分别是文化用品设备生产销售及其他服务、艺术品生产与销售服务、文化休闲娱乐服务，收入分别为27.5亿元、25.2亿元、10.5亿元。

**表11　2017年大兴区文化创意产业主要指标**

| 项　目 | 收入合计（亿元） | 同比增长（%） | 从业人员平均人数（人） | 同比增长（%） |
|---|---|---|---|---|
| 文化艺术服务 | 0.8 | 10.6 | 185 | -2.6 |
| 新闻出版及发行服务 | 2.9 | 3.7 | 303 | -3.8 |
| 广播电视电影服务 | 0.7 | -10.0 | 306 | -8.4 |
| 软件和信息技术服务 | 2.1 | 3.5 | 322 | 46.4 |
| 广告和会展服务 | 5.1 | 5.5 | 687 | 2.5 |
| 艺术品生产与销售服务 | 25.2 | 9.9 | 1080 | -4.7 |
| 设计服务 | 5.3 | 24.6 | 1530 | -4.8 |
| 文化休闲娱乐服务 | 10.5 | -4.0 | 1267 | 4.5 |
| 文化用品设备生产销售及其他服务 | 27.5 | 0.3 | 4178 | -6.6 |
| 合　计 | 80.1 | 4.4 | 9858 | -2.9 |

4. 昌平区文化创意产业发现情况①

2017年1~12月，昌平区规模以上文化创意产业单位180家，实现收入合计156.2亿元，同比增长0.5%。按文化创意产业分类来看，九大门类收入排名前三位的分别为：软件和信息技术服务实现收入69.7亿元，同比下降1.9%；文化用品设备生产销售及其他服务实现收入41.5亿元，同比下降0.9%；设计服务实现收入15.5亿元，同比下降12.3%。

① 《2017年1~12月昌平区规模以上文化创意产业情况》，http：//www.bjchp.gov.cn/tjj/tabid/621/InfoID/499295/frtid/657/Default.aspx，2018年6月26日访问。

**表 12　2017 年 1～12 月昌平区规模以上文化创意产业情况**

| 项　目 | 收入合计（亿元） | 同比增长（%） | 从业人员平均人数（人） | 同比增长（%） |
|---|---|---|---|---|
| 文化艺术服务 | 4.1 | 7.5 | 435 | -18.5 |
| 新闻出版及发行服务 | 3.2 | 1.6 | 542 | -11.9 |
| 广播电视电影服务 | 5.2 | 39.1 | 743 | -3 |
| 软件和信息技术服务 | 69.7 | -1.9 | 8214 | -3.7 |
| 广告和会展服务 | 4.8 | 58.9 | 758 | 4.1 |
| 艺术品生产与销售服务 | 0.0 | 0 | 0 | 0 |
| 设计服务 | 15.5 | -12.3 | 1991 | -5.5 |
| 文化休闲娱乐服务 | 12.2 | 10.2 | 5266 | -0.6 |
| 文化用品设备生产销售及其他服务 | 41.5 | -0.9 | 2487 | -2.8 |
| 合　计 | 156.2 | 0.5 | 20436 | -3.3 |

5. 平谷区文化创意产业发现情况①

**表 13　2017 年 1～12 月平谷区规模以上文化创意产业发展情况**

| 项目 | 收入合计（亿元） | 同比增长（%） | 从业人员平均人数（人） | 同比增长（%） | 利润总额 | 利润-上年同期 |
|---|---|---|---|---|---|---|
| 文化艺术服务 | 37523 | 20.0 | 175 | 2.3 | 11077 | 4916 |
| 新闻出版及发行服务 | 2342 | -27.2 | 80 | -11.1 | 3015 | 2194 |
| 广播电视电影服务 | 31362 | -28.9 | 324 | 8.4 | -479 | 11646 |
| 软件和信息技术服务 | 13267 | -32.9 | 223 | -7.1 | 1230 | 484 |
| 广告和会展服务 | 59409 | -13.1 | 615 | 37.6 | 5221 | -396 |
| 艺术品生产与销售服务 | 489397 | 48.5 | 4765 | 92.5 | 41846 | 41423 |
| 设计服务 | 1263 | 16.6 | 33 | -8.3 | 17 | -4 |
| 文化休闲娱乐服务 | 47025 | 0.4 | 1156 | 1.6 | 4687 | 6745 |
| 文化用品设备生产销售及其他服务 | 19726 | -3.7 | 340 | 1.5 | 1039 | 871 |
| 西乐器制造 | 6266 | -6.4 | 254 |  | 22 | 35 |
| 合　计 | 701314 | 24.2 | 7711 | 47.4 | 67652 | 67879 |

① 《2017 年 1～12 月规模以上文化创意产业情况》，http：//tjj.bjpg.gov.cn/tjxx/tjsj72/jdsj/249853/index.html，2018 年 6 月 26 日访问。

## （二）非主城区文化创意产业的整体运行特点

非主城区的历史文化积淀整体上比不上主城区，且存在产业收入总体上升、从业人员普遍减少的趋势，但是非主城区在现有的基础上，努力发展文化创意产业，虽然有的领域产业收入出现大的滑落，有的领域产业收入有较为抢眼的成绩，但是更多的领域保持在合理范围内。

1. 文化创意产业经济总量偏低，发展基础相对薄弱

2017 年 1 ~12 月顺义区 125 家文化创意产业单位（规模以上，下同）实现营业收入 160. 9 亿元；2017 年 1 ~12 月，大兴区共有规模以上文化创意产业法人单位 83 家，实现收入 80. 1 亿元；2017 年 1 ~12 月，昌平区规模以上文化创意产业单位 180 家，实现收入合计 156. 2 亿元；2017 年平谷区文化创意产业实现营收 70 多亿元。这与海淀区的 7118. 3 亿元、东城区的 2029. 9 亿元、朝阳区的 2712. 2 亿元相比，相形见绌；即使是丰台区的 272. 2 亿元和石景山的 439. 1 亿元，也远远高于顺义、大兴、昌平、平谷等区的收入。

2. 部分区的部分行业有大幅衰退趋势

大兴区、昌平区等的文化创意产业发展较为平稳，除了个别行业收入有所下降之外，整体收入都有所上升，但是有的区收入下降比较明显。例如，通州区 2017 年 1 ~6 月的新闻出版及发行服务收入下降 2. 5%，2018 年 1 ~3 月新闻出版及发行服务收入下降 30. 8%，2017 年 1 ~6 月艺术品生产与销售服务收入下降 7. 1%，2018 年 1 ~3 月艺术品生产与销售服务收入下降 22. 7%。再如，2017 年 1 ~12 月顺义区文化创意产业中，文化艺术服务收入下降 34%，广播电视电影服务收入下降 19. 7%，艺术品生产与销售服务收入下降 18. 6%，文化休闲娱乐服务收入下降 17. 7%。平谷区在 2017 年1 ~12 月规模以上文化创意产业中，新闻出版及发行服务收入下降 27. 2%，广播电视电影服务收入下降 28. 9%，软件和信息技术服务收入下降了 32. 9%。

3. 在总量整体偏低、行业下滑趋势明显的情况下，有些区的某些行业异军突起

通州区 2017 年 1 ~6 月的文化艺术服务收入同比增长高达 62. 1%，广告和会展服务收入在 2018 年 1 ~3 月同比增长高达 57. 7%。昌平区的广告和会

展服务收入在2017年1～12月同比增长高达58.9%。

4. 部分区的企业基础薄，实力弱，抗风险能力不强

从数据中可以反映出来，体量较大、实力雄厚的文化创意企业主要集中在主城区，非主城区产业仍面临着企业基础薄弱、整体实力不强、抵御风险能力差等问题。尤其是个别企业经营情况直接影响到整个行业的发展，使产业整体应对市场竞争能力较弱。而且从目前影响收入波动的因素来看，受到市场投资及国家政策等短期效应影响明显，企业专业技能不强，专业人才匮乏，自身发展缺乏稳定性和创新性，后劲不足，不利于文化创意产业的长远发展。这一状况与上年相比没有出现较大改观。

## 五　进一步促进北京市文化创意产业发展的政策建议

### （一）注重人才培养，为文化创意产业积蓄后备力量

北京市文化创意产业从业人员已经连续两年出现下降。这个问题应当引起重视。文化创意产业作为创新、绿色产业，对于一个地区的经济发展有重大的推动作用，并且创业成本低，在全国不少大城市争相出台政策吸引人才流动的大背景下，北京市严格的户籍、购房、购车政策，势必导致行业人才向外流动。因此，应当通过制定完善文创人才保障措施，吸引海内外高端优秀文化人才，建立健全文化创意人才吸引激励机制。对于海外高水平的领军型文化创意人才，可通过实行经济激励和福利保障激励两种方式来实现。在经济激励方面，可借助股权、期权、年薪、税收等强化对文化创新人才的激励。在福利保障方面，可通过在对高端文化人才的认定和登记的基础上，给予住房、交通、体检、落户等福利政策吸引人才。同时，充分发挥北京市高校云集的优势，培养文化创意产业技术人才。

### （二）充分发挥区域优势、优先发展特色文化创意产业

本报告所列举的区里，海淀、东城、西城、丰台、石景山、顺义、通

州、平谷等各区的教育、环境、资源优势、区位禀赋各不相同，因此文化创意产业发展的优势也不一样。比如，丰台区软件和信息技术服务总收入高达132.1亿元；石景山区以动漫网游研发、运营为主要构成的软件和信息技术服务收入273.3亿元；通州区的文化用品设备生产销售及其他服务收入高达数十亿元，相比该区其他文创行业，遥遥领先；顺义区的广告和会展服务收入高达87.1亿元；大兴区的艺术品生产与销售服务和文化用品设备生产销售及其他服务的收入，遥遥领先于其他行业。各区应当在保持本区优势的前提下，通过政策扶持、基础设施建设、人才支持等措施，促进其他文创行业的发展。

### （三）继续完善文创产业功能区建设

目前，北京市在30家文化创意产业集聚区的基础上，创新性提出文化创意产业20个功能区的概念。通过功能区建设，推动差异化发展、特色化发展和集群化发展，围绕主导产业，不断加深产业链合作，向产业链两端不断拓展，加快培育壮大产业集群，促进文化创意产业由园区经济向区域经济转变。文化创意园区应根据经济形势、自身区域资源特点及园区主导产业的发展情况，对园区进行准确定位，从园区硬件水平和软件水平发力，根据对现代化园区的各种需求，形成复合型文化创意园区。此外，利用文化创意产业的链条经济，孵化更多的文化企业，营造创新的环境和氛围，创造更先进、先锋的文化产品，最终形成健康的文化生态体系，完成从实体园区向文化创意产业生态体系建设的升级。

### （四）在政府支持的同时，积极鼓励社会资本发展文化创意产业

目前，北京市层面制定了《北京市文化创意产业功能区建设发展规划（2014～2020年）》《北京市“十三五”时期文化创意产业发展规划》等政策支持文件，成立了北京市文化创意产业促进中心，以及北京市国有文化资产监督管理办公室等具备文化创意产业促进功能的相关机构。有的区县在北京市文化创意产业政策与机构的支持与指导下，也制定了本区的文化创意产

业发展规划，并成立了文化创意产业发展的促进机构。可以说，从政府层面来看，对文化创意产业发展的支持是全面的。但是在市场经济条件下，应当鼓励社会资本积极介入文化创意产业的发展，确保文化创意产业在市场的带动下，积极、健康、规律地发展。为此，一是支持社会资本设立各类文化创意产业投资基金，如建立文化产业投资基金、创业投资引导基金和担保基金等；二是支持社会资本建立文化科技担保公司、小额贷款公司等；三是支持社会资本搭建中小企业融资平台，如统批统贷平台。同时，也可支持社会资本进入与投融资相关的各项服务平台，如知识产权评估平台、专业化技术平台。引入社会资本的优点是可以按照市场规律运作和配置资源，产权清晰、权责明确、自主经营、自负盈亏。

## 六　结语

近年来，北京市不断从机构设置、资金扶持等方面加大对文化创意产业的政策支持力度，不仅设立了北京市文化创意产业促进中心、区县文化创意产业促进办公室等机构，而且发布《北京市文化创意产业发展指导目录（2016 年版）》《北京市“十三五”时期文化创意产业发展规划》等政策。此外，北京市文资办、北京市文化局、北京市科委等单位也通过“北京市文化创意产业发展专项基金”等项目，促进北京市文化创意产业的发展，文化创意产业的总体规模越来越大，首都作为“文化中心”“科技创新中心”，文化创意产业的支柱作用越来越明显，是毋庸置疑的。尽管部分区县的文化创意产业发展数据不易厘清，且各区县文化创意产业的发展各有侧重，但是从已经整理的北京市和部分区县文化创意产业的发展数据来看，首都文化创意产业的发展总体平稳、稳中有进，在从业人数同比略有下降的情况下，实现了收入的增加。北京市文化创意产业在政府、企业和产业人员的共同努力下一定会蓬勃发展。

# 专　题　篇

**Special Reports**

# B.7
## 网络版权新问题研究

张　今*

**摘　要：** 根据CNNIC《中国互联网络发展状况统计报告》的统计数据，2017年中国网络视频用户超5.7亿，用户规模十分庞大。2017年网络著作权纠纷主要发生在体育赛事直播节目领域，电子游戏、短视频、同人网络游戏依然是发生较多纠纷和争议的领域。体育节目著作权纠纷是2017年网络版权领域最受关注的热点、难点。2017年中国网络短视频在各个领域仍呈野蛮生长的态势，著作权纠纷频发，成为各方利益冲突的集中地。在同人作品方面，互联网环境下不带有商业使用目的的创作将不再是同人作品所具有的共同属性，电子游戏中的虚拟角色也成为著作权侵权的重灾区。

---

* 张今，中国政法大学民商法学院教授、博士生导师。

**关键词：** 体育赛事　同人作品　短视频　电子游戏人物

根据CNNIC《中国互联网络发展状况统计报告》的统计数据，2017年中国网络视频用户超5.7亿，用户规模十分庞大。根据历年数据分析可知，中国网络视频用户基本占到中国整体网民规模的3/4。互联网传播技术的革新带来作品传播方式革命的同时，也引发一系列互联网著作权纠纷，新型著作权纠纷的焦点由深度链接、聚合平台等技术领域扩展到网络消费娱乐领域。2017年网络著作权纠纷主要发生在体育赛事直播节目领域，电子游戏、短视频、同人网络游戏依然是发生较多纠纷和争议的领域。

## 一　体育赛事直播节目的著作权问题

近年来频频发生体育赛事直播节目（简称“体育节目”）的法律纠纷，体育节目主要涉及的著作权问题一时间成为热议话题。同类型纠纷案件诉至多地法院，裁判结果差异较大，裁判理由分歧集中于著作权侵权认定上的观念分歧。体育节目各方利益纠葛及其审判思路反馈到理论上，进一步激发了理论界的关注和讨论，毫不夸张地说，体育节目著作权纠纷是2017年网络版权领域最受关注的热点、难点。

### （一）互联网体育节目的基本情况

互联网传播技术的革新突破了传统体育节目传播方式，不仅带来体育节目播放收益，也引发了一系列利益之争。首先，传播技术的变革使得体育节目从通过有线或无线的交互式传播方式过渡到通过网络传播的方式，也便于观众在线观看电视节目之时又可同步进行网络游戏、微信聊天等活动。体育节目观看方式也从传统的电视直播或重播方式发展到观众可通过网络即时收看或赛后通过重播、点播方式收看比赛。作为体育赛事（电视节目）转播权的购买大户，以电视台为代表的传统媒体的利益必然因此遭受减损。

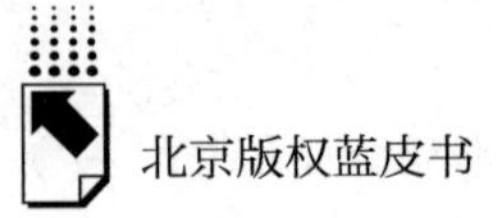



其次，体育节目从电视直播转入网络直播，网络直播节目的点击率和电视节目的收视率相似，点击率越高，网站的活跃度越高，可为网站带来可观的广告收益。基于体育赛事直播可分流电视广告商，牵连了各方利益，以中央电视台为主旋律的各大电视台纷纷开拓网络直播领域，电视台和各大互联网公司之间针对争夺体育节目观众可谓兴起一场看不见硝烟的战争。体育赛事网络直播分流观众、电视广告商，是导致法律纠纷迭起的真正缘由。

国内受众调查权威机构中国广视索福瑞媒介研究（CSM）发布的《中国体育媒介研究十年报告》披露，2004～2013 年十年间，全国 105 个调查城市中的体育人口占目标人群（15～54 岁）的 62.5%，其中一线城市的体育受众占比高达 74.9%。报告还指出，通过比较可知，体育的资源性特点依然显著，每到重大赛事集中的年份，由于体育节目播出量的大幅增加，体育媒介收视市场也是水涨船高。可见，体育赛事的受众人口的增加，促进体育赛事直播市场的蓬勃发展，作为体育媒介收视市场主力军的电视和互联网直播市场分庭抗礼。鉴于此，2014 年伊始，互联网公司开始花费巨资购买体育版权，例如腾讯体育支付 5 亿美元拿下 NBA 五年的中国网络独播权，PPTV（聚力视频）以 2.5 亿欧元拿下西甲 2015～2020 年的中国独家全媒体版权，乐视体育以 27 亿元拿下两年的中超网络独播权。体育节目网络直播已逐渐显现出广阔的市场前景。体育节目在互联网直播新市场尚未充分发展的背景下，网络直播风险敞口尤为突出。上海冠勇信息科技有限公司（冠勇科技）发布的《2017 赛季中超联赛监测报告》显示，2017 年赛季中超联赛被侵权场次为 240 场，侵权比例为 100%，共发现直播侵权平台 57 个，直播侵权链接数 1248 条，点播侵权平台 38 个，点播侵权链接数 76416 条。网络直播中侵权纠纷趋势愈演愈烈。为厘清体育节目的概念，避免行文中“直播”和“转播”语义混淆，我们认为传统意义上的体育赛事直播即“现场直播”，指以现场摄制、播放和实时传输技术为基础，以现场的文体活动或事件为内容，在现场完成一部节目内容的拍摄和制作，并将节目信号实时向观众传播，为观众所同时欣赏的一种节目摄制和传播方式。所谓现场直播也是在真实现场比赛基础上经过赛事主办单位或赛事主办单位委托的制作公司，通过架设在比赛现场内的多部摄像机、多讯道信号视频处理系统将现场比赛录制的画面制作完成后通过卫星、光纤或3G/4G通信网络系统将直播信号传递到播出总控机房，进入播总控系统进行播出。所以本文语义下的体育赛事网络直播和体育赛事网络转播均指“转播”。基于此，引发的体育直播纠纷、转播纠纷实质上均为体育赛事公用信号承载的画面转播权的纠纷。

### （二）互联网体育节目直播纠纷典型案例概况

因转播2014年巴西足球世界杯发生纠纷，央视国际网络有限公司（简称“央视网”）将暴风集团股份有限公司（简称“暴风公司”）诉至法院（该案简称“央视网案”）。央视网诉称其获得国际足球联合会和中央电视台独家授权转播中央电视台制作、转播的2014年巴西世界杯电视节目的权利。暴风公司通过该公司网站、“暴风影音5”播放器PC客户端软件在线播放包含2014年巴西世界杯全部64场赛事的进球画面和单场赛事部分画面的短视频。央视网认为暴风公司未经其授权许可，擅自播放前述短视频的行为侵犯央视网通过信息网络向公众传播涉案赛事节目的权利，该案二审法院北京知识产权法院（简称“北京知产法院”）判决认定暴风公司的行为构成侵犯央视网对录像制品享有的复制权和信息网络传播权，并最终支持央视网请求的400万元赔偿金额。

另一起引起广泛关注的体育赛事转播权纠纷案件系北京新浪互联信息服务有限公司（简称“新浪公司”）诉北京天盈九州网络技术有限公司（凤凰网的运营者，简称“凤凰网”）侵犯著作权及不正当竞争纠纷案件（该案简称“凤凰网案”）。据悉该案系北京市首例因体育赛事转播权而引发的纠纷。新浪公司诉称凤凰网在其网站首页显著位置标注并提供中超比赛的直播视频，凤凰网未经合法授权，非法转播中超联赛直播视频，侵犯新浪公司享有的涉案体育节目作品著作权，且构成不正当竞争。北京市朝阳区人民法院就此案作出一审判决，认定凤凰网与乐视网以合作方式转播中超赛事的行为侵犯新浪公司对赛事画面作品享有的著作权，判决凤凰网停止侵权并赔偿新浪公司经济损失100万元。但是二审法院北京知产法院于2018年3月30日作出的判决则认为涉案赛事画面素材选择上不具有独创性，从类型化角度分析，中超赛事直播公用信号所承载的连续画面，在独创性高度上较难符合电影作品的要求。值得一提的是，北京知产法院于同日作出上述两起案件的终审判决。因两起案件均涉及互联网体育节目纠纷，判决结果在互联网体育直播领域引起轩然大波。体育节目画面是否构成作品？体育节目画面制作者是否可以享有著作权？互联网赛事转播方如何维护合法权益？前述问题已然成为年度互联网纠纷热点之一。

## （三）体育节目的法律属性

有关体育节目典型案例的争议焦点为：体育节目录制形成的若干个连续画面是否构成著作权法意义上的作品？无论是央视网案还是凤凰网案件，原告均认为争议标的物——体育节目中的“短视频”或“赛事直播公用信号承载的连续画面”具有独创性，构成“以类似摄制电影的方法创作的作品”（简称“类电影作品”）。

对于体育节目的连续画面是否构成作品，理论上仍有分歧。有学者认为从作品类型上说，比赛节目可以构成类电影作品。即使有些直播节目没有达到作品的标准，也仍有可能构成录音录像制品而受到邻接权的保护。张伟君认为作品体育赛事画面只要不是对赛事活动的机械录像或者流水账式的自然再现，而是通过具有一定创作水准的摄像、编排、制作而形成的画面，也是属于创作的智力成果，也可以享有著作权保护。也有观点认为，体育节目应归于“其他作品”，这类观点主要出于对体育节目著作权保护空白的无奈。

反对体育节目构成作品的观点认为：“……由于原告的体育赛事直播或者录像基本没有融入作者精神、情感和人格，显然不能构成著作权法所保护的作品”。在央视网案件中，一审法院认为涉案体育节目创作高度不构成作品，而构成录像制品。北京知产法院在央视网案件、凤凰网案件中的审理思路均为：在现有著作权法体系内先行将涉案标的物类型化，再适用类型化后的作品（电影或类电影作品）具体法律规则，进一步从电影或类电影作品的构成要件“固定＋独创性”角度分析体育节目不具备著作权法意义上的作品要件。对于体育节目中的连续画面是否具有独创性问题，在凤凰网案件、央视网案件二审判决中，北京知产法院均从素材的选择、拍摄、对拍摄画面的选择及编排三个角度分析体育节目直播中的连续画面是否具有独创性，最后得出赛事直播画面独创性不足以达到电影或类电影作品的高度，不构成著作法意义上的作品。

诚然，体育节目是否可以在现行著作权法律系统下类型化成具体的某一类作品亟须理论界加以论证。我们认为，从表现形式看，体育赛事直播画面具备“动态画面”的特征，与视听作品的表现形式相同，因此从形式上可以归入视听作品。那些以视听作品看待体育节目及网络游戏的观点，主要依据就是表现形式上的类似性，同时以低独创性解说、判断体育节目的独创性，进而认定体育节目的独创性体现在镜头的取舍组合、解说、导播等方面。不同观点则认为体育节目、网络游戏等动态画面，是否属于视听作品，其判断标准在于独创性高度。

从独创性角度分析，体育节目作为类电影作品受著作权保护，必须具备电影作品那样的独创性。那么什么是电影的独创性？电影的独创性如何体现？独创性的特点又是什么呢？不同的艺术都有其独特的艺术表现形式，文学运用文字、音乐运用旋律、绘画运用线条和色彩，电影作为技术和艺术相结合的产物，其艺术表现形式是“画面”。“画面”就是电影语言的基础，是电影最小的构成单位，没有画面也就没有电影艺术。拍摄电影要按照剧本所要表现的主题，分别拍成一系列画面（镜头），再将这些镜头（画面）有机地、艺术地剪辑、组织在一起，使之成为连贯的影像，构成一部表达一定思想内容，并为观众所理解的影片，这种构成方法称为“蒙太奇”。

“蒙太奇”来自法语，原义系构成、装配，引申用在电影制作就是剪辑和组合。正是由于蒙太奇手法的运用，促使影像录制与艺术相结合，使电影成为独立的文学艺术作品。蒙太奇是电影作品特有的表现手法，因此必然成为序列影像是否具备独创性、是否构成作品的判断标准。

从电影发展历史可以看到，影视语言艺术蒙太奇的运用，即按照事先编排，对画面进行选择、剪切和组合，是区分电影类作品和非电影类作品的标

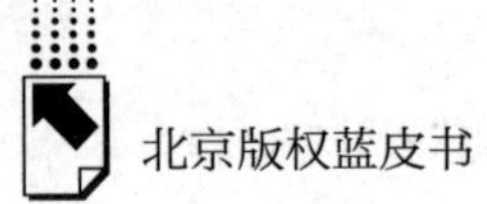



准。动态画面或者说影像序列构成作品的前提条件是独创性，但是对比电影作品的影像序列应当具有创造性、艺术性，那些机械性录制、实况录制形成的画面，虽然具有连续影像的表现形式，也不乏带有制作人的个性，但缺乏艺术性、创造性，内在的编排设计也没有运用蒙太奇艺术手法，难以达到电影作品的独创性高度，因而无法构成电影作品。

以独创性高度判断体育节目，其独创性应当体现在按照内在的编排逻辑对镜头画面进行选择、剪切和组合而形成的序列影像。对非采用电影艺术手法处理，机械录制的连续真实的生活情景组成的影像序列，尽管包含大量的技巧和劳动，亦不乏个性，但不会构成一个电影作品，应当作为录像制品受到保护。

### （四）体育节目的保护途径

虽然对体育节目是否给予作品保护存在较大的分歧，但是要对体育节目给予法律保护，是理论界和实务界已达成的共识。体育节目可通过以下途径得以保护。

按照现行《著作权法》规定的作品种类和权利范围，以著作权保护广播组织权利的前提是体育赛事等大型节目构成作品（类电影）。节目被认定为作品的情况下，广播组织就具有了电影作品著作权人的身份，依据著作权中的广播权、信息网络传播权进行维权。既有案例也有法院认为体育节目制作构成类电影作品、体育节目的画面构成类电影作品。但即便如此，针对网站盗播节目信号并在网络上直播（实时转播）行为，广播权和信息网络传播权都无法控制。因为，广播权所指的广播不包括信息网络传播，信息网络传播权控制的是交互式传播行为。从传播角度看，网络的定时播放和直播都是非交互式的，传播媒介不同，但传播方式与传统广播无异。

单纯的竞技体育比赛的影像录制难以满足独创性，难以构成类电影作品。曾有法院将录制的比赛节目认定为录像制品，广播组织或者直播者基于邻接权来主张权利，即录制者权，录音录像制作者对其制作的录音录像制品，享有许可他人复制、发行、出租、通过信息网络向公众传播的权利，例如央视网诉暴风公司案件，法院认定央视网对 64 场比赛录像享有邻接权。

转播权是广播组织最主要的邻接权，《著作权法》第 45 条为广播组织规定的“转播权”能否适用于网络环境，目前理论和实践都存在不同认知，甚至出现了截然相反的判决。[支持“转播权”可以控制网络转播的判决见广东省广州市天河区人民法院民事判决书（2012）穗天法知民初字第 817 号，持否定观点的判决见浙江省嘉兴市南湖区人民法院民事判决书（2011）嘉南知初字第 24 号]。如果仅从法条的表述来看，广播电台、电视台有权禁止未经其许可的下列行为：将其播放的广播、电视转播。“转播”一词之前没有任何限定词，因此该条可以适用于以任何技术手段实施的同步播放行为，包括网络转播。但是，从理论、著作权法体系来看，广播组织权中的“转播权”目前不能适用于网络转播行为。

通过反不正当竞争法规制盗链和未经转播权人许可的点播、重播等方式侵犯转播权人对体育比赛直播享有的权利。司法实践中，一些法院尝试将网站实时点播比赛节目信息的行为纳入反不正当竞争法加以调整。法院认为诉讼双方均为网络公司，存在竞争关系，未经转播权人许可，擅自提供涉案体育比赛网络直播，减少了转播权人相应的经济收益机会，构成不正当竞争。

通过立法调整，扩大广播组织权利。要阻止未经许可的网络定时播放和直播行为，最为理想的途径是借助广播组织权中的“转播权”，使其扩张适用于网络环境。《著作权法修订草案》第 42 条将“广播权”改造成规制以任何非交互式手段向公众传播作品的权利——“播放权”，广播组织（广播电台、电视台）享有“许可他人以无线或者有线方式转播其广播电视节目”的权利。从草案修改的体系来看，修订后的“转播权”，既适用于广播转播也适用于互联网转播，不区分传播媒介。网络广播虽然利用互联网传送，但它与无线转播的单向传播非常相似，都是由传送者单方发送信息，属于非交互式的传播方式。受众被动接收传播信息，信息稍纵即逝、无法保存、不能检索，如此“网播”仍属于广播范畴，不过多了一种新的传送渠道——多屏幕观看。《著作权法修订草案》将网播和有线直播等都纳入“播放权”的规制范围，扩大了广播组织的播放权，从而更有利于广播组织维权。当然，《著作权法》最终修订广播组织权利，增加信息网络传播权，能够更有效更顺畅地保护广播节目的合法传播。

广播电台、电视台仍然可以通过类电影作品的途径以著作权人身份主张权利，体育节目构成类电影作品的，制作节目的广播组织具有著作权人身份，其权利更为充实，广播组织有权禁止他人播放、信息网络传播其制作的体育节目。在此前提下，广播组织作为著作权人都有权许可和禁止他人通过交互式或非交互式的网络播放其制作的体育节目。

## 二　短视频中的著作权问题

### （一）网络视频行业概述

网络视频行业是指在互联网上提供免费或有偿视频流播放、下载服务的行业。视频内容来源有用户上传原创内容、向专业影像生产机构和代理机构购买版权内容以及网络视频企业自制内容三种主要渠道，涉及电影、电视剧、综艺节目、体育赛事等文化内容产品的生产、传播。2017 年中国网络视频行业收入规模达到了创纪录的 952. 3 亿元。

短视频作为一种实现了信息可视化的传播方式，具有表现力强、信息存储量大、传播速度快等特点，在近年数量急剧增长，具有不可估量的市场价值。但无论传播形式如何变化，短视频仍然是以内容为主导的传播模式，这就意味着，随着短视频产业的逐步完善，其内容的著作权问题一定是无法绕开的议题之一。从目前的实践情况来看，短视频在各个领域仍呈野蛮生长的态势，著作权纠纷频发，成为各方利益冲突的集中地。

### （二）短视频的定义及创作特点

目前实践中对短视频没有准确的界定，本文主要讨论的是利用原有视频素材，进行再度创作之后形成的短视频作品，因此综合各方定义，结合短视频常见的创作形式和固有特点，这类短视频可以界定为：使用已有视频素材，通过拼接、混剪、剪辑、重复播放、重新配音等手法进行二次创作后形成的，长度在10分钟以内的视频。这些创作手法往往是传统视听作品所不会采用的手法，是一种互联网背景和碎片化时代共同催生的新视频创作形式。对已有素材的利用性和创造性使用是二次创作短视频的特点。这类短视频只要体现了作者有独创性的劳动成果，一般都能符合最低独创性的标准而成为作品，并对其加以保护。

短视频还可以细分为以下两种：第一种为汇编型短视频，是指通过一定的选择、编排，将已有视频素材剪接成一个短视频。现在平台制作的新闻资讯类短视频、体育赛事集锦与回顾、盘点类短视频、剧集前情提要/片花等，都属于汇编型短视频。这类视频的特点是，不会对原素材的表达进行更改，只是在特定的主题下对这些素材进行整理和再现。第二类为改编型短视频。这些短视频同样也使用了已有视频素材，但是会运用混剪、剪辑、重新配音等手法，一定程度上改变原作品的表达形式。例如，“胥渡吧”摘取影视剧中的经典镜头并重新配音、“小咖秀”中配合影视剧原声片段重新进行表演、粉丝利用大量影视作品片段剪辑成具有全新故事情节的自制剧，都可以认为是改编类的短视频。

### （三）二次创作短视频的侵权风险

与原作者著作人身权的冲突。二次创作的短视频，通过对原有素材进行汇编或改编，形成新的视听作品。其中会复制大量已有作品，有些素材只出现几秒钟，要求注明每一个作品的出处会导致制作者工作量巨大，对短视频作者要求过高。而且，由于短视频时长有限，要求其在片头或片尾列出详细的作者字幕清单，似乎不符合短视频内容精简、易于分享传播的制作特点。对于短视频这种新的视频表现方式，如何做到合理地、适当地标示来源、注明出处，尊重原作者的署名权，是需要解决的问题之一。

另外，二次创作还有可能会侵害到原作者的保护作品完整权。例如对经典影视作品片段进行重新配音，如果不加注意，新的台词、语言很有可能完全扭曲原作品的思想主旨，甚至损害原作品的良好声誉，造成观众对原作品的误解和反感。

在北京电子音像出版社、广州教育集团有限公司诉上海某网络科技有限公司一案中，原告认为，被告在其经营的“土豆网”上，未经原告许可复制、传播原告享有著作权的作品，且将原告署名去掉，将其英语教学视频分割成短视频上传，侵犯了原告的署名权、保护作品完整权及信息网络传播权。在央视某网络公司诉上海某网络公司一案中，原告也认为被告将涉案作品《舌尖上的中国》分割成不同的短片段在其经营的网站上播放，破坏了作品的完整性，侵害了原告的保护作品完整权。且在该案二审中，原告增加要求被告在《法制日报》及新浪网首页上刊登声明、消除影响等新的诉讼请求。在上海某广告公司微电影侵权案（简称“微电影案”）中，原告也认为被告未经原告许可，在网络广泛发布原告微电影视频作品时，擅自对片子进行剪辑和拼接，还自称某某出品，未署原告名称的行为，侵犯了原告署名权和维护作品完整权。

由此可见，制作人用剪辑现有素材的方法创作短视频，如果在使用过程中不加注意，容易引发著作人身权侵权纠纷。

由前文的分析可知，由于创作方法不同，不同类型的二次创作短视频可能会侵犯原作品的汇编权、改编权以及放映权。例如，福州市中级人民法院在判决中就认定，被告福州广播电视集团为了发展地方方言，而对原告视频作品《爱，断了线》进行全方言配音，构成了著作权法上的演绎行为。但由于被告对播放的涉案影片的删减量不大，情节仍旧完整，因而认定被告侵害原告享有的作品放映权，依法应承担相应的民事侵权责任。

另外，短视频是互联网环境下的产物，与传统视听作品通常会首先在电台电视台、电影院线播放不同，短视频的发表、发行渠道通常都是网络，一经制作完成直接上传到网络，通过网络完成传播。因此，未经授权制作的短视频在网络传播中很可能会侵犯原作品的信息网络传播权。如果这类作品在原著作权人尚未将作品上传至网络之前先行在网络上传播，还会在一定程度上打乱原作品的网络推广进程和损害其许可市场。

### （四）可行的解决路径

短视频中对原作品素材的利用行为已经符合著作权侵权认定中的“接触+实质性相似”要件，甚至在客观上完全符合复制行为的特征，会侵犯原作者的著作人身权、财产权。但是，理解法律行为不仅需要运用“本身原则”，更要利用“理性原则”——判断行为的性质不能仅仅看行为本身，还需要理解行为背后的原因和价值意义。

短视频出现至今已获得人们的广泛接受，且催生了一个商业利益巨大的短视频市场。这说明，短视频这种传播形式是符合现实需求的，其存在具有合理性。合理地解决好短视频领域中的著作权侵权问题，无论是对原作品作者、短视频制作者，还是对互联网传播平台、观看视频的用户，都是一大福音。基于此，我们认为可以尝试从以下几个方面解决短视频在二次创作时的著作权侵权问题。

短视频创作者在使用他人素材时，有必要履行合理的注意义务。首先，应在条件允许的情况下尽可能详细地注明素材来源，这是对作者著作人身权的尊重，否则可能会承担赔礼道歉等民事责任。例如，当媒体平台利用他人的视频画面制作新闻资讯、创作人制作影视剧排名盘点时，此时素材的数量可控，应当清晰地写明出处与作者，或者在制作成员名单、致谢处一并声明出处。另外，短视频传播时，除了视频文件之外，作品文字简介常常也与视频同时显示在同一个网页页面中；在视频分享到社交平台上时，也往往可以附随50～200字的分享文字，在这些文字介绍中标明来源也是可行的方式。从司法实践中既有判例来看，只要是视频中保留了与原作品相同的署名方式，法院均不会支持原告侵犯署名权的诉讼请求。上述微电影案中，上海市浦东新区法院在判决中就认为，“原告自己提供的涉案微电影片尾也没有署原告的名字，因此原告主张被告侵犯其署名权，本院不予支持”。

在二次创作过程中，作者也应当注意对原作品的思想情感的尊重。例如，原视频本身是关于美好爱情的故事，二次配音、剪辑时不应将作品扭曲成背叛、伤害等负向的故事导向，引发观众误解，导致观众在看原作品时带

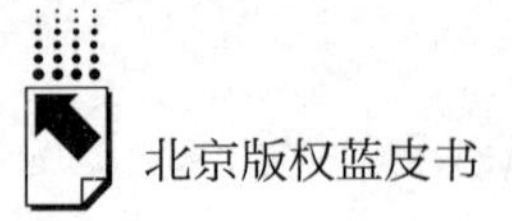


入不良的印象，损害作者声誉。在实务中，只要短视频作者尽到合理义务，不对原素材进行歪曲和篡改，不达到贬损原作者声誉、名誉和思想感情的程度，其受到的关于保护作品完整权的侵权指控也不会得到法院的支持。

另外，有一些作品在创作声明中已经写明严禁商用、严禁二次编辑、严禁网络传播等，短视频创作者应该注意发现这些声明，并避免选用这些素材，以防后续的纠纷。

短视频创作是否构成侵权应灵活适用合理使用标准进行判断。按照我国现行《著作权法》的规定，有一部分短视频在二次创作中有可能直接被认定为合理使用。例如，个人用户制作的剪辑类短视频，分享到自己的社交主页，这类行为只要创作者尽到了注明出处的注意义务，且不在视频中加入广告等商业因素，一般可以符合合理使用中“为个人学习、研究或者欣赏，使用他人已经发表的作品”的规定。同时，短视频易于传播的特点和新闻业对传播广度的需求不谋而合，许多资讯平台甚至是电视台都会通过剪辑一些新闻视频作品的镜头，汇总作为时段快讯进行播放，这在一定情况下也可以借由新闻合理使用条款免遭侵权指控。另外，合理使用中“为介绍、评论某一作品或者说明某一问题，在作品中适当引用他人已经发表的作品”这一条款，也可以涵盖实践中一些影评、剧情分析类短视频。如微博用户谷阿莫在诉讼抗辩中就认为，他将电影镜头剪辑成 5 分钟以内的短片并配上自己的介绍与旁白的行为，属于合理使用，对此不应当负侵权责任。

在运用合理使用制度解决短视频侵权问题时，我们也应注意，解决市场失灵现象是合理使用制度的立法目的之一，也即当交易成本过高导致当事人之间的自由协商无法实现时，通过合理使用制度允许使用者在此前提下利用作品。因此，当某些行为已存在一个可行的市场机制，使用者有途径对他的使用行为获得许可时，就不宜再以合理使用为其行为披上合法外衣。例如，对于电影作品而言，电影预告片、宣传片的著作权归片方所有。制作这些短片是为了推销影片，因此，在影片宣传发行过程中，各平台对于这些短视频的使用，普遍被片方视为一种新闻资源与媒体渠道的合作。行业通常做法是，平台直接联系片方并获得片方授权，通常情况下可获得授权。由此可知，在电影预告片、片花短视频的使用与传播上，已经形成了比较完整的授权机制，包括片名、海报、预告片等视频物料，如果他人需要借用预告片素材进行联合推广，均应付给片方授权费，签约获得授权后才能使用。因此，在判断短视频是否属于合理使用时，既要从各个方面进行灵活、综合的判断，也要注意不宜过大扩张合理使用的范围以免挫伤原作者创作的积极性。

探索高效的授权和许可方式。短视频市场是一个新兴的、有潜力的市场，如原有作品的权利人付出了独创性劳动，其利益也需要被保护。综观目前的司法实践，虽然短视频盗用素材的侵权问题频发，但是真正提起诉讼的作者寥寥。这是因为一方面短视频的侵权数量大、传播广，原作品方的搜寻成本过高、诉讼成本太大。另一方面，短视频本身的特点就是要求快速、实时传播，一些短视频作者可能本意不在侵权，但如果一一联系原作者取得授权，授权周期过长，将完全不利于短视频的产生，且会扼杀很多新鲜的选题和评论。因此，为了缓解这一矛盾，除了利用法律的强制性规定为行为提供合理性之外，更便捷地实现降低成本、互利共赢的方式，还得落实在建立有效的著作权许可机制之上。

建立视频素材交易平台。2017 年 12 月 1 日，阿里巴巴文化娱乐集团联合阿里巴巴达摩院共同发布了鲸观全链路数字版权服务平台，这是短视频著作权授权许可模式中的有益尝试。知识共享协议（CC 协议）也是如今国际上大热的著作权许可授权模式之一。该类协议提供了多种选择的授权形式及条款组合，供权利人与大众分享创作，授权他人对作品的再使用和二次创作。目前的共享协议包括“署名”“署名 + 非商业用途”“署名 + 禁止演绎”等六种授权模式，创作者可以根据自身需求选择其中一种授权方式进行“公开授权”，此时当他人在创作者选择的方式内使用作品时，将无需另行征得创作者同意。知识共享协议的好处在于短视频作者在二次创作时只需要遵循特定的、明确的使用方式即可，不需要再一一联系素材原作者获得授权。

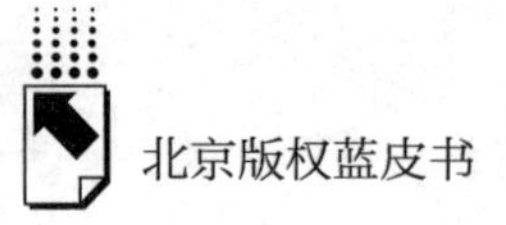


## 三　同人网络游戏侵权问题

### （一）同人网络游戏行业背景

根据我国互联网信息中心于2017年7月发布的《第40次中国互联网络发展状况统计报告》，截至2017年6月，我国网络游戏用户规模达到4.22亿，占整体网民的56.1%，手机网络游戏用户达到3.85亿，占手机网民的53.3%。以手机游戏作为核心增长动力的网络游戏市场营收规模依旧保持高速增长。

网络游戏厂商与文学、影视企业的合作日益紧密，从上游IP的生产到下游IP的变现，形成愈加稳固的产业链。改编具有市场热度的IP进而开发同人网络游戏成为目前网络游戏市场开发推广的重要特点之一。如腾讯推出的《天涯明月刀》在线角色扮演游戏（由古龙《天涯明月刀》小说改编而成）、祖龙娱乐推出的《琅琊榜之风起长林》手游（由正午阳光《琅琊榜之风起长林》影视剧改编而来）。文学、影视作品巨大的潜在经济价值，使越来越多的游戏开发者将目光投入这一领域。比如，阿里游戏、万达院线、蓝港互动等多家游戏厂商都在2017年上半年陆续公布了IP改编游戏计划，并联合优酷、爱奇艺等视频网站进行影视作品协同营销。利用他人作品中的人物名称等部分元素进行二次创作形成的同人网络游戏，是同人作品的一种，具有与同人文字作品、同人视听作品等相同的特点。部分未获得原著作者授权的同人创作行为，由于其利用了原著中的部分元素，极易陷入著作权侵权、不正当竞争等纠纷之中，如完美世界（北京）软件有限公司诉上海野火网络科技有限公司等侵害作品改编权纠纷一案，完美世界获得了金庸《射雕英雄传》《神雕侠侣》《倚天屠龙记》《笑傲江湖》四部作品移动终端游戏软件之独家改编权，并推出了同名手机游戏。而被告在未获得合法授权的情况下，使用了上述四部作品中的部分元素自行开发了名为《六大门派》的手机游戏，因而引发了诉讼。又如北京乐动卓越科技有限公司（简称

“乐动卓越公司”）诉北京昆仑万维科技股份有限公司（简称“昆仑万维公司”）案，乐动卓越公司是移动终端游戏《我叫MT》的著作权人，昆仑万维公司未经许可，在《超级MT》游戏中使用《我叫MT》游戏的部分元素，又在宣传过程中使用了与《我叫MT》相关的宣传用语，因而引发诉讼。在持续不断的纠纷之中，权利人或利害关系人与游戏开发者各执一词，虽然体现了越来越强的著作权意识，但同时也可能抑制开发者的积极性，成为网络游戏产业发展的阻碍。

在这一背景下，本文对同人网络游戏相关问题进行研究，就有着重要的实践意义和理论价值。我们通过深入了解同人网络游戏行业，对同人作品的共同特点进行介绍，总结目前理论界对同人作品著作权侵权、不正当竞争等问题的观点以及司法实践中的做法，并提出游戏厂商有效应对纠纷和市场风险的对策建议。

### （二）同人作品的特点

同人作品一般由原著作者以外的人创作。同人指具有共同志趣爱好并能互相交流的人们。同人作品的作者一般是原著的爱好者或粉丝在原著基础上进行再创作的人。原著作者对其作品进行的改编或再创作不构成同人作品。

同人作品与原著具有互文性，其与原著有千丝万缕的关系，可以说是站在原著的肩膀上进行的再创作。同人作品有意识地借助了原著的背景、人物、情节等要素，降低了其写作和构思的难度。同时，同人作品的创作又会回馈原著以一定的受众或关注热度。一般来讲，同人作品与原著之间形成一种对话，同人作品的作者首先是读者，在对原著的接受过程中，势必与原著作者在世界观、价值观上客观存在个体差异，从而产生不同的理解，并且这种理解也必然会被带进二次创作之中。

有观点认为，不以商业使用为目的的创作也是同人作品的特点之一，原因在于，同人作品的作者多数出于对原著的热爱而进行创作，不出于商业目的。例如，发轫于日本动漫的“同人志”最主要的特点就是不具有商业性，是一群志同道合的“同好们”的自发性创作、出版与传播。又由于同人作者的业余性特点，这种创作与商业和文学价值并无直接关系，而是其对从原著中获得启发或其思想感情的表达方式。本文认为，随着同人创作群体的不断壮大，同人作品的变现方式以及同人作品的传播途径呈多元化趋势，同时互联网催生了大批的网络写手，同人作品所带来的网络流量很难说不带有商业性。同人网络游戏作为同人作品的一种，更是由带有商业目的的商业主体进行开发和推广。本文认为，在互联网环境下，不带有商业使用目的的创作将不再是同人作品所具有的共同属性。

## （三）同人作品理论概述

1. 同人作品与原著的著作权冲突

同人作品纠纷中的非演绎类同人与原著的著作权冲突。若同人作品具有极高的独创性，只是利用了原著的某些素材，与原著的关系相对淡薄，那么属于非演绎同人。人物名称作为一类特殊文字表达，字数较少，而且不乏特色并能够暗示人物性格，但是其并未表达较为完整的思想，且未实现文字作品的基本功能，难以构成作品，不属于受著作权法保护的表达。因此，只是利用原著人物名称的同人作品并不构成著作权侵权。

根据思想表达二分法，单纯的人物关系、人物形象以及与之相联系的抽象情节，应属公有领域的素材，不是受著作权法保护的表达。若同人作品使用了原著中的人物姓名、人物性格等静态元素以及单纯的人物关系，但在故事发展、情节互动等方面进行了焕然一新的重新创作，亦不构成著作权侵权。

演绎类同人作品与原著著作权人的冲突。若同人作品在原有作品基本表达的基础上，对原表达加以发展，使新表达与原表达融为一体而形成新作品，那么属于演绎类同人。若同人作品在原有作品基本表达的基础上，对原表达加以发展，使新表达与原表达融为一体而形成新作品，那么属于演绎类同人。

单纯的人物形象以及恋人、父女等人物关系属于公有领域的素材，但是如果人物关系等与具体的表达相联系，具有独创性的故事情节赋予了这些人物独特的内涵，构成了独创情节和逻辑推进的有机结合体，那么这些人物关系则与故事情节一起成为著作权法保护的对象。因此，如果同人作品不仅利用了原著中的人物名称，还利用了原著中的构成表达的具体故事情节等内容，则构成了著作权侵权。从性质上看，演绎类同人作品主要构成对原著作者修改权、保护作品完整权和改编权三项著作权利的侵犯。

综上，人物名称、单纯的人物特征或人物关系等都是公有领域的素材，并不属于著作权法保护的对象，任何人都可以运用来进行创作，同人作品利用了原著中的该部分内容，并不构成著作权侵权；当同人作品利用了与具体的情节相互结合互动而构成表达的人物关系以及其他的构成表达的内容时，则构成了著作权侵权。

2. 同人作品与不正当竞争的关系

同人作品起初仅是粉丝出于对原著的喜爱而对原著进行再生产而产生，其目的是在同人粉丝圈内进行交流分享，不含有任何商业企图。但随着同人创作的不断发展，粉丝消费需求的持续增长，同人创作逐渐被纳入商业制造过程之中。

有观点认为，可根据《反不正当竞争法》第二条的兜底条款，认定同人作品侵犯了原著竞争法上的法益：同人创作者与原著作者属于有竞争关系的经营者；同人创作者未经原著作者授权即创作该同人作品并商业发行的行为主观上具有相当程度的恶意，未经允许使用原著人物名称等元素从而搭乘原著的影响力使自己的作品获得较大的市场知名度有“搭便车”的嫌疑。

也有观点认为，若是将所有的同人作品均认定为不正当竞争的侵权行为，会不当扩张反不正当竞争法第二条的适用范围，难谓公平。首先，将小说作者认定为“有竞争关系的经营者”有欠妥当；其次，除涉嫌抄袭的作品外，同人作品大多与在先作品是互相支撑的关系，而不是竞争的关系；再次，同人作品若未在市场上对消费者造成混淆，也未不正当侵占原著作者商业利益，此时仍以反不正当竞争法原则条款加以规制，则可能打击面过宽，扼杀创新；最后，利用原著元素本身固然有搭便车之嫌，但这种搭便车是否是法律明确禁止或者应当禁止的，消除一切搭便车是不是知识产权法的应然

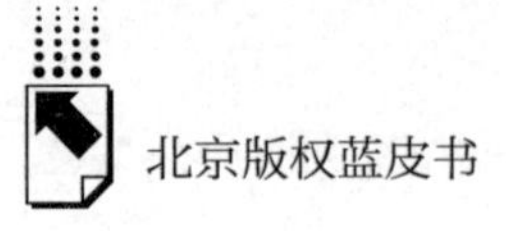


目标等问题都是需要考虑的。

3. 同人作品与商品化权益、虚拟角色的保护

同人作品所利用的原著内容集中于人物形象及关系。有观点认为，虽然单纯人物名称不构成作品，不受著作权法的保护，但可引入“商品化权益”等类似概念，对作品中耳熟能详的并且事实上的确可能具有商业价值而成为知识产权保护对象的拟制人物名称进行保护。在非演绎类同人作品中，商品化权益保护的是不构成作品的名称在商业利用中所产生的利益。

有观点认为，虚拟角色在具备特定要素时具有可版权性。参考他国立法例，美国通过“角色勾勒标准”及“叙述故事标准”对部分文字角色进行保护。在法国，虚拟角色具备独创性、能够与其他角色相区分并具有广泛知名度时可单独获得保护。因此，虚拟角色在具备独创性并且是“经作者充分阐发后的具体表达”，而不是“尚未成形的思想”时便具有可版权性，可获得著作权法的保护。

4. 同人作品与合理使用

对于大量使用原著情节的同人作品并不属于“适当引用”，且其目的也难谓评论原著或说明其他问题，实为对他人作品的改编或演绎，并不属于合理使用的情形。有观点认为，可借鉴美国 1976 年著作权法第一百零七条判定合理使用的“四要素”标准，认定同人小说构成“转换性”合理使用，从而实现原著作权人、社会公众和在后创作者三方的利益平衡。首先，同人作品利用了原著的部分内容，但是其构成转换性使用。其次，在构成转换性使用的前提下，对同人作品进行商业利用，也符合鼓励创新、促进作品传播的立法目的。最后，同人作品对原著潜在市场或经济价值的影响，只有在达到一定的程度时，才能认定为非合理使用，如损害必须真实存在并达到一定程度。并且，我国的司法实践也已经在解释并突破合理使用现有规则方面进行了有益的尝试，值得延续并发展。

5. 日本与美国的规定

日本作为现代同人文化的起源地，将同人创作视为一种“互惠性侵权行为”。同人作品的商业出版发行得到了法律的默许，但著作权法规定同人作品拥有不完全的著作权，并且要求同人作品应标明原著作者。日本的同人作品行业作为灰色地带受到原著作者和出版商甚至法律的容忍，也成为支撑日本市场的重要力量。日本最大的同人志展会 Comic Market 与出版社签署“一日版权”合同，该合同允许得到原著作权人认可的同人作品可以在一天内进行合法公开售卖。该方法既有利于保护原著作者著作权，也鼓励了同人创作者的创作激情，从根本上促进了原著的传播。2012 年 6 月文部科学大臣和文化审议会（日本文化厅长官的咨询机构）针对同人创作是否属于侵犯著作权的行为首次召开了会议，试图根据本国国情对这一问题进行讨论，同时参考外国相关法规来界定同人创作是否属于侵犯著作权的行为。部分日本网友表示希望能够规范同人创作，以杜绝侵犯著作权的行为。但时至今日，日本也没有出现针对这个问题的解决方案。

美国是一个对知识产权实行严格保护的国家，美国版权法对衍生作品等的规定，使同人作品被笼罩上了侵犯著作权所有者衍生作品创作权的乌云。但美国法律也存在对之进行救济的理论，比较常见的就是合理使用理论，其中转换性使用最具代表性。就同人作品而言，同人作品创作者在获取了原著之后，根据自己的思考过程、习惯与模式，经过独立的思考活动将该作品的一些元素融入创作中表达自己的观点，而非简单模仿甚至抄袭，这种同人作品完全是一个原创作品，在这种情形下就可以适用合理使用理论。

### （四）同人游戏著作权纠纷在实践中的审理思路及建议

#### 1. 审理思路

实践中，法院对网络游戏纠纷的处理较少，其中比较典型的是，原告完美世界（北京）软件有限公司（简称“完美世界公司”）诉被告上海野火网络科技有限公司（简称“野火公司”）等侵害作品改编权纠纷、虚假宣传纠纷、其他不正当竞争纠纷一案。上海知识产权法院在判决书中阐述了同人网络游戏对于原著中不同要素的使用的司法认定。在该案中，原告诉称被告野火公司未经许可，擅自将《笑傲江湖》改编成游戏，侵害了原告完美世界公司享有的独家游戏改编权及运营改编后的游戏的权益。上海知识产权法院认为，改编权指改变作品，创作出具有独创性的新作品的权利。所谓改变作品，一般是指在不改变作品内容的前提下，将作品由一种类型改变成另一种类型。本案中原告完美世界公司主张保护的《笑傲江湖》是文字作品，被控侵权的《六大门派》游戏是计算机软件作品，后者是否构成对前者的改编，关键在于游戏所展现的人物、人物关系、故事情节发展与《笑傲江湖》文字作品是否构成实质性相似。法院认为，从情节上讲，原告《六大门派》游戏部分情节与《笑傲江湖》文字作品前七章的情节发展基本相同。在细节设计上来看，《六大门派》游戏中青城派将从福威镖局掠得的财物送给刘正枫作为贺礼、令狐少侠为救仪琳与伯光坐斗也与《笑傲江湖》文字作品相同。据此，法院认为《六大门派》游戏构成对《笑傲江湖》文字作品前七章的改编。

在 MT 案中，北京知产法院认为，对于动漫名称、人物名称等词组或短语而言，判断其是否有创作性，应考虑：①该词组或短语是否存在作者的取舍、选择、安排、设计；②该词组或短语能否相对完整地表达或反映出作者的思想情感、传达一定的信息。如果未表达较为完整的思想、未实现文字作品的基本功能，则其名称不构成作品。关于改变人物形象，法院认为，只有被诉游戏中的人物形象使用了原告游戏中对应人物形象不同于原有动漫形象的独创性表达时，该使用才可能构成对原告改编作品著作权的侵犯。关于游戏名称和人物名称能否获得反法保护，法院认为需要考虑：①综合游戏的知名度（通过游戏玩家的数量和所获得的相关奖项等因素来考虑）和游戏名称及人物名称的显著性（相关公众是否足以依据原告的游戏名称及涉案人物名称识别该游戏的来源）等来确定是否构成知名服务的特有名称；②被告的（宣传）使用是否导致相关工作容易混淆误认（是否容易误认为被诉游戏是原告游戏的衍生游戏或者与原告游戏存在某种特定联系）；③被告是否存在搭便车的恶意（同为手机游戏的经营者，对原告在先上线，且具有一定知名度的游戏，不仅未避让，反而在对被诉游戏人物命名时，采用了与原告游戏相关人物相关联的表述方式，且使用引人误解的宣传语，希望用户产生相应误解，具有明显的搭便车恶意）。

2. 解决同人游戏著作权纠纷的建议

双赢协议——Creative Commons 协议的应用。同人作品与原著的矛盾根源在于，同人创作者并未获得原著作者的授权即创作了同人作品。一方面，由于同人创作者难以与原著作者取得联系，或者无法与之进行有效的沟通而获得原著作者的授权。另一方面，原著作者也不可能对大量的同人创作者的授权请求一一进行衡量、考虑、审核，从而给予回复。因此，在尊重原著作者知识产权的前提下，利用 Creative Commons 协议（以下简称“CC 协议”）为两者的创作设定预先许可，成为解决上述问题的有效方法。CC 协议规定了多种可供选择的授权要素及其组合方式，作者可在保留某些权利的情况下，通过授权他人对自己的作品再行利用，与广大读者分享自己的创作。CC 协议的授权要素有以下四种：①署名；②非商业性使用；③禁止演绎；④相同方式共享。

中国大陆 CC 协议 2.5 版“署名—非商业性使用—相同方式共享”许可协议规定：“只要他人注明您的姓名并在以您的作品为基础创作的新作品上适用同一类型的许可协议，该他人就可基于非商业目的对您的作品重新编排、节选或者以您的作品为基础进行创作。基于您的作品创作的所有新作品都要适用同一类型的许可协议，因此适用该项协议，则对任何以您的原作为基础创作的演绎作品自然同样都不得进行商业性使用”。具体操作过程为：原著作者在作品附录中或作品官网上公布该许可协议。此后利用该作品进行二次创作的同人创作者就应遵守该协议内容，在同人作品的开头或结尾，以明显方式表明原著作者身份，并承诺不将该同人作品作商业性使用。如果有人以该同人作品为基础创作新的同人作品，前一同人创作者不得拒绝其他人使用自己的同人作品。

对原著作者、同人创作者和广大读者而言，CC 协议是一种双赢的解决作品著作权纠纷的方法。首先，原著作者牺牲部分权利使作品能够更好地流通，予以保留部分权利，依然受到严格保护；其次，同人创作者在遵守协议内容的前提下，对某些作品进行无偿利用，可以得到比商品化资源许可更多的自由；最后，读者也能够接触到更多的优秀文化。

通过延伸性集体管理方式进行管理。理想的状态是取得原著作者的授权许可，然而考虑到同人作品创作和传播都在特定范围内，其创作门槛较低，同人作者具有业余化和大众化的特点，某一作品可能会出现多部同人作品等，导致同人作者与原著作者沟通以及谈判成本较大，从效率和经济的角度来讲，一一授权的方式似乎并不是最优选择。在此情况下，我们认为，或可采取著作权集体管理组织的延伸性集体管理方式来协调同人作者与原著作者之间的利益冲突。传统的集体管理模式即一揽子许可，不能全面覆盖所有的作品及权利人，在同人作品创作的方面来讲，衍生性管理通过全面覆盖权利人，使得同人作者在进行创作时免于侵权讼累，原作者也可获得应有利益，避免了一一许可和传统集体管理模式下潜在的隐患，节省交易成本，有利于促进文学艺术市场的繁荣和兴盛。

3. 同人作品网络平台责任

同人作品网站给同人作品的发布提供平台，为同人创作者提供了交流展示的机会。我们认为，在著作权法意义上，此类网站属于网络服务提供商（ISP），其版权责任应按照网络服务提供商的责任标准设定，即根据避风港原则与红旗原则，通常情况之下，只有接到版权侵权通知，才有义务删除涉嫌侵权作品，除非侵权事实显而易见的，就像红旗一样飘扬。但是，互联网时代的同人创作较为复杂，同人作品的质量、尺度等不尽相同，甚至有很多色情、暴力作品，从而可能对青少年带来不利影响。因此，同人作品网络平台可以将同人作品、同人创作者进行分级分类管理，在促进表达自由与优秀文化交流的同时，不至于荼毒青少年。

## 四　电子游戏中虚拟角色的著作权问题

### （一）电子游戏产业现状

根据中国音数协游戏工委（GPC）、伽马数据（CNG）、国际数据公司（IDC）联合发布的《2017 年中国游戏产业报告》，中国游戏产业在 2017 年的实际销售收入达到2036.1亿元，同比增加23%，手游收入增加300亿元。面对电子游戏产业的巨大成功，电子游戏软件、虚拟角色形象保护、衍生品开发等法律问题亦逐渐凸显。其中，因虚拟角色形象产生的著作权问题成为电子游戏发展过程中不容忽视的阻碍。

## （二）虚拟角色在电子游戏中涉及的著作权问题

在电子游戏中可能涉及的侵犯虚拟角色著作权问题的情形主要有以下两个方面：一方面，游戏开发者在设计游戏人物形象时，利用他人已有作品中的角色进行开发，可能涉嫌侵犯该作品著作权人的有关权利，因此游戏开发者应当尽量注意，避免侵权；另一方面，游戏开发者自主研发全新的游戏人物角色后，他人对该角色形象进行利用，亦可能侵犯其著作权。

1. 利用他人已有作品进行角色开发

利用他人已有作品中的虚拟角色进行人物开发时，需要区分该虚拟角色的来源，根据世界知识产权组织（WIPO）发布的《角色商品化权报告》中对虚拟角色的来源分析，虚拟角色来源于文学作品、连环漫画、艺术品、影视作品。而美国理论界将虚拟角色分为文学作品角色和卡通角色。在此基础上，我们认为，利用已有作品中的虚拟角色进行游戏开发设计，亦可以分为利用已有文学作品中不可直接视觉感知的文学作品角色和利用连环漫画、艺术品、影视作品等中可以明显视觉感知的卡通角色。而根据已有裁判观点，电子游戏整体画面属于视听作品，因此在电子游戏中的虚拟角色按笔者上述分类，应当属于卡通角色。

当利用文学作品中的虚拟角色开发游戏人物时，通常是利用该虚拟角色较高的知名度及根据其文字描述产生的公众想象的模糊性。公众对同一文学作品角色形象具有无限的想象，且无固定、确定的视觉感知形象，通过游戏开发将模糊的文学形象转化为清晰确定的视觉可感知的图像形象，以获得公众对该虚拟角色的确定性认识，从而吸引对该虚拟角色有一定关注，甚至是热衷的公众参与到该游戏当中，进而获得一定的经济利益。而当利用卡通角色设计游戏人物时，则不仅利用该虚拟角色的高知名度，同时还利用该卡通角色已有的图像基础，在该图像基础之上稍加改动或者再度设计，或者基于该图像的核心个性化特征设计一个与已有图像在视觉上有所区别的图像，进而获得适合游戏玩家操作的游戏人物。综上，利用他人已有作品中的虚拟角色进行游戏人物设计，不仅借助该作品的影响力，还利用该虚拟角色单独的知名度，从而吸引对原作品和原虚拟角色有一定了解或者热衷的公众加入到游戏当中，促进该电子游戏的市场开发，但该种未经许可、借助他人作品影响力而实现经济利益的行为，可能会侵犯已有作品著作权人的相关权益。

2. 他人对电子游戏中虚拟角色的利用

如上所述，电子游戏中的虚拟角色属于卡通角色，即存在一个固定的基本的角色造型，但是在游戏过程中或者具体场景变换中角色形象是动态呈现的，甚至形象的周边特征亦会在不同场景之中发生变化。单就该固定图像而言，一般具有独创性，可以通过《著作权法》中美术作品的保护规则加以保护。但是电子游戏中的角色特征不仅仅通过该确定的图像表现，还辅之以动作、装备、皮肤、技能、工具、语言等周边特征，因此电子游戏中的虚拟角色是一个具有固定特征的，同时又是综合性的、多层次的形象，而不仅仅局限于美术作品所能保护的确定且固定的图像。也就是说，电子游戏中的虚拟角色虽然存在可以直接被视觉感知的图像，但该图像并不能完全代表该虚拟角色，即使没有该图像，玩家也可以通过对该虚拟角色固定的个性化特征的认知而判断出该虚拟角色。

因此，当利用电子游戏中的虚拟角色进行再开发时，不仅仅局限于利用该游戏角色的固定基础造型，还包括利用含有该游戏角色全部固定特征的综合形象。而在具体利用的过程中又包含两个方面：一方面是利用该游戏角色形象而衍生开发出其他图像造型，另一方面是基于该游戏角色的个性化特征而创作出其他文学作品角色，实现从卡通角色向文学作品角色的过渡。但不论是何种利用方式，均是借助该电子游戏和该游戏角色的知名度和影响力，从而吸引广大游戏玩家，甚至对此 IP 持续关注的公众参与，进而达到促进开发的效果。但是，如果他人未经著作权人许可，擅自利用电子游戏中的虚拟角色形象，可能会涉嫌侵犯该著作权人的合法权益。

### （三）电子游戏中虚拟角色的保护

在明确了虚拟角色可以获得著作权保护之后，进一步探讨当侵犯虚拟角色的著作权时，应当如何进行判定。在上述对电子游戏中可能涉及的侵犯虚拟角色著作权问题情形的分类基础之上，我们将可能侵犯虚拟角色著作权的情形分为两大类：第一类是侵犯文学作品角色的情形；第二类是侵犯卡通角色的情形。

1. 侵犯文学作品角色

这种情形主要发生在电子游戏开发过程中，开发者可能涉嫌侵权已有文学作品中的虚拟角色。比如，某游戏开发者在进行角色造型设计时，利用了某部非常知名的小说中的角色形象，且该游戏角色造型设计包括了小说人物所具备的全部主要特征，让任何人看到该游戏人物时都能立刻联想到是小说中的角色。在此种情形下，游戏开发者侵犯了小说作者对该小说角色的著作权。虽然在“葫芦娃”一案中，法院已经认定七兄弟（葫芦娃）民间故事或者《葫芦兄弟》剧本中的文学作品角色应当是思想范畴，不能获得著作权保护。但那是因为葫芦娃本身的知名度来源具有特殊性，葫芦娃这一虚拟角色获得公众广泛知晓的途径本来就是通过动画电影，通过影片中呈现的具体图像，大家熟知了葫芦娃，相比于文字作品中的描述，影片中的葫芦娃角色造型、角色特征更加清晰、具体、固定。但是对于自始至终都不存在可以视觉感知的文学作品角色而言，如果游戏开发者未经许可，利用该角色的高知名度、较大市场影响力而将该文学作品中的角色的主要特征进行再现，使得公众能够立刻识别该角色来源时，则该游戏开发者亦可能涉嫌侵犯著作权人基于其文学作品中的虚拟角色享有的著作权。

2. 侵犯卡通角色

侵犯卡通角色可能涉及两种情形：第一种情形是，游戏开发者在设计游戏角色造型时侵犯他人已有卡通角色的著作权；第二种情形是，他人利用电子游戏角色，从而侵犯该游戏角色著作权人所享有的著作权。但不论何种情形，都应回归到对侵犯卡通角色的认定规则之上。按照一般著作权侵权认定的逻辑，判断是否侵犯著作权人的卡通角色著作权时，应当从接触可能和实质性相似两方面入手，在这个过程中对于实质性相似的认定尤其复杂。因为按照上述对虚拟角色的著作权保护分析来看，卡通角色虽然存在有一个确定的造型设计，但对于该卡通角色本身而言，其独创性在于所具备的全部固定特征的综合形象，而非具体的造型设计。

因此，当利用卡通角色开发出其他卡通造型时，首先应当明确构成其独创性的特征是什么，而不能局限在类似于美术作品的侵权认定规则之上。换句话说，在判断卡通角色侵权过程中不应当仅从纯粹视觉上去判断两个图像是否构成实质性相似，还应当结合这个角色惯有的特征，如行为、语言、身体佩戴物等方面综合判断，如果被控侵权的图像设计让公众一眼便能感知该形象属于已有卡通角色，那该行为就涉嫌侵犯原卡通角色著作权人的著作权。如果他人是利用游戏卡通角色而创作出新的文学作品角色，判断过程则更加复杂。

电子游戏中虚拟角色的著作权保护问题随着电子游戏的飞速发展而逐渐凸显，虚拟角色的保护已经不局限于固定的可以视觉感知的角色造型，而是延及构成该虚拟角色的周边固定特征，这一认识不仅有利于保护虚拟角色的著作权人的合法权益，也有利于将虚拟角色进行商业开发利用。电子游戏开发者在进行游戏角色开发、设计当中，应当注意规避风险，同时积极维护其独创的虚拟角色的权益。

# B.8 人工智能版权问题研究

韩志宇　赵红仕*

**摘　要：** 人工智能是一门模拟、延伸和扩展人类智能的理论、方法及应用系统的技术科学。本文尝试从人工智能发展前景和版权制度设计两个层面来探讨人工智能带来的版权问题。在版权制度上，智能机器不能被视为作者，“机器作品”也不能够被视为作品，“机器作品”实际上是人类作品的延伸形式，应当纳入著作权保护范围，“机器作品”的著作权应当属于软件研发者所有。“机器作品”纳入著作权保护范围的途径，一是把“机器作品”纳入著作权作品体系加以保护，二是把“机器作品”纳入邻接权体系加以保护。“机器学习”使用他人作品、通过智能机器对他人作品进行再创作是否需要授权是亟待研究的问题。

**关键词：** 人工智能　版权　机器学习　机器作品　著作权法

## 一　人工智能和版权悄然相遇

人工智能研究最早发端于20世纪中叶，是一门模拟、延伸和扩展人类

---

* 韩志宇，首都版权产业联盟的秘书长，发表《快播播放器的经营方式及其法律责任分析》《聚合经营的性质及其法律责任辨析》《云空间服务版权监管研究》等上百篇版权保护论文和调研报告；赵红仕，北京市新闻出版广电局政策法规处处长，长期从事版权政策法规研究工作，先后在《中国版权》《科技与出版》《中国新闻出版广电报》《中国知识产权报》《光明日报》等报刊发表版权方面的文章40多篇。

智能的理论、方法及应用系统的技术科学。最早是计算机科学的一个分支。研究人工智能的目的，是希望通过技术手段，创造出能与人类智能相似方式作出反应的智能机器，并在某些场景下代替人类完成特定的工作任务。

关于人工智能（Artificial Intelligence，AI）本身的定义，目前尚不尽统一。一般地说，它是一个与人类智能相对应的概念。一种产生于人类智能，与人类智能相近、相似，甚至可能超越人类智能的一种机器智能。

近年来，伴随着云计算、大数据、类脑计算、神经网络、深度学习等一系列技术的应用和发展，人工智能的发展已经进入一个新的阶段。基于人工智能技术的语音识别、数据分析、无人驾驶等应用已经深入实际生活的各个领域。人工智能模拟和表现了人类的智慧能力，并以高于人类的工作速度、优于人类的工作精度、胜于人类的工作态度，协助人类解决各种各样的问题，包括代替人类在危险场合和极端环境下操作等。从而形成人类智慧的创造力优势与人工智能的操作性优势之间的强强结合。

在这场技术革命中，智能机器在一些单项领域已经展现出超越人类智力水平的优势。例如，阿尔法围棋能够战胜人类顶级围棋高手。还有一些如文字、音乐、美术、动漫等领域已经出现了人工智能自主“创作”“作品”的现象。2017 年 5 月，微软公司设计的智能机器人小冰“创作”完成的诗集《阳光失了玻璃窗》，由北京联合出版公司正式出版发行。这是一本号称“人类历史上第一部 100% 由人工智能创作的诗集”。可以想见，不久的将来，智能机器“创作”的小说、诗歌、音乐、美术等“机器作品”都将纷纷成为现实，走进我们的生活。人类已经不知不觉地步入了人工智能时代。

2018 年 2 月 25 日，在平昌冬奥会闭幕式上，由中国企业设计制造的 24 台智能机器与 24 名轮滑演员，在冰面上翩翩起舞，配合高科技投影，为观众奉献了一场视觉盛宴。中国的人工智能发展惊艳世界。

不知从什么时候起，人工智能和版权悄然相遇了。最有代表性的事件是 2017 年 10 月，一个叫索菲亚的智能机器人被授予沙特阿拉伯国籍，具有了公民的身份。既然智能机器可以模仿人类的创作活动，那么这种创作成果是不是可以像人类的创作成果一样，被视为版权意义上的作品。作为具有公民身份的智能机器，是否像人类作者一样，依法享有作品的著作权？随着人工智能的快速发展，它与版权制度的碰撞与冲突已经逐渐凸显出来。

2018 年 3 月，国家版权局在发布 2017 年度中国版权十大事件时，呼吁全社会共同关注、研究人工智能带来的版权问题。由此可见，“人工智能版权”问题已经进入国家版权行政部门的视野，值得我们加以关注和思考。

创作是人类独有的智力活动。这种活动至始自终伴随着人类社会产生和发展的全过程。但是，直到近代以前，人类的创作活动更多地表现为作者个人欲望的自发释放和灵感的自然表达。创作成果在造福人类的同时，并不能给创作者带来直接的物质回报。为了从制度上保障、鼓励人们的创作活动，版权制度就在近代应运而生了。1990 年我国制定著作权法时，即引入了世界版权法律体系的一系列基本制度和原则。

本文试从人工智能发展前景和版权制度设计两个层面来探讨人工智能带来的版权问题。

这里要说明的是，本文所使用“人工智能版权”“智能机器”“机器作品”“机器作者”等概念，是作者为了叙述问题的方便而随意取用的。并不是严谨的概念定义。只要读者在阅读时，理解这些概念所指的情形就行了。请不必深究。

## 二　智能机器能够被视为作者吗

### （一）智能机器不能被视为法律意义上的作者

著作权法第一条规定：“为保护文学、艺术和科学作品作者的著作权，以及与著作权有关的权益，鼓励有益于社会主义精神文明、物质文明建设的作品的创作和传播，促进社会主义文化和科学事业的发展与繁荣，根据宪法制定本法”。

著作权法第二条第一款规定：“中国公民、法人或者其他组织的作品，不论是否发表，依照本法享有著作权”。

著作权法第十一条规定："著作权属于作者"。"创作作品的公民是作者"。

上述规定表明，著作权的主体是作者。著作权的客体是作品。著作权即作者对其创作的作品享有的一种专有权利。

1. 从权利主体上看，智能机器不能被视为法律意义上的作者

著作权法的保护主体是作者。作者首先是指拥有自主创作能力的自然人，即生物学意义上的人；其次是指作为权利主体的公民，即社会学意义上的人。

智能机器的根本属性是供人类使用、支配的"物"，既不是自然人，也不是作为权利主体的公民。所以，依据著作权法的定义，智能机器不能拥有法律意义上的作者身份。

2. 从立法目的上看，智能机器不需要法律的保护

著作权法的功能是通过保护创作成果鼓励人们的创作活动。这对于作为自然人的作者，激励作用是显而易见的。而智能机器不是人，不具备"人"的主体意识和能力，没有人类衣、食、住、行的生存压力，也没有自主行使权利的欲望和能力。对这些由芯片、线路和代码组成的机器来说，法律保护不会产生任何激励作用。因此客观上没有必要将智能机器视为作者加以保护。

至于上面说到的被授予"公民"身份的智能机器人索菲亚，现阶段我们只能把它视为个案。作为一台智能机器，它既不具备自主创作能力，也没有行使权利的能力。即使你把它视为作者，也是象征意义大于实际意义。迄今为止，世界上尚没有非人类作者享有著作权的案例。

### （二）智能机器目前尚不具备人类作者的创作能力

人工智能目前尚处于初级发展阶段。迄今为止，所有智能机器还都是在智能软件驱动下运转，按照人类设定的程序、规则和指令去工作，所完成的"创作物"也都是基于人类事先输入的数据，通过事先设定的算法、模板、程序加工而成。无论"小冰"诗集还是阿尔法的棋谱，都是在人们事先输

入给它的资料中进行算法选择的结果，目前尚远不具备人类作者那样独立自主的创作能力，事实上无法被视为作者。

### （三）智能机器将来也无法真正具备人类作者的创作能力

不可否认，随着人工智能的发展，智能机器将拥有越来越强大的“思维能力”。机器智能与人类智能的差别正在逐渐缩小。根据科学家们的预测，随着人工智能和生物科学的融合发展，终将有一天，人类可能会掌握自己大脑的全部结构和机理，破译大脑的全部密码，甚至“克隆”人类大脑。到那时，可能会出现拥有生物大脑的智能机器。其大脑的结构、数据处理、应变能力甚至可以与人脑的神经元相媲美。如果真的出现了这种高度发达的智能机器，那么人类和智能机器会是怎样一种关系，世界应该是一种什么样的情景，这引起了人们的无限遐想和争论。可见，有关“机器作者”的讨论，主要是基于人们对人工智能发展远景的展望。

一些比较激进的人类未来学家认为，科学技术发展远景是无限的，什么事情都可能发生。将来人工智能不仅可以达到，甚至可能超越人类智能。拥有生物大脑的智能机器不仅具有超越人类的智力，甚至具有人类的自主意识和情感，因而能够具备人类独立自主的创作能力。这样的智能机器可以成为人类的成员，也可以与人类并行生存，甚至可以像人类一样自主行使权利。

但大多数科学家对人工智能的发展前景还是持比较审慎的态度。他们认为，无论科学技术多么发达，人工智能都只能无限接近人类智能，而不可能取代人类智能。因为在人类智能和人工智能之间，将永远存在一个不可逾越的天然“屏障”，那就是人类的意识。智能机器可以在某些数学计算、逻辑思维等单项领域超越人类的智能，拥有人类不可企及的智力，但是，永远不可能真正获得人类的自主意识和能力。

### （四）智能机器无法行使人类作者的权利

人类是以个体自主选择的方式在这个世界上生存和发展的，通过漫长的进化过程成为今天这个样子。这种生存方式决定了人类智能的发展轨迹。无

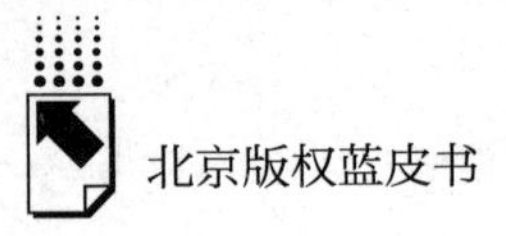


论现在还是将来，都无法想象智能机器能按照人类的生活方式去生存，重演人类进化的历史，并获得人类独有的行为能力。这就决定了智能机器只能在人的支配下，按照人的意志去从事“创作”活动。即使其创作成果超越了人类，它也无法融入人类社会，拥有行使作者权利的能力。

人工智能既然产生于人类智能，它也将永远受控于人类智能。无论在任何时候和任何情况下，智能机器都很难获得与人类“平起平坐”的地位。从这个意义上看，非人类作者或许永远也无法获得作为权利主体的作者身份。

本文所探讨的范围是人工智能版权问题。版权作为一种建立在近现代财产权基础上的法律制度，它只是人类历史发展到一定阶段的产物。按照马克思的理论预期，如果私有制、国家和政治法律制度都消亡以后，版权已经不存在了，那么，现存的社会秩序和规则将不再适用，世界将不再是现在这个世界。

讨论这个遥不可及的远景，虽然已经不是作为当代人的我辈可以胜任的，但有一点大约可以预测，只要地球还没有毁灭，人类智能和人工智能就还会继续发展。人工智能超越人类智能的情形也可能不幸被预言家们言中。即便如此，也不意味着智能机器将来能够统治人类。无论现在还是将来，人类仍将是这个世界万能的主宰。

## 三　“机器作品”能够被视为作品吗

### （一）著作权法的作品定义不涵盖非人类作品

著作权法的作者定义——“创作作品的公民是作者”。

著作权法实施条例的作品定义——“文学、艺术和科学领域内具有独创性并能以某种有形形式复制的智力成果”。

著作权法实施条例的创作定义——“直接产生文学、艺术和科学作品的智力活动”。

根据上述定义，创作显然是指人类独有的智力活动。作品是指人类作者自主创作的智力成果。“机器作品”若真是智能机器独立创作完成的作品，这就意味着它已经不是人类的创作成果。依据著作权法的制度设计，非人类作品不能被视为法律意义上的作品。若承认非人类的创作成果也可以成为作品，则著作权制度就需要重新设计。但在可以预见的将来，出现非人类作品的可能性微乎其微。而且，鉴于智能机器不具有人类的行为能力，保护非人类作品并没有实际意义。

## （二）“机器作品”实际上是人类作品的延伸形式

目前的“机器作品”不是智能机器独立、自主创作的成果。而是智能机器在人的支配下，按照人的意志从事“创作”的成果。因此，所谓“机器作品”，应当是指人类通过智能机器间接创作的成果，或叫人类作品的延伸形式。相对于传统的人类直接创作的作品而言，它是一种新型的作品样式。

例如，为了让机器“小冰”获得“诗歌创作”的能力，研发者给它提前输入了大量诗歌作品，以积累创作素材。在此基础上，“小冰”被特定软件程序训练累计超过 10000 次，才达到了目前的水平。但无论如何，“小冰”的“诗作”在本质上仅仅是基于逻辑算法对事先输入内容的重新组合。只不过在重合度或者相似度定量限值的作用下，不会是原样输出而已。

经过几年的发展，目前许多“机器作品”已经非常接近人类已有的作品，有的甚至已经显现了与人类作品相似的独创性。例如，在机器人“小冰”的诗作中，就不乏“一支烛光，忽变为寂寞之乡”“是在阳光照射的方向，还是阳光来自的地方”这样令人惊艳的诗句。

智能机器除了按照智能软件程序直接“创作”诗歌、小说、音乐等文艺“作品”外，在比较适宜于计算机程序操作和模仿的再创作领域，通过智能机器编译、汇编和表演的“机器作品”，有些已经达到以假乱真的程度，例如，在中文译外文方面，智能机器往往会比人做得更好。

可以预见，随着人工智能的不断发展，越来越多的达到并超越人类已有作品水准的"机器作品"会不断涌现，将来甚至可能成为一种主要的作品类型。

### （三）"机器作品"应当纳入著作权保护范围

综上所述，著作权法不保护非人类作者和非人类作品，但"机器作品"不是非人类作品，而是人类作品的一种表现形式，把它纳入著作权保护范围，是著作权制度设计的题中应有之义。

1. "机器作品"纳入著作权保护范围的途径

在现有法律框架下，目前至少有两种可供选择的途径。

途径一：把"机器作品"纳入著作权作品体系加以保护。

著作权法第三条明确列举了八类作品。加上"其他"共九大类。如果增加一类"机器作品"，把明确列举的作品变成九类，加上"其他"共十大类。

从著作权法的作品定义看，"机器作品"作为人类智力活动的间接成果，应当被视为一种作品。从版权制度的发展历史看，"机器作品"作为人类智力活动的一种新成果，应当被视为一种新的作品样式纳入作品体系。

版权制度起源于对文学艺术作品的保护。最早列入作品体系的主要是文字作品、口述作品和艺术类作品。但随着科学技术的发展，人类智力活动成果越来越多，版权保护的范围也在逐步扩展。例如，有了照相机以后，就产生了摄影作品；有了电影之后，就有了电影作品；在人类发明并使用计算机以后，就有了计算机软件作品。那么，在人类可以利用智能机器进行创作以后，也就自然有了"机器作品"。

因此，把"机器作品"纳入著作权法的作品体系在立法设计上不会有大的障碍。

途径二：把"机器作品"纳入邻接权体系加以保护。

著作权法中有一种邻接权的制度安排。所谓邻接权，简单说是一种在作品使用过程中衍生出来的权利。音乐作品因为演唱，产生了表演权；因为现场录制表演，产生了音像制品专有权；因为录制体育比赛实况，产生了体育赛事转播权。音像制品虽然不被认为是作品，但仍然可以作为邻接权予以保护。

鉴于“机器作品”不具有人类直接创作成果的特性，在著作权法中设置“机器作品”的相关规定，承认“机器作品”是人类智力活动的衍生品，通过邻接权方式予以保护。这样做，或许比把“机器作品”直接列入作品体系更容易被人接受。但著作权法对邻接权保护的力度要弱于对著作权的直接保护。

2. “机器作品”的著作权应当属于软件研发者所有

著作权法规定，著作权属于作者。而作者一般是指创作作品的公民、法人或其他组织。鉴于“机器作品”不是人类作者直接创作的，而是利用智能机器间接创作的，因而其权利归属可能要比一般作品复杂一点。

智能软件是智能机器的“大脑”。因为有了这个“大脑”，智能机器才拥有了“创作”能力，才能“创作”出“机器作品”。因此，“机器作品”的著作权应当属于智能软件研发者所有。

在现有法律框架内，计算机软件的著作权属于软件权利人，即研发、设计、开发该软件的公民、法人或其他组织。这个规定也可以延伸适用到“机器作品”的权利归属上。为了叙述方便，这里我们暂且把软件权利人称为软件研发者。

“机器作品”虽然不是软件研发者直接创作的，但智能软件的“创作”能力是软件研发者赋予的。这意味着“机器作品”就是智能软件的衍生品。那么，我们就可以顺理成章地把“机器作品”的著作权也视为由软件研发者享有。

如此一来，“机器作品”的权属关系就立刻清晰起来，比如机器人“小冰”是微软公司研发的，由微软公司享有其软件著作权。那么，“小冰”创作的诗集《阳光失了玻璃窗》的著作权亦属于该公司。这样，微软公司就可以作为“机器作品”的权利人的身份行使或主张权利，并依法承担相应的法律责任和义务。

无论著作权法把“机器作品”纳入作品系列，还是认定为衍生品，这一方案都可以顺畅地实施。但在实际操作中，具体情况可能更复杂一些。

“机器作品”是由作品“创作”的衍生“作品”，即由智能软件作品再创作的“作品”。当我们把软件权利人视为“机器作品”的权利人，就意味着它同时对软件作品使用所产生的成果也拥有了权利。在目前的著作权法律体系里虽然并没有这样明确的规定，但这种延伸权利大都可以通过合同约定来解决的。这在日常版权使用实践中已经是一种司空见惯的情形。

例如，当智能软件使用权（授权使用情况下）或所有权（转让情况下）发生转移时，软件研发者可以通过合同约定保留或放弃其“机器作品”的权利。这就像把一部小说改编成中文电视剧，再翻译成英文电视剧，或者再把剧里的人物形象变成儿童玩具等情况一样。小说作者可以保留或放弃这些延伸权利。

3.“机器作品”最适宜的创作主体是法人组织

著作权法把创作主体（作者）归结为两类。一类是自然人，其创作的作品属于个人作品；另一类是社会组织（法人和其他组织），其创作的作品被称为职务作品。我国的职务作品（有时也叫单位作品）和西方所称的法人作品本质上大体相同。

一般说来，版权制度起始于对个人作品的保护，但随着科学技术的不断发展，创作活动规模的不断扩大，创作活动的社会化程度不断加深，很多创作活动已经超出了个人作者的能力所能承受的限度，而法人组织则可以凭借较强的实力提供创作基础，集众人之力完成较大的创作工程。例如，电影作品这样综合性很强的作品，就不是某个作者能够独立完成的。

作为人工智能产业发展的产物，智能机器和智能软件也是一种适宜于社会组织开发、创作的职务作品或法人作品。因为至少在研发初期是一种高投入的项目，同时也是一种需要团队协同合作才能完成的工作任务。

上面我们把“机器作品”的著作权视为智能软件研发者所有。那么，智能软件研发者如果是一个组织，它研发的智能软件及其“创作”的“机器作品”就成为其法人作品或职务作品。微软、迪士尼、百度等实际上都适用于这种情形。

总之，把“机器作品”纳入著作权保护范围，有利于促进人工智能这一新兴产业的发展，从而推动科学技术的进步和社会的发展。

## 四 “机器学习”使用他人作品需要取得授权吗

所谓“机器学习”是近几年人工智能相关领域的一个时髦的话题。目前业内对此并没有太准确的定义。一般包含两层含义：一是知识积累，二是技能训练。这里我们只谈知识积累。

为了让智能机器掌握某项“创作”技能，研发者往往都通过输入大量已有的同类作品供智能机器积累素材。例如，为了给机器人“小冰”积累诗歌创作素材，研发者为它输入了20世纪20年代以来519位诗人的现代诗歌作品。再如，为了让智能机器掌握“翻译”技能，编制一个中译英的翻译软件。研发者需要为它输入几乎所有中英文词汇。这必然涉及复制许多已有的中英文辞典。

有人论证说，这种“机器学习”应该等同于人类学习。因为两者都是知识积累的过程。既然人类学习属于合理使用范围，机器学习也应当被视为合理使用。但实际上，两者仅仅是形式相似，而绝不是性质相同，不能混为一谈。

在实际操作中，“机器学习”的“输入”即是“把作品制作一份或多份”的机械复制过程。这里的“输入”概念与著作权法定义的复制概念毫无二致。

按照著作权法第四十八条第一项的规定，未经著作权人许可，复制其作品的行为是侵权行为，但著作权法另有规定的情形除外。

依据上述规定，虽然未经许可对他人作品的复制行为均可能被视为侵权行为，但如果仅仅复制一份供个人学习使用或非商业性使用，也不必然就涉及侵权责任，如果复制是为了商业性使用，就很难回避侵权的问题。

智能机器的“学习”行为也许可以看成和人类学习是同一种行为。但请不要忘记，智能机器并没有人类的行为能力。它不能像人类那样自主地学习，只能被动地接受人类的输入，而不能掌控自己的行为，而这一切行为都是智能机器或软件的研发者实施的。如果它研发智能机器或软件是出于商业目的，那么这种输入行为将可能落入复制侵权的陷阱。

而人类大脑的学习过程是一个复杂的生物化学过程。前人有千古文章一大抄，熟读唐诗三百首，不会吟诗也会吟的说法。这说明，人类的记忆也需要靠不断的“输入”来积累。但这种“输入”是个体自主选择，日积月累的自然吸收。这和机械复制是毫不相干的两回事。依据著作权法第二十二条第一项的规定，为个人学习、研究和欣赏，使用他人已发表的作品，属于合理使用，不需经过许可，也不必支付报酬。

著作权的第二十四条和第二十五条规定，使用（包括转让）他人作品应当经过权利人的许可并支付报酬，但著作权法规定可以不经许可的除外。

授权使用原则是版权制度的一块基石。如果这块基石被撼动，版权保护将不复存在。如果人们都以研发新技术为借口，擅自复制使用他人作品，授权使用原则安在？除非著作权法把供智能机器学习的复制行为列为例外情形。

著作权法所称的例外情形，主要包括合理使用和法定使用两种制度安排。

著作权法第二十二条规定：“在下列情况下使用作品，可以不经著作权人许可，不向其支付报酬，但应当指明作者姓名、作品名称，并且不得侵犯著作权人依照本法享有的其他权利：

（一）为个人学习、研究或者欣赏，使用他人已经发表的作品；

（二）为介绍、评论某一作品或者说明某一问题，在作品中适当引用他人已经发表的作品；

（三）为报道时事新闻，在报纸、期刊、广播电台、电视台等媒体中不可避免地再现或者引用已经发表的作品；

（四）报纸、期刊、广播电台、电视台等媒体刊登或者播放其他报纸、期刊、广播电台、电视台等媒体已经发表的关于政治、经济、宗教问题的时事性文章，但作者声明不许刊登、播放的除外；

（五）报纸、期刊、广播电台、电视台等媒体刊登或者播放在公众集会上发表的讲话，但作者声明不许刊登、播放的除外；

（六）为学校课堂教学或者科学研究，翻译或者少量复制已经发表的作品，供教学或者科研人员使用，但不得出版发行；

（七）国家机关为执行公务在合理范围内使用已经发表的作品；

（八）图书馆、档案馆、纪念馆、博物馆、美术馆等为陈列或者保存版本的需要，复制本馆收藏的作品；

（九）免费表演已经发表的作品，该表演未向公众收取费用，也未向表演者支付报酬；

（十）对设置或者陈列在室外公共场所的艺术作品进行临摹、绘画、摄影、录像；

（十一）将中国公民、法人或者其他组织已经发表的以汉语言文字创作的作品翻译成少数民族语言文字作品在国内出版发行；

（十二）将已经发表的作品改成盲文出版。

前款规定适用于对出版者、表演者、录音录像制作者、广播电台、电视台的权利的限制”。

合理使用是对权利人的权利实施的一种限制，是为了提高作品的传播和使用效率，以造福人类。合理使用的范围是非商业性用途和公益性用途。如果智能机器或智能软件的研发者不以营利为目的，以上述方式使用他人作品，可以被视为合理使用。但如果是商业性使用，那就另当别论了。

鉴于合理使用的前提是非商业性使用，从目前研发者大多具有商业目的的实际情况考虑，“机器学习”很难适用于合理使用范围。倒是适当扩展法定使用范围也许会更现实一些。

所谓法定使用，是指在满足法律设定的使用条件的情况下，使用者可以不经权利人许可使用其作品，但应按规定支付报酬的制度。把“机器学习”的复制行为列入法定使用范围，既有利于促进人工智能产业的发展，也能保证被复制作品权利人的合法权益。这样做，就需要在著作权法里增加专门规定，把“机器学习”列为法定使用事项。但目前我国著作权法的法定使用制度因不够完善而屡遭诟病。如果设置“机器学习”的法定使用事项，还需要制定严格的程序和限制条件，以保证法律制度的有效实施。

在这一点上，我们可以借鉴美国的强制许可经验。强制许可和我国的法定许可在本质上是一致的，但主要区别在于，强制许可需要逐案申请才能实施，法定许可则只要满足法定条件，使用者就可以自行实施，而不需要逐案申请。

因此，我们设置的法定许可也应该摒弃自行实施模式，实行逐案申请模式，有专门的机关负责备案和后续监管，有第三方机构负责制定报酬标准并负责收转。这样做，既能满足使用者的需要，也能保障权利人的合法权益。

## 五　通过智能机器对他人作品进行再创作需要获得授权吗

智能机器通过“学习”和“训练”，可以具备一定的编译、汇编、表演等创作能力。比如，将中文翻译成外文、将小说改编成剧本、将词曲转化成音乐、将诗歌转化成配乐诗朗诵等。目前的智能软件已经完全能够满足这些功能需求。具备这些能力的智能机器已经开始走进我们的日常生活，成为我们工作中的“同事”、家庭生活中的“成员”。

相对于原创作品，编译、汇编和表演等作品，通常被称为再创作作品。目前许多基于智能软件驱动的智能机器，如电脑、机器人等，都能独立完成这些任务。

编译属于著作权法第十二条规定的情形：“改编、翻译、注释、整理已有作品而产生的作品，其著作权由改编、翻译、注释、整理人享有，但享有著作权时不得侵犯原作品的著作权”。

汇编属于著作权法第十四条规定的情形：“汇编若干作品、作品的片段或者不构成作品的数据或者其他材料，对其内容的选择或者编排体现独创性的作品，为汇编作品，其著作权由汇编人享有，但行使著作权时，不得侵犯原作品的著作权”。

表演，主要是指对作品的演出或演示。著作权法第三十七条对利用他人作品表演的规定：“使用他人作品演出，表演者（演员、演出单位）应当取得著作权人许可，并支付报酬。演出组织者组织演出，由该组织者取得著作权人许可，并支付报酬”。

依据上述规定，对他人作品编译、汇编、表演的再创作活动，都可以产生新的作品，并依法享有著作权。但编译、汇编、表演他人作品必须要经过权利人许可并支付报酬。除法律法规另有规定外，未经许可，擅自编译、汇编、表演他人作品，应属于侵权行为。

鉴于智能机器并没有行使权利的行为能力，无法享有这些再创作作品的著作权。在现实生活中，可以由研发者代替智能机器行使权利并承担法律责任和义务。

目前电视和网络上已经出现了“机器主持人”。它可以向听众解答各种各样的问题，也可以用十几种不同的语言演唱世界名曲，甚至可以根据听众需求现场创作并演唱歌曲。这也是一个与再创作和“机器学习”相关的问题。为了让“机器主持人”具有渊博的知识基础，研发者就免不了要给它输入大量的他人作品以供“学习”积累。这必然涉及复制问题。在商业性使用的情况下，这种输入他人作品的行为应当经过权利人许可并支付报酬。

这里需要注意的是，如果仅仅根据特定的程序对原作品进行模式转换，一般不能产生新的作品，不属于再创作范畴，如利用语音识别软件对口述作品进行文字记录或转化、运用智能软件将音乐简谱自动转换成五线谱、利用智能绘画机器对美术作品进行精确临摹等，这些作品的转化形式，本质上都是对已有作品的“复制”。就像把普通文字转化成计算机语言一样。在商业性使用的前提下，这种情况亦应遵循授权使用原则。

当智能机器穿上“创作”的马甲，它对现有版权秩序产生的影响和冲击已经逐渐显现出来。近几年来，通过人工智能等新技术手段侵犯他人著作权的案件，已经越来越引起人们的关注。

# B.9

# 区块链视野下互联网版权保护研究

俞文华*

**摘　要：** 互联网迅猛发展带来包括文学、音乐、视频、广告、游戏、艺术作品等在内的数字内容产业快速发展的同时，网络盗版也随着信息在线共享文化向未经授权的版权内容共享延伸，成为互联网版权保护亟待解决的重要问题。区块链基于块链式数据结构来验证与存储数据、分布式节点共识算法来生成和更新数据、密码学方式来保证数据传输和访问安全，以及自动化脚本代码组成的智能合同来编程和操作数据，而被看作是信任机器并具有自动执行合同的能力。区块链基于数字签名和时间戳等技术为不依赖于可信第三方来保证版权信息记录的安全、透明和溯源，进而为版权监测在版权作品比对和过滤上提供了有效办法。随着区块链在技术上不断发展和应用日益走向成熟，本文认为，其赋能互联网版权保护也会大致经历基于版权注册和电子存证助力确权和举证、基于智能合同交易自动执行替代版权侵权和去中介化以及基于区块链版权业务无缝整合替代司法争端解决的三个阶段。本文的结构如下：首先，对区块链技术的特征和关键技术构成和发展趋势进行了梳理；其次，将区块链赋能互联网版权保护大致划分为三个阶段，并就各阶段区块链赋能互联网版权保护的具体方式进行了阐述；

---

* 俞文华，北京科技大学文法学院知识产权研究中心、公共管理系教授。本文的完成首先要感谢徐家力教授与赵威律师的不断敦促。没有他们的耐心与信任是不可能有此文的完成的。在此致以真挚的谢意。不过，作者文责自负。

最后，强调区块链赋能互联网版权保护是可实现的预期，版权领域的利益攸关方对之应给予足够的重视。

**关键词：** 区块链　智能合同　区块链版权平台　自主执行　去中介

## 一　引言

随着互联网快速渗透到经济和社会方方面面，其带来的全新数据传输和内容分销渠道在改变着版权内容的创作、传播方式，给文学、音乐、视频、广告、游戏、艺术作品等数字内容产业的快速发展带来前所未有机遇的同时，也使得网络盗版成为网络版权保护面临的重大挑战。网络（在线）盗版是指在互联网上未经合法授权而复制和分销受版权保护的作品（音乐、电影、游戏、电子书等）或材料。① 随着我国基于版权保护的内容产业与互联网技术融合深入发展，基于 IP②（原创版权内容及其衍生作品）驱动的泛娱乐产业③迅速兴起，流动的“比特”正以前所未有的速度以更丰富、更具结构形式被重组为更具创意、更高价值的声像、影视、电影、音乐和其他类型的作

① 本文中网络盗版、在线盗版和数字盗版含义相同，均指基于互联网对受版权保护的作品或材料的侵权或非法复制和分销。

② 这里的 IP 是指文学、动漫、音乐、影视、游戏等原创内容的知识产权，其中最主要也最重要的是版权。

③ 数字内容产业是指基于数字化和网络技术，利用信息资源和其他相关资源，创意、设计、制作、销售和消费信息产品与服务的产业，包括数字动漫、数字游戏、数字影视、数字出版、数字教育及网络信息服务等，并由此构成一个数字内容全产业链（详见金叶阳《数字内容产业链开发策略研究——基于深圳数字内容产业现状的分析》，《深港文化创意参考》2014 年第 2 期。2011 年，腾讯提出“泛娱乐”是由腾讯于 2011 年提出的。泛娱乐产业可理解为基于互联网和移动互联网的多领域共生，以 IP 为核心，由文学、动漫、影视、音乐、游戏、演出、周边等多元文化娱乐形态组成的泛娱乐生态系统。2017 年，我国泛娱乐核心产业产值约为 5484 亿元，比上年增长 32%（详见工业和信息化部信息中心《2018 年中国泛娱乐产业白皮书》，2018 年 3 月）。可见，数字内容产业与泛娱乐产业都是基于互联网的版权产业的不同指称。

品，进而成为我国数字经济发展的重要推动力。但是，面对互联网环境下数字内容复制和传播的简易性和快速性，新兴的泛娱乐产业发展也同样面临着数字盗版带来严重损失的巨大压力。因此，为更好激励数字内容产业的创新，促进泛娱乐产业创新生态良性发展，就必须寻求切实加强网络版权的有效途径，以解决好新兴数字内容产业发展所面临的数字盗版这一痛点和难点。

信任是数字经济真正的基石。[①] 区块链（blockchain）基于块链式数据结构来验证与存储数据、分布式节点共识算法来生成和更新数据、密码学方式来保证数据传输和访问安全，以及自动化脚本代码组成的智能合同来编程和操作数据，而被看作是信任机器并具有自动执行合同的能力。区块链基于数字签名和时间戳等技术为不依赖于可信第三方来保证版权信息记录的安全、透明和溯源，进而为版权监测在版权作品比对和过滤上提供了有效办法。随着区块链在技术上不断发展和应用日益走向成熟，本文认为，其赋能互联网版权保护也会大致经历基于版权注册和电子存证助力确权和举证、基于智能合同交易自动执行替代版权侵权和去中介化，以及基于区块链版权业务无缝整合替代司法争端解决的三个阶段。本文的结构如下：首先对区块链技术的特征和关键技术构成和发展趋势进行了梳理；其次，将区块链赋能互联网版权保护大致划分为三个阶段，并就各阶段区块链赋能互联网版权保护的具体方式进行了阐述；最后，强调区块链赋能互联网版权保护是可实现的预期，版权领域的利益攸关方对之应给以足够的重视。

## 二 区块链：特征、关键技术、智能合同与发展趋势

区块链是基于对等（点对点）网络由多个节点[②]参与共同维护并同时更

① 埃森哲：《埃森哲技术展望 2016：数字时代，以人为本》，https://www.accenture.com/cn-zh/_acnmedia/PDF-10/Accenture-Technology-Vision-2016-Full-Report-CN-V5-chinese.pdf，2017 年 2 月 17 日。

② 节点即连接到区块链网络的任何计算机。要成为区块链系统的一部分，参与主体就需各自安装并运行软件，将其计算机或服务器与网络中的其他参与者连接；基于软件，参与者充当单独的验证者角色，并被称为网络节点。每个节点自动接收区块链的副本。

新的、其安全性由密码学算法设计的共识机制保证的共享数字分类账本技术，其催生出了价值（资金、资产）和信息无需第三方中介即在互联网上进行安全转移的分布式信用体系（Distributed Trust System）。[①] 区块链脱胎于比特币，是 2008 年自称中本聪（Satoshi Nakamoto）的密码朋克（Cyberpunk）在“基于密码学原理而不是基于信用，使得任何达成一致的双方，能够直接进行支付而不需要第三方中介参与”[②] 的理念下，作为比特币的支撑技术（Pillar Technology）提出来的。随着其在数字加密货币应用中取得的成功，区块链最具颠覆性的特征——分类账本可无需中央节点（中介或第三方）[③] 而在分布式计算机网络中保存和维护——受到了广泛关注并使之迅速成为商业界的“热词”。《经济学人》杂志在其一封面文章中基于区块链可提供网络中各方一致同意的交易，而将这一“革命性的技术”称为“信任机器”（Trust Machine）[④]。

目前无论在国内还是国外，区块链因人们对其存在不同的理解，还缺乏公认的定义。我国学者认为区块链可从狭义和广义两个层面理解。狭义上的区块链，就是一种按照时间顺序将数据区块以链条的方式组合成特定数据结构，并以密码学方式保证的不可篡改和不可伪造的去中心化共享总账（Decentralized Shared Ledger），能够安全存储简单的、有先后关系的、能在系统内验证的数据。广义上的区块链，则是利用加密链式区块结构来验证与存储数据、利用分布式节点共识算法来生成和更新数据、利用密码学的方式来保证数据传输和访问的安全、利用由自动化脚本代码组成的智能合同来编程和操作数据的一种全新的去中心化基础架构与分布式计算范式。[⑤]

---

① Swan, M.,“Anticipating the Economic Benefits of Blockchain”, *Technology Innovation Management Review*, 2017, 7（10）。互联网就是一种完全分布式的体系（系统）。

② Satoshi Nakamoto,“Bitcoin: A Peer - to - Peer Electronic Cash System”, https://bitcoin.org/bitcoin.pdf, 2018 - 06 - 28.

③ 分类账本可无需中央节点（中介或第三方）即为区块链具有颠覆中央权威的去中心化或自治特征。

④ Economist,“The Promise of the Blockchain: The Trust Machine”, https://www.economist.com/leaders/2015/10/31/the - trust - machine, 2018 - 07 - 06.

⑤ 袁勇、王飞跃：《区块链技术发展现状与展望》，《自动化学报》2016 年第 4 期。

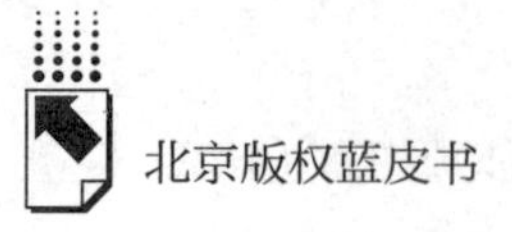



## （一）区块链：核心特征

正如区块链定义一样，对于区块链特征也有众多不同的认识。无论国内还是国外文献对区块链特征的概括，都可发现有些是共同的或仅仅是因表述不同而已。但多数特征归纳，都没有区分哪些是纯技术意义（相对于传统中心数据库）上的，哪些是技术应用意义即功能上的。[①] 从纯技术意义（狭义区块链意义上）和技术应用（广义区块链意义上）相区分的视角，区块链的特征可归纳为如下。

1. 分布式（Distributed）和共享（Shared）

区块链的核心是交易记录，这些交易可以是现金、物品或表示身份等的数据的任何移动。区块链网络由对等网络（Peer – to – peer Networking）[②] 中多个分散的节点组成，没有中心节点，任意两个节点间都可直接进行交易，并且还可以任何时刻自由加入或退出网络。因此，区块链网络中每个节点都可以访问其他节点的信息，每个节点都参与新的交易数据和新增区块的验证，并且经集体验证并得到全部节点同意后包含新的交易数据的区块才能加入账本（数据库），进而每个节点的分类账都统一更新到最新版本。这意味着，总账中数据条目基于集体维护（Collectively Maintain），而不再依赖于可信任的中央权威或“规范副本”。此时，网络中的每个节点都拥有所有成员共享的相同副本和最新完整数据。而传统数据库使用客户机—服务器网络架构，用户或客户端可以修改存储在中央服务器上的数据，数据库的控制和管理由指定的权限负责，并在权限安全性受损的情况下数据库的数据有可能被更改甚至删除。[③] 另外，区块链的相同副本存储在多个节点（即所有参与者

---

① Grech, A., Camilleri, A., Blockchain in Education, http://publications.jrc.ec.europa.eu/repository/bitstream/JRC108255/jrc108255_ blockchain_ in_ education%281%29.pdf, 2018 – 07 – 30.

② 分布式实际上是对等网络技术的特征。对等网络打破了传统的以少数服务器为中心的客户机—服务器（Client/Server）网络架构，实现了网络节点地位对等，均享受“自由、平等、互联”的功能；每个节点既充当服务器，为其他节点提供服务，同时也享用其他节点提供的服务，进而具有耐攻击性、高度容错性和无单点故障。

③ 传统的中心式数据库环境下，当用户添加或修改数据时，就可与服务器连接以进行更改并将数据保留在服务器上；加之，所有数据都保存在一个位置，当服务器的安全性或权限受到威胁，数据就可以被修改或删除。

的计算机），任一节点发生故障，其他节点仍继续向所有其他参与者提供信息。因而，分布式和共享也就意味着无单点故障（No Single Point of Failure），即区块链的记录具有高度安全性和永久性。

2. 激励性共识机制（Incentivizing Consensus）

与传统中心数据库相比，区块链只有验证交易和写入新交易两大功能。一旦有新交易的执行，区块链就需要对之进行验证并决定是否添加新块（即写入总账）。不过，特定时间窗内网络不同节点执行的交易在验证并写入上存在竞争，为了确保相同的交易不会被重复验证和写入，就需要网络中的参与者就添加新交易数据条目（表现为添加新块）达成共识。区块链中的共识机制就是网络参与节点为验证交易并是否将其更新到总账中所遵循的一组规则或程序①。在共识机制下，系统中的每个节点都可以就发生的事情及其发生的时间达成一致：区块链机械而自动地对新的交易进行验证并生成新块来对总账进行更新，使得不同节点的区块链也以共同而明确的顺序排列，从而实现了各节点副本的一致性、完整性和准确性。② 作为一种公共区块链，为了向链中添加新块，比特币共识机制采用的是工作量证明（Proof of Work），即：通过设置一道数学难题，让众多的相互不信任的节点（参与者）参与求解，并将此过程中付出最大工作量的节点选作胜出的记账节点并由其负责来生成新块，其他节点则接受此区块来更新各自总账本，另外成功获得记账权的节点也收到比特币作为奖励。该机制下，“最长的链”即工作量证明最大的链。与比特币等公共区块链不同，联盟区块链的共识机制局限在联盟内部预先选择节点之间，这种机制因联盟成员相互间比较信任而不

① 共识机制或共识协议，是实际上区块链上保证无需信任中央机构就进行交易验证或确认的算法或算法形式的计算机协议（又称为“共识算法”），其由一组用于区块链中的每个参与者应如何处理消（信）息（如某种交易）以及这些参与者应如何接受其他参与者完成的处理的规则构成。共识协议的目的是在参与者之间就区块链在给定时间应包含的内容达成共识。常见的区块链共识机制或协议有“工作证明”或“权益证明”。实际上是区块链上保证无需信任中央机构就进行交易验证或确认的算法又称为“共识算法”。

② UK Government Office for Science，Distributed Ledger Technology：beyond Blockchain，https：//assets. publishing. service. gov. uk/government/uploads/system/uploads/attachment _ data/file/492972/gs – 16 – 1 – distributed – ledger – technology. pdf，2018 – 07 – 31.

需要大量密集的计算。与传统数据库技术的又一关键不同，是区块链具有共识机制，即参与者只要加入就必须自动遵守其中既定的规则。①

3. 加密安全性（Cryptographic Security）

区块链的另一创新之处是结合使用加密哈希函数和数字签名来保障区块链中记录的一致性、准确性和共享性。这一特征可称为加密安全性或加密保障（Cryptographically Secure）。加密是将文件或数据转换为只能由授权用户读取或解码的格式。为验证和写入交易数据，区块链先通过密码学的哈希函数（Cryptographic Hash Function）对交易数据进行加密（即生成哈希值）②，并经共识机制验证后生成新区块。由于新区块包含着前一区块的哈希值，及包含交易的列表（含数字签名的、由哈希函数创建的所有交易摘要）、时间戳和确保节点真实的加密证明③四个方面的信息。区块链正是通过引用前一区块的哈希值，而按时间顺序串联起来，即区块链是使用密码学方法产生的一串相关联的数据块。④ 数字签名（Digital Signatures）是指可以添加到文件的电子安全标记，以便验证文件的发行者以及帮助验证文件自被数字签名后是否发生更改，目的是便于对信息的来源和内容进行认证（Authentication）。

---

① 区块链根据是否开放和自由加入，而可区分为公共区块链、联盟区块链和私人区块链。

② 哈希函数可将一任意长的文件或数据单向加密生成特定长字节代码，该代码又称哈希值或数字指纹。

③ 用于验证区块交易的一个总的哈希 Merkle 树根（Merkle 节点值）。具体来讲，区块由块头和块体组成。区块头包括：版本号（代表区块验证要遵循的规则）、Merkle－树根（所有交易哈希值的哈希值）、时间戳（建区块的当前时间）、n 字节（nBits）的有效块哈希的目标难度阈值、随机数（Nonce，通常以 0 开始并随每次哈希计算增加的一个 4 字节的字段）以及父块哈希值（指向前一区块的 256 位哈希值）。区块体由交易计数器和交易组成。区块可以包含的交易的最大数量取决于区块的大小和每笔交易的大小。区块链使用非对称加密机制来验证和确认交易。非对称密码术的数字签名通常用于不可信的环境。另外时间戳和哈希摘要（因其只是代码而没有具体信息内容从而属于“零知识”）结合产生的“零知识证明”系统允许永续在不披露任何数据的情况下进行存在性和身份等验证。因此，区块链被法律界认为可以用来替换任何需要认证或签名的东西。

④ 因为哈希函数将原始文件进行加密时，若文件有细微改变都会输出完全不同的哈希值，从而，基于该哈希值，就能准确反推出原来未加密文件或数据。由于这一特点，上述任意长的原始文件或数据的哈希值与其原文件或数据间就建立了严格的一一对应关系。而原始文件或数据可代表交易和资产等任何信息，即上述数字代码也就可以表示现实世界的各种事物，从而为区块链的广泛应用奠定基础。

区块链基于“公钥密码学”（Public Key Cryptography，公钥—私钥）对进行数字签名，以期通过数字签名将发件人与区块上的交易内容加以绑定，进而依据签名者身份精准识别来保障各方间交易顺利达成。该签名方法下，网络上的每个参与者（发件者）都有一个由其完全控制、用于签署即加密交易或数字信息的私钥，和一个公开的、供接收者用于验证（解密）的公钥。公钥公开、私钥保密，私钥签名、公钥验证，公钥加密、私钥解密。由于基于公钥无法反推私钥，数字签名就能保证交易不被假冒。另外，这种加密保障也为运用区块链根据数字身份和已定义的权限确认合同协议提供了便利。

4. 防篡改（Immutability）

防篡改即不可撤销（Irrecoverability）、不可逆（Irreversibility）、可靠性（Reliability）、可追溯或可证明性（provenance）。防篡改是指交易一旦写入并得到验证就不会随时间的推移而被更改。区块链上记录的交易是严格按时间顺序排列（Chronological and Timestamped）的，交易记录的有效性是由所有节点基于共识机制参与验证达成的。新区块一旦被创建就不能被更改，而且也无法从区块链中移除或从中插入区块，即任何人都不可能有将其他数据插入区块链的能力。因而，区块链上记录的交易是不可撤销也是不可逆的。密码学中的哈希函数在保证整个区块链中的区块顺序保持一致的情况下，区块链交易记录的无法更改或撤销（除非后续交易中网络中的所有成员同意更改），从而其具有的防篡改特性，又使得区块链所记录的内容可以作为其所证明的交易、活动或事实的完整而准确的表示并可为随后的交易事务或活动提供依据（即可验证性，verifiability）①。此意味整个区块链账本具有可靠性和真实准确性（Authenticity）。此外，哈希算法下区块链上的数据代码与客观事实的数据代码是唯一且严格一一对应的，上述防篡改特性或可靠性，又可保证区块链对交易进行追溯。而就涉及产权归属等方面的法律问题，区块链基于创建法律协议的共享副本和完整的电子审计跟踪，为每个参与方提

① International Standards Organisation，ISO 15489 - 1，Information and Documentatio-records Management，Part 1：General. and ISO 15489 - 2，Part 2：Guidelines，Geneva，ISO，2001.

供了了解资产从哪里来，其所有权是如何改变的证据支持，即区块链允许其上的记录具有可审计性（Auditability）。

5. 兼具伪匿名功能的透明性（Transparency with Pseudonymity）

就公共区块链而言，其透明性表现为系统中的每个节点之间进行数据交换无需互相信任、不受没有人或机构的干预，整个系统的运作规则公开透明，所有参与节点都能够完全相同获得完全相同的分类账副本，都可看到每次交易及其相关价值额，且每笔交易都有完整、自动、有时间戳的验证记录，因此，在系统指定的规则范围和时间范围内，节点之间不能也无法欺骗其他节点。另外，虽然公共区块链中节点和节点之间无需互相信任，用户都是用30个字符加字母来表示其独特地址，其与用户的真实身份不相关联，但由于网络中的所有交易都是公开存储在区块链中的，参与者也可使用其公钥和IP地址以及其他标识符对其他参与者进行必要的识别，以及每个参与者都可以检查和分析每项交易，从严格的意义上说，公共区块链只能提供隐（假）名（Pseudonymity）或伪匿名性，[①] 而不是真正的匿名性[②]。因此，公共区块链无法为每个参与节点提供完全匿名的隐私保护。但对联盟区块链中，分类账的公开透明仅仅局限于其预先选择的若干节点。

6. 去信任（Trustless）下的去中介（Disintermediation）

去信任是指公共区块链的每个参与节点之间进行数据交换无需互相信任，交易的验证和写入由多个参与者在共识机制基础上决定。之所以能够实现任何节点无需互相信任，是因为区块链运行不受单点故障影响，拥有区块链地址就可访问和存储区块链中的文件即参与交易，共识算法保证了分布式网络中的所有副本记录相同，从而实现了用计算机算法代替了中间人，即意

① 房卫东、张武雄、潘涛、陈伟、杨旸：《区块链的网络安全：威胁与对策》，《信息安全学报》2018年第2期。

② 匿名性是要求无关联性，即给定两个消息和它们的签名，第三方无法确定签名是否来自同一个签名者，从而没人能够将历史信息与某个特定真实的人进行关联起来。只有当公钥不泄露真实身份以及交易不揭示真实身份，从而真实身分不能与假名联系起来的情况下，匿名性才会实现。另外，区块链中用户隐私保护实际却取决于其私钥中包含的身份信息是否安全，当区块链无法追踪被盗用的私钥，即无法确保用户隐私安全。

味着公共区块链是无需中介或可信的中心（包括任何人或机构）控制的。因此，区块链的根本重要性在于：基于共识机制，无需要可信中间人的参与（Disintermediation），即允许非信任的参与者在网络上进行交易，也就是说基于去信任达成了去中介化的结果。于是，作为“信任机器”，区块链无需可信的中央权威的协调，即可大大降低交易成本并大大扩大交易范围。

7. 基于可编程（Programmability）的自动化（Antomation）①

无论公共区块链，还是联盟区块链，区块的添加和串联都是由预定义的共识机制（规则）所控制并自动执行的，即基于共识机制，区块链上的每个节点都可以安全地传输或更新数据。区块链基于算法自动化特征，还表现为以太坊等公共或联盟区块链嵌入的可编程（Programmable）智能合同（Smart Contract）的可自动执行。区块链上执行交易的代码是开源的，任何人有计算机和网络就可参与交易。作为区块中嵌入的可编程“开源”代码（Open Algorithms），“智能合同”将价值或资产转移交易相关的合同条款嵌入交易数据库，无需人工任何干预，就可凭借算法自动判断触发交易条件与否来自动执行有关承诺，进而实现了对交易进行快速、有效、防篡改和高准确的远程处理。智能合同这种允许交易双方不需知道彼此身份而依预先配置交易条件来自动、透明执行交易的做法，大大节约了交易时间和成本。此外，智能合同基于区块链上设置访问数据库的条件，还可实现保密数据的保护和管理。不难看出，基于高效可靠的传输网络，区块链不仅通过分账式账本实现了多节点（中心）间的价值交换，而且基于智能合同还有效实现了不同地理空间上的业务协作。当前区块链的应用从金融业向越来越多的领域扩展，正是受到智能合同下自动触发起节点间交易可实现多节点或不同地理位置各种业务的自动化所驱动。

上述区块链的七大特征，前三大特征可认为是纯技术意义上的区块链的特征，而后四大特征是技术应用或技术社会功能（Social Value Proposition）意义上的特征，即该技术可运用于经济、社会问题的解决所具有的特征。特

① 又有学者将其翻译成自治性。

别是技术应用意义上的特征，从不同的应用视角出发，可以对区块链的特征进行不同的概括，如从服务金融业的角度，就可能会强调抗审查（Anti - censorship）、实时结算（Near - instantaneous Settlement）、交易即结算和权威性（Finality）[①] 等特征；而特别是需要通过数字签名来开展交易的行业，可能会强调可追溯性等。此外，也有将数字性、开源性等作为区块链的特征。但是，区块链的真正价值在于构建出无需相互信任就能够对人类经济、政治和社会予以协调的新组织范式。[②] 与这一组织范式密切相关的特征，才应是区块链的核心特征及其有可能给社会发展带来颠覆性影响的来源。[③]

## （二）区块链：主要技术

基于对等网络，通过集体维护区块中的交易记录并供所有参与者共享，区块链成为“信任机器”。而区块链之所以能够实现“去可信的第三方”，是其集成了对等网络、密码学算法、共识机制、智能合同、分类账等技术并成功达成一整套全新的记录、存取和表达数据的创新方案使然。其中，最为紧要的有哈希算法、非对称加密（数字签名）、共识机制[④]和智能合同。共识机制是区块链运行的关键，但出于相关性的考虑，本文对共识机制不予以介绍且用专节阐述智能合同。

1. 哈希算法

哈希函数是将任意长度的数据（如文本、图像、视频、音频等）转换

---

① 只有一个地方来决定资产的归属权及交易的完整性，即区块链的共享性带来的效应。

② Government Office for Science，UK，Distributed Ledger Technology：Beyond Blockchain，https：//www. gov. uk/government/uploads/system/uploads/attachment_ data/file/492972/ gs - 16 - 1 - distributed - ledger - technology. pdf，2018 - 07 - 22.

③ 区块链具有通用目的技术的属性，即具有广泛普及性、效率提升性和创新孕育力。这就是能够颠覆现有商业模式的根本力量所在。

④ 区块链是通过共识机制或共识算法，在决策权高度分散的去中心化系统中使各节点高效地就区块数据的有效性达成共识的。共识算法或共识机制有工作证明（Proof of Work，如用于比特币）、权益证明（Proof of Stake）、活动证明（Proof of Activity）、销毁证明（Proof of Burn）、能力证明（Proof of Capacity）、耗时证明（Proof of Elapsed Time）、重要性证明（Proof of Importance）和权威证明（Proof of Authority）等。

为特定固定短长度的二进制数列输出的函数。经哈希函数转换后的二进制数列即“哈希值”，又称“数字指纹“或“数据摘要”。哈希函数又称哈希算法（Hash Algorithms），其独特性在于：相同的数据在任何时间用哈希函数转换都会生成相同的“数字指纹”，并且输入的数据有微小的变化（如一个字母的小写变成大写）都将输出完全不同的独特哈希值（即高度敏感性或抗碰撞性）。此外该“指纹”一旦生成却不能反向生成原始数据（即不可逆性）。由于具有上述特性，哈希函数不仅可被用来缩小存储或传输的数据量与用于判断文件在传输过程中是否被篡改过，而且基于其能在数据内容和数据存放地址间建立一一对应关系，常被用于验证密码。在区块链中，哈希函数主要用来完成信息真伪、数据完整性以及数字签名的验证，以确保区块链数据的防篡改性、完整性和安全性。

区块链采用的是安全散列算法 SHA－256。这是因为用该算法转换数据平均只有 $2^{128}$次才能发生一次数据碰撞。区块链通常保存的并不是原始数据或交易记录，而是经过该算法生成的唯一的交易摘要或数字指纹。区块中的每一项交易都以交易摘要或数字指纹形式记录；所有的交易摘要汇总在一起再通过上述哈希算法生成本区块的哈希值，各区块的哈希值使得每区块通过引用前一区块的哈希值将新添的区块与前面的区块按线性时间顺序串联起来，并形成永久而难以改变的区块链。任何人想篡改区块中的某项交易就必须篡改该区块中的所有交易和区块的哈希值，而一旦区块的哈希值改变，分布式网络中的节点可根据该区块无法与其之后区块存在哈希值的引用关系而判定该区块内容被篡改并对之加以拒绝。

2. 非对称加密

数据加密（Data Encryption）是将一些明确易读的信息，转变为一堆令人难以辨认和理解的文本，借此减低信息在存储及传递时，因原始信息泄露带来的重大损失。理解非对称加密（Asymmetric Cryptography），是理解区块链中数字签名的关键。非对称加密的产生主要是为了确保“收到的内容没有被篡改和收到的内容确实来自发送者”。为此，非对称加密会生成两个数学上彼此相关的密钥，即公钥和私钥。私钥通常是使用安全的随机函数生成的，即意味着要重新构造它极其困难，而公钥是由私钥经特殊加密算法得到的，公钥不能反推出私钥。数字签名需要签署文件者均要有一个身份号码（公钥）和一个与前者链接的密码（私钥）。公钥公开，私钥保密。用公钥对数据进行加密，只能用对应的私钥进行解密；用私钥对数据进行加密，只有用对应的公钥才能解密：当发送者发送一个文件给接收者，则发送者须用其私钥来加密，接收者须用发送者的公钥来解密；反过来，当接收者要回复发送者，则该接收者要用发送者的公钥加密，而发送者用其私钥来解密。由于私钥保密，即能确保无人能够冒充私钥持有者篡改发送内容或代其接收公钥加密文件。

区块链中，私钥用于对交易摘要进行数字签名，公钥用于生成地址［为了网上假名（隐名）的需要，一个公钥可创建多个地址］并用于验证用私钥创建的签名。用户地址是使用哈希函数从用户的公钥生成的一个固定简短的由随机字母和数字组成的字符串。用户可以生成任意数量的私钥/公钥对，并可以根据需要每个公钥生成多个地址。在区块链上，地址作为用户公开的“身份”且为便于使用会被转换成二维码。区块链通过将数字资产或文件分配到一个地址来实现网络上的数字资产或信息的传输。要使用该数字资产或文件，用户必须证明拥有地址对应的私钥。私钥、公钥和相关地址通常被存储在一个数字“钱包”（Digital Wallets）的软件中。[①] 区块链中用户地址中的所有数字资产（如比特币）或文件信息的所有权或控制权均由相应私钥所掌控。如私钥通过数字签名来证明其对地址中数字资产或文件信息的所有权。若用户丢失了私钥，那么与该私钥相关的任何资产或信息都将丢失；若私钥被盗，攻击者将能够完全访问该私钥控制的所有资产或信息。而且私钥被盗并被用来签署一项交易，将所有资产或信息转到一个新账户，区块链数据通常无法更改，就无法撤销该数据。

为了提高运算效率，非对称加密通常是先将原始文件（数据或信息）通过哈希运算形成固定简短的文件信息摘要，然后对文件信息摘要使用私钥或公钥进行加密。因此，区块链上经数字签名的文件都是由私钥和交易摘要

① 有许多不同的公司已经开发了供消费者存储他们的公钥和私钥对的钱包软件。

的组合经哈希运算生成的独特代码加以签署的，并有表证其签署时间的时间戳。而时间戳又称为文件真实存在的证明（Proof of Existence）。[①] 数字签名验证需要知道签署文档者的公钥，而公钥实际上相当于网络上的身份代码，可像电话本那样在网络的公共目录中查到。当区块链各节点通过比对，认为文件上的签名与其私钥和文件信息摘要的哈希值匹配以及文件的签名与用私钥签署文件者的公钥相关时，即通过验证。显然，哈希算法使得区块链数据验证过程不再需要基于交易信息的内部逻辑判断来决定交易的真实与否，从而可根本不用关心交易信息的内容复杂性，只需对比特定运算的哈希值就可判断数据是否一致进而确认数据是否真实。非对称加密保证了区块链中比特币等数字资产可以基于用户地址及访问权限从一个用户清除而永久转移到另一个用户；正是由于其保障了前述价值传输过程的安全性，区块链被看作是为价值互联网奠定了基础。

3. 区块的结构

区块和交易是构成区块链的两个基本要素。区块链是由每个包含一组交易的区块串联而成。交易则是数字资产（如比特币）所有权、数据记录及其在参与者之间的转移。区块由包含元数据的区块头（Header）和包含所有交易数据的区块体（Body）组成。所有区块链必须有创世区，即起源区块，不包含任何数据，作为添加新区块的基础，而一旦新区块添加到区块链，该新区块就须引用前一区块的哈希值并创建出区块间的链接。区块头的功能在于为当前区块提供唯一信息，但具体包含哪些数据取决于区块链的设计。但在所有区块链中，当前区块头都须包含前一区块的哈希值：当前区块根据该哈希值与前一区块串联。正是基于此，从创世区块开始各区块自动形成一条记录完整数据信息并提供数据溯源的主链。

---

① 对于法律裁决来讲，确认签署文件的存在是非常重要的。区块链为证明法律文件的存在提供了新途径：区块链不允许存储任何类型的物理信息，如 Word 文档或 PDF 文件，但提供了一个“存在证明”，即根据时间戳和数字签名可以证明某个文档的存在，而不是文档本身。基于区块链，用户可以简单地将与法律文档关联的数字签名和时间戳存储在区块链中，从而在任何时候都可以该区块链来证明某个时间文档的存在。该区块链服务即其存在性证明服务，主要优点是安全和隐私，允许用户对法律文档的存在进行验证。

## （三）智能合同：特点和局限

以太坊为代表的、可创建或插入可编程的智能合同（Smart Contract）的区块链出现，迎来区块链在货币领域以外广泛应用的区块链 2.0 时代。[①] 以太坊区块链支持图灵完备（一切可以计算的问题都能计算且程序逻辑上自圆其说）的编程语言（Turing Complete Programming Language），为开发者在其设置的“操作系统”或平台上基于应用程序编程接口（API）开发任意应用提供了必要的基础设施。智能合同是允许没有第三方的情况下用于提供、验证或实施合同的协商或合同履行，进而根据有关合同条款设置的条件自动执行可靠交易的一种特殊的计算机程序协议。简言之，智能合同就是根据预先编码的指令自动执行交易的合同。智能合约可用于金融资产、音乐、电影、电子书和文凭等数字资产与交易的管理。在区块链分布式共识为其提供的防篡改保障的背景下，智能合同由于可以大大减少许多商业交易欺诈和执法成本的潜力，以接近于零的边际成本实时确保越来越多的服务的安全托管，而成为区块链发展的“下一个大战场”。[②] 加之，智能合同与大数据分析和人工智能相结合，还有望创建基于多个先决条件满足后即自动执行的复杂交互结构的巨大潜力。

### 1. 智能合同的特点

智能合同本质上是位于区块链上的一系列指令，当预先约定的事件发生时，这些指令会自动执行。借助区块链，智能合同有潜力在无需中央权威、法律体系或外部强制机制下保证各种协议自动化地得到履行。智能合同具有以下特征。

第一，条款的数字性和防篡改性。智能合同是以计算机程序而非法律语

---

① Hyman, M., Digesti P., New Nevada Legislation Recognize Blockchain and Smart Contract Technologies, https://www.nvbar.org/wp - content/uploads/NevadaLawyer _ Aug2017 _ Blockchain - 1. pdf.

② Lee Bacon and George Bazinas, "Smart Contracts", The Next Big Battleground, https://www.clydeco.com/insight/article/smart - contracts - the - next - big - battleground, 2018 - 08 - 10.

言编写。实际上，它就是以算法形式出现的计算机软件协议或计算机代码（程序），由一系列计算机读取的“如果—那么”的指令组成。在区块链共识架构下，智能合同代码如区块链网络上的交易一样，是需要通过哈希函数加密，才能植入区块中，因此，区块链中的智能合同代码是一种加密算法（Cryptographic Algorithms），即智能合同（smart contract）又称密码合同（Cryptocontract）。区块链上的智能合同代码会获得唯一的地址，各节点或相关各方都可查看或验证代码，并对其运行的结果进行全网络验证，进而，智能合同可以通过各节点检查其合同条款是否受到恶意操纵，以确保其防篡改。区块链共识机制保证智能合同被部署到网络后，将永不停止的、以真正不可阻挡的“防篡改”版本运行下去。而智能合同协议的防篡改性，也保证了其自动执行结果的不可撤销性（Irrevocability），进而使得智能合同能够宣称“代码即法律”（Code is Law）。此外，智能合同条款的计算机软件性质：基于编程的智力活动成果，还使其可作为知识产权的客体得到法律的保护。

第二，条件依赖性。智能合同是基于计算机语言中的条件语句起草的。[①] 计算机语言中的“如果……那么”的条件语句，适合于合同条款，特别是预定义的条件及其满足后输出结果之间关系的编程。因而，智能合同就是运用条件语句合同条款转化为预定义的条件及其被触发后输出而得到的软件协议：“如果这个（条件）”满足“那么就执行这个（条款或操作）”。这种基于规则的编程，不仅与传统合同一样定义了与协议相关的规则和处罚，而且实际上也包含了协商意愿和执行预定义条款的逻辑：满足预先定义条件的交换履行是基于当事人意愿的协商及其交易达成，或者说，合同自动履行本身就是当事人意愿表达及其实现。

第三，自主实施或自强制性。智能合同的关键之处由计算机代码来评估条件并自主执行：条件或事件被触发后自动执行合同条款。智能合同不仅可

① Savelyev, A.,“Contract Law 2.0：‘Smart’ Contracts as the Beginning of the End of Classic Contract Law”, *Information & Communications Technology Law*, 2017, 26 (2).

以像传统法律文件一样定义严格的规则和后果，也可以将信息作为输入通过合同中规定的规则进行处理并根据处理的结果采取任何必要的行动。智能合同具有对协议的条款自动执行（Automated Performance or Self-executing）、自强制性实施（Self-enforceability）或去信任执行（Trustless Execution）的能力。智能合同“让人们从合同执行中解脱出来”。[①] 它不是通过司法补救措施的威慑潜力来解决违约行为，而是通过让违约行为成本高得难以接受而使之几乎不可能出现。智能合同在特定条件下，直接控制双方之间数字货币或资产的转移。与传统语义合同不同，智能合同的履行，既不能根据当事方自愿被停止（即使完全根据当事双方或多方自愿也既不能违反也不能修改协议），也不能被中央权威（如法院或监管机构）阻止：如在特定条件下直接控制双方之间数字货币或资产的转移。这种自主实施，直接来自区块链无需中央权威或可信第三方即可确保交易达成的直接结果。基于软件自主实施，智能合同在区块链上以一种透明、无冲突的方式交换货币、财产、股票或任何有价值的东西，避免了中间人的服务，从而达成了“去信任”（Trustless）的目的。基于区块链的智能合同在不需要中介的情况下，通过算法实现了未知方之间的可强制执行协议，实际上是通过算法强制执行机制取代了司法执行。因此，智能合同本身就是“交易”的最终仲裁：借助区块链的去信任，不仅使执法更容易，而且使执法不可避免，即尼克·萨博提出的“执行即权威”。[②] 另外，智能合同的算法自主实施，也使之具有托管安排的性质。托管安排取代了托管代理人之间的相互信任，以实现双方之间的双边信任。

第四，结果确定且可预知。智能合同是用计算机语言来表达的，计算机语言严格定义的语义和语法失去引入故意模糊的能力，即不允许灰色区或含

---

① Max Raskin，“The Law and Legality of Smart Contracts”，*Georgetown Law Technology Review*，2017. 智能合同是在其具有满足某些先决条件时执行其定义功能的自动机制意义上，被认为是“智能的”，而不是机器学习意义上的人工智能。

② Sklaroff，Jeremy M.，“Smart Contracts and the Cost of Inflexibility”，*University of Pennsylvania Law Review*，2017，166（1）.

糊不清存在，能够避免文字书面语言起草合同中一方或执行机构解释合同条款时可能出现的不可预测的问题，从而保证了智能合同精确度会大大高于传统语义合同。除了表述精确性，智能合同代码在区块链上多个分布式节点上同时执行，并经过网络验证确保不同节点上重复相同操作都会输出相同的结果。即使新加入网络的节点重复其他节点相同的操作，输出的结果也相同。此种执行又称防篡改执行（“Tamper-proof” Execution）。而智能合同基于相同的操作输出完全相同的结果，即表明其具有（绝对）确定性。[①] 这种确定性又将给参与交易的各方带来对交易结果的可预见性。智能合同结果确定且可预知性，保证了交易的可靠性和安全性，从而使得交易成本大大降低。

智能合同不仅无需任何法律机构参与就能自主实施交易，而且在跨境交易情形下其自动执行可以独立于语言、国家法律及其解释的差异：同样的规则适用于全世界。综上所述，智能合同是区块链上业务逻辑基于条件语句表述的、确保数字资产或其他交易条款通过预先定义的条件触发后自动输出确定性结果的计算机代码。确定性的执行为智能合同确保彼此不了解的参与者安全地执行交易提供了信任保障。可以预见，法律语言能转化为编程语言的速度，制约着智能合同影响人类互动的广度和深度。

2. 智能合同的局限性

在看到智能合同有可能给经济和社会发展带来颠覆性影响的同时，也应该看到智能合同的技术和其他方面的局限性。

首先是数据存储能力不足。智能合同要能够有效发挥“自治代理”的作用，就需要有大量的数据与之进行交互。由于区块链的每个节点都要存储分类账的副本，这就要求每个节点要有强大的存储能力。而这在当前的个人用户计算机上是不切实际的。

① Sarfarz，A.，“Why Smart Contracts in Blockchain Need to Avoid Non-Deterministic Functions”，https：//dzone. com/articles/why-smart-contracts – in – blockchain – needs – to – avoid – n，2018 – 08 – 10。当一个程序在不同的计算机或者在同一台计算机上的不同时刻多次运行，对于相同的输入能够保证产生相同的输出，则称该程序的行为是确定性的，反之则称该程序的行为是非确定性的。

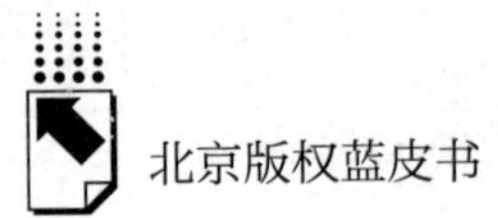


其次，速度能否跟上业务需要。智能合同执行的条件出发和自主履行的结果都要在区块链网络中广播并经多数节点验证，确认交易信息和交易结果的可信、安全和真实。比如，网络上有 1000 个节点，则每次交易请求消息需要同样的智能合同执行 1000 次。并且整个网络的执行速度上限取决于区块链中最慢的节点。智能合同中包含的逻辑越多，网络执行的速度就越慢。智能合同代码在所有节点上都执行一次的方式确实有助于保证交易的安全性，但其运行比在集中式服务器中运行同样的代码要慢得多。这就提出了一个问题：如何保证智能合同执行交易的时间能够为当事人业务需要所接受。

再次，确保代码精确性问题。确保代码精确性是指代码在表述业务逻辑时的精确性。这意味着既要保证智能合同完全体现预期要达成的目的、目标和功能等方面的要求，也要确保用代码实现业务逻辑在设计和表述上不存在缺陷和错误。由于计算机驱动程序以预先确定的操作和过程执行，在出现代码与业务合同的想法或意图不相匹配时，智能合同因不能提供传统语意合同的灵活性（Flexibility），会使交易陷入难以解决的困境——参与者对最终的商业结果不得不同意。当前运行在区块链上的智能合同可能充满漏洞和安全隐患。有报告指出，最近对以太坊区块链上部署的 19000 多份智能合同分析后发现，有 8333 份合同至少有 1 个安全问题，并可能导致网络盗窃或智能合同的僵局①。黑客可以轻易地利用这些漏洞，进行虚拟货币的无限增发、随意转账等。2016 年 6 月发生的以太坊区块链上受到黑客攻击被盗 5000 万美元虚拟币的“DAO 事件”，就是一个由智能合同代码漏洞（递归调用漏洞）造成的智能合同僵局：DAO 作为以太坊虚拟机上的智能合同，由于其代码被启动就无法修改，并且代码逻辑错误输出的执行结果又不可撤销，最后只能看着让智能合同筹集的以太币被转走。为挽回损失，面对区块链特有的“防篡改”性，最终迫使以太坊区块链通过硬分叉将其撕裂成两个区块链。

最后，符合正义问题。条款精确性并不意味交易符合正义。智能合约能

① Contractnet，Contractnet Whitepaper，https：//contractnet.com/ContractNet.pdf，2018 - 08 - 10.

够显著降低甚至基本消除各类交易成本的能力，有望为所有参与者带来双赢的局面。但是，基于智能合同设计已经充分考虑各方真实的意愿并就业务逻辑达成共识进而通过编程予以确实实现的情况下的结果，未必体现人类的“正义”价值。但是，正如凯文·沃巴赫指出的那样：“即使区块链能够完美运行，其设计、实施和使用都是由人来完成的。虽然其表现形式是客观代码，主观意图对这一系统仍有影响。区块链容易受到自私的行为、攻击和操纵的影响。”① 这就意味着智能合同代码设计可能会受到自私的行为的主导。而人类追求交易的公平和结果的合理，始终是社会正义所努力的目标。也就是讲，智能合同的制定和运行理应体现过程导向的程序正义和结果导向的实体正义，也就是说智能合同的效率追求必须以程序正义和实体正义为前提，否则，其创造的交易秩序新范式最终并不能达成推动人类商业乃至社会进步之目的。

因此，智能合同要发挥替代法律机构或权威第三方的替代功能，就必须体现应有的公平正义之追求。基于此，不难推出：考虑到其区块链上运行的潜在匿名性和防篡改性，对于那些涉及众多利益相关方而不是简单常规交易的智能合同，有必要就其条款是否涉及隐蔽的商业欺诈可能或变相的交易公平损害，在其代码和解说文本于区块链上运行之前有必要受到法律指定机构的专业审查，至少也应备案。另外，政府也应指定专门机构对区块链上运行的智能合同，定期予以分析其交易结果是否符合法律的一般规范。

正是由于存在上述局限性，有研究报告提出，广泛采用智能合同的挑战可能与法律的限制关系不大，而是与智能合同代码如何运作以及各方如何处理业务之间的潜在冲突密切相关。②

---

① Werbach, K., “Trust, But Verify: Why the Blockchain Needs the Law”, https://papers.ssrn.com/sol3/papers.cfm?abstract_id=2844409, 2018-08-19.

② Subassandran, R., “Blockchain and Smart Contract: Today and Tomorrow”, http://www.courtsofthefuture.org/wp-content/uploads/Blockchain-Smart-Contracts-Today-and-Tomorrow.pdf, 2018-08-10.

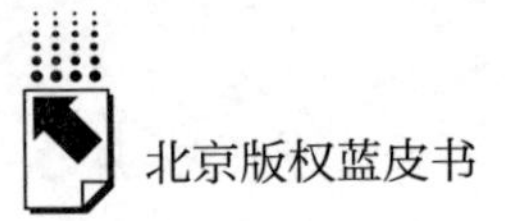


### （四）区块链的发展趋势

区块链作为分布式数据库或数字分类账本，无需中央权威机构的去中心化特性及提高透明度、安全性和效率的前景，在比特币上的应用取得成功并给金融技术创新带来极大刺激之后，随着其在创建信任机制上的巨大潜力被深刻地认知到，目前普遍认为，除了金融领域外，其对社会甚至政治等领域也将产生“革命性”的影响。[①] 梅兰妮·斯万认为，区块链会经历区块链1.0、区块链2.0、区块链3.0三个发展阶段（见图1）。[②]

## 三　区块链：赋能互联网版权保护

区块链作为互联网环境下的信任机器，基于密码学提供的交易（事务）信息的数字指纹及时间戳，可以为准确查询和追踪记录版权作品信息并提供权利证明提供便利。[③] 随着区块链与智能合同应用于版权作品信息的注册和交易，互联网版权保护面临的权利归属确认和维权所面临的举证难度会大大下降。区块链在版权作品信息记录上作为事实机器的角色，可为互联网版权保护提供便利或赋能。不过，区块链技术还在不断发展，除了在比特币上的成功应用外，像以太坊、超级账本等新一代旨在通过智能合同部署来促进交易或事务处理自动化的基于区块链的可编程技术，还处在起步或试水阶段。因此，区块链赋能互联网版权保护的过程，就是依赖其“去信任”（Trustless）机制与技术的发展和成熟应用，不断助力版权确权（权利明晰）、维权（举证）、交易（流通）和运用方面交易成本不断降低的过程。

---

① The Goldman Sachs Group, Inc.,“Blockchain: Putting Theory into Practice”, https://msenterprise.global.ssl.fastly.net/wordpress/2017/07/Goldman－Sachs－Blockchain－putting－theory－to－practice.pdf, 2018－06－26.

② Swan, M., Blockchain: Blueprint for a New Economy, O' Reilly Media, 2015.

③ Madaan, R., Role of Blockchain in Reducing Copyright Infringement, https://www.signitysolutions.com/blog/role－of－blockchain－in－reducing－copyright－infringement/, 2018－10－22.

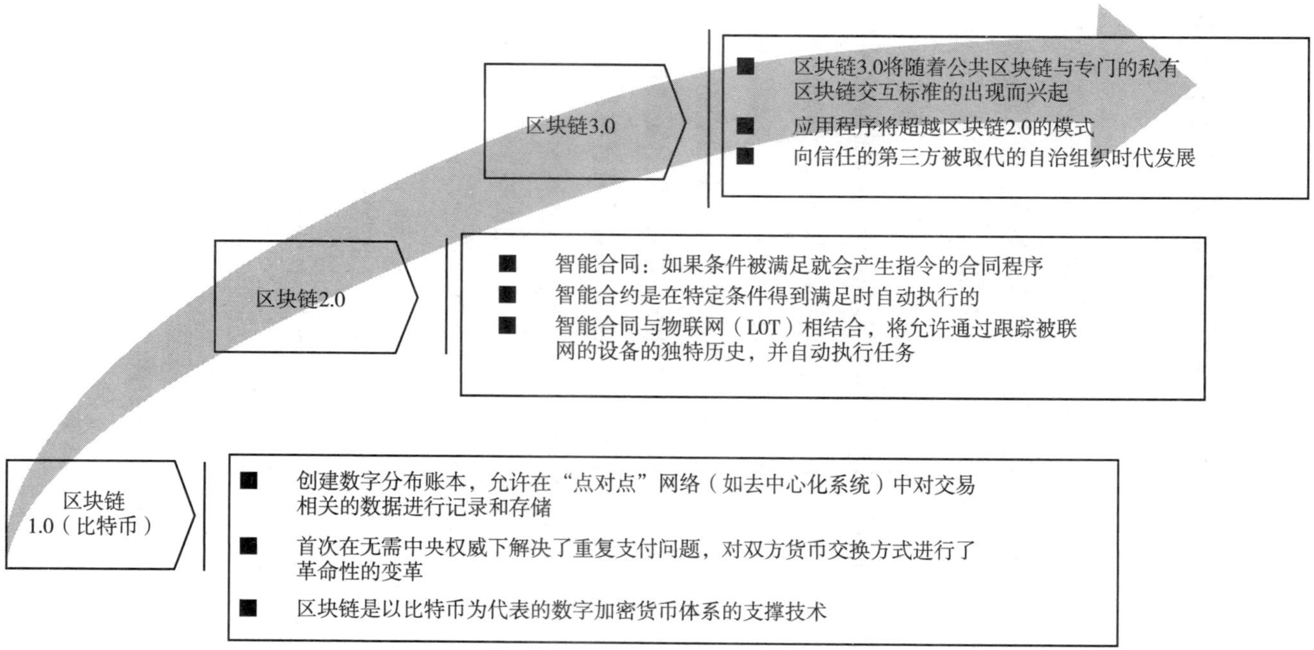

区块链1.0（比特币）

- 创建数字分布账本，允许在“点对点”网络（如去中心化系统）中对交易相关的数据进行记录和存储
- 首次在无需中央权威下解决了重复支付问题，对双方货币交换方式进行了革命性的变革
- 区块链是以比特币为代表的数字加密货币体系的支撑技术

区块链2.0

- 智能合同：如果条件被满足就会产生指令的合同程序
- 智能合约是在特定条件得到满足时自动执行的
- 智能合同与物联网（LOT）相结合，将允许通过跟踪被联网的设备的独特历史，并自动执行任务

区块链3.0

- 区块链3.0将随着公共区块链与专门的私有区块链交互标准的出现而兴起
- 应用程序将超越区块链2.0的模式
- 向信任的第三方被取代的自治组织时代发展

**图1　区块链发展阶段**

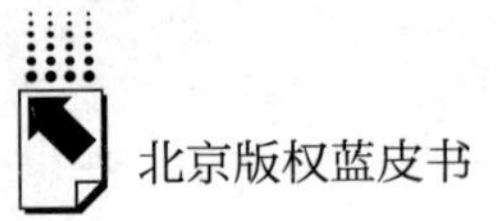


这就是说，对区块链赋能互联网版权保护的分析，需要根据区块链和智能合同的技术或应用的发展，动态地展开。

### （一）区块链赋能互联网版权保护：基于技术发展和应用的阶段性判断

基于目前区块链技术发展前景以及各国对其应用的法律调整的初步估计，区块链对互联网版权保护赋能基本上也区分为以下三个发展阶段。

#### 1. 第一阶段：从目前开始的未来5年，补充版权注册和存证与促进版权监测和溯源的阶段

随着国际上像 Blockai、Pixsy、TinEye、Ascribe、Mediachain 和 Proof of Existence 等网站在致力于使用区块链技术进行版权作品注册和防止侵犯版权上取得初步的成果，[①] 以及国内百度、腾讯等大型公司在版权管理上区块链版权平台建设取得的进展，区块链在互联网版权保护上的赋能主要集中在版权确权与促进版权监测和溯源上。与之相应，互联网服务提供商将可能会面临要越来越多地接受版权持有人请求删除盗版内容及其链接的压力。本文将该阶段区块链助力互联网版权保护的应用，称为区块链对互联网版权保护的第一次赋能。

---

① Maldonado，J.，Blockchain Technology May Help Artists with Copyright Protection，https：//www. practicepanther. com/blockchain – technology – may – help – artists – with – copyright – protection/，2018 – 10 – 23. Blockai （Binded）、Pixsy、TinEye、Ascribe、Monegraph、Mediachain、SingularDTV、Mediachain、Colu 和 Proof of Existence 等尝试使用区块链技术为版权下的每个文件（图像/文本/电影，所有者的姓名和电子邮件地址）创建唯一的数字指纹来为艺术品、资料、手稿、照片和图像等原创作品提供区块链注册及其高度可靠的来源，并以此为基础建立防篡改的、去中央权威的版权权利数据库，进而促进版权作品的合法使用与交易。国内原本链基于区块链提供在线版权注册服务、自动化授权、追踪、内容分发、版权交易等服务。此外还有亿书、纸贵等也在从事这方面的努力。另外，Hiscox 在其发布的 2018 年在线艺术交易报告中指出，致力于基于区块链技术进行艺术作品版权注册及去中介交易的初创企业已有 17 家之多（详见 Hiscox，Hiscox Online Art Trade Report 2018，https：//www. hiscox. co. uk/sites/uk/files/documents/2018 – 04/Hiscox – online – art – trade – report – 2018. pdf.）。无论国内还是国外都已在尝试运用区块链防篡改和可溯源等特征在互联网版权保护上对版权持有者进行赋能的潜力。

2. 第二阶段：未来的5～10年，是区块链版权注册与智能合同自动执行一体化替代版权侵权与去中介化阶段

智能合同在交易安全性上取得根本突破及其法律地位为各国所接受，以及基于区块链版权作品注册透明性对信息不对称问题的消除，基于智能合同的交易自动化以及来自区块链平台网络效应应用的版权作品使用微支付（Micropayment），将极大地促进版权作品的交易和版权作品流通，进而有可能极大消除当前互联网版权侵权的动因——追求文件共享。与此同时，版权集体管理组织与横隔于版权作品创作者和最终消费者之间的中间机构的地位削弱，乃至其若不能成功转型在版权产业链条中获得新的功能就将逐步被消除。本文将该阶段区块链助力互联网版权保护的应用，称为区块链对互联网版权保护的第二次赋能。

3. 第三阶段：未来10年以后，逐步实现对法院版权纠纷解决的不断替代

随着智能合同在促进版权流通上的巨大成功，版权纠纷会发生根本性的变化：关于版权权利归属方面的纠纷可能会逐步消失，而关于作品改编或衍生作品等涉及作品内容的侵权的纠纷案件，有可能成为各国法院版权案件的重点。当然，随着人工智能技术的发展，基于深度学习的人工智能将会在作品内容侵权判定上发挥积极作用，并可能会得到快速发展。本文将该阶段区块链助力互联网版权保护的应用，称为区块链对互联网版权保护的第三次赋能。

当然，上述各阶段划分中区块链对互联网版权保护方面的赋能，也不是绝对的，特别是对于智能合同在版权交易上的应用而言。目前国内外从事区块链版权管理的许多初创企业都在尝试基于以太坊等开放的区块链平台进行版权交易方面的智能合同的部署和运营，但由于智能合同运用还需要解决以下两个方面的问题：首先技术所保障的交易安全是否已达到为市场交易所接受；其次是智能合同的法律地位，即各国对基于智能合同发生的交易出现了法律纠纷如何定性和解决，以及智能合同在性质上是否可以作为一种特殊类型的法律合同而受到合同法的管辖等。国内外不乏有如 Ujo Music 等基于区块链的版权管理平台，正在推进基于智能合同来开展版权作品交易或版税支

付等方面自动化运营的实践。[①] 但因智能合同发展面临的上述两个问题的制约，本文认为，区块链上的智能合同对互联网版权保护赋能，可能至少还需5年时间的酝酿和准备。

## （二）区块链第一次赋能：版权注册、存证与监测

互联网快速发展为各种形式的版权作品获得了更便利的传播条件和更广泛的传播范围，但越来越先进的对等网络在文件共享上的技术快速发展，网络版权作品保护面临着前所未有的压力。互联网版权保护之所以过去未能有效解决未经授权的文件共享和受保护版权作品的侵权使用问题，除了各国打击互联网侵权法律法规及其实施的因素外，还有以下两个方面的原因：一是版权作品保护资格基于创作主义而缺乏有关作品权属等完整权威的信息来源，而致使作品在网络上被侵权时面临着举证困难；二是在规定了版权作品自愿注册程序的国家，其注册周期和费用已远远不能适应网络版权作品创作和分发时效性强、传播快的需要。此外，部分作品持有者因担心作品注册成本有可能远高于未来作品的许可价值，而不愿参与任何形式的自愿注册程序。也就是说，在版权作品保护资格基于国际版权法要求的创作保护主义原则下，作品创作者可能因经济等原因未能及时对其作品进行自愿注册，进而导致其通过法律途径寻求版权保护面临着无法克服的举证困难。另外，这也导致互联网环境下潜在的版权作品使用者无法经济地获得合法使用的授权。

同时，随着数字和互联网技术的快速发展，新型的具备版权保护资格的客体（如泛娱乐业新兴的各类带有流量的原创内容）迅速涌现。对于这些在创作保护主义原则下应予以保护的新型版权作品，目前各国还可能未将其纳入自愿注册的覆盖范围。再者，随着美国参众两院最近通过的《音乐现

---

① Attar，A.，The Ujo Platform：A Decentralized Music Ecosystem，https：//blog. ujomusic. com/the－ujo－platform－a－decentralized－music－ecosystem－e530c31b62bc.，2018－10－20。Ujo音乐平台是基于以太坊（Ethereum）区块链，致力于为音乐界创建一个透明、分散化的权利和权利所有者数据库，并使用智能合同和加密币实现去中介的版税自动支付。

代化法案》（Music Modernization Act）正式生效，并就创建和维护一个公开使用的音乐作品和录音的数据库，允许通过数字服务对音乐作品中的机械复制权（mechanical right）进行全面许可，以及参与音乐录音的音频制作人和工程师在线和卫星广播服务上播放录音上获得的版税补偿权做出规定，[①] 版权作品上的各种细分权利注册也就提上了版权保护的议程并有可能在世界范围快速推开。因此，区块链在版权注册上具有便捷、快速、成本低、防篡改、透明等特性，有利于弥补当前各国自愿版权作品注册系统在适应互联网版权作品创作和分发时效性之不足，无疑可作为当前各国自愿版权注册系统的补充，进而将有助于解决版权作品所有权归属不明晰或其他信息不充分所导致的版权作品未经授权使用的问题。另外，互联网的发展也带来了数字艺术作品创造的蓬勃发展，而数字艺术作品的版权注册，可为其面临侵权时降低举证难度提供技术和法律保障。因此，为数字艺术作品提供区块链版权注册，进而为潜在数字艺术作品消除法定授权面临的信息不对称障碍，无疑将大大消除数字艺术作品被侵权的风险。区块链为互联网版权保护第一次赋能，可促进网络环境下版权的注册、存证与监测。

1. 区块链版权注册可作为目前版权作品法定的自愿注册程序的重要补充

《伯尔尼公约》采行的是版权自动产生原则即版权创作主义，受版权保护的作品范围广泛，包括文学作品、音乐作品、戏剧作品、舞蹈作品、绘画、图形与雕塑作品、电影及其他视听作品、录音作品以及建筑作品等符合版权保护资格的客体。在版权作品奉行创作主义的自动保护下，版权所有者很难证明作品版权的归属及创作何时完成，即版权所有者在其创作作品所有权证明上面临着法律不确定性。在网络作品创作和分发需要速度快、时效性强的背景下，互联网版权保护首先面临的是版权作品归属的举证难题。

为了解决如此范围广泛、数量众多的作品的权利认定问题，美国、英国

① Davis, D., Music Modernization Act of 2018 Becomes Law, http://musiclawupdates.blogspot.com/2018/04/the-u.html, 2018-10-22.

和澳大利亚等国实行版权自愿登记，以图通过记载、反映有关作品权利原始状态的某些事项，更好彰示版权作品持有人的权利。另外，通常情况下，特别是在发生线下版权确权或侵权纠纷的情况下，版权自愿登记确实能够大大降低侵权救济目的的举证难度。但是，目前世界各国遵循的版权自愿注册（登记）程序已经不能适应互联网版权作品创作和分发时效性强的需要了。

美国版权登记（注册）由隶属于国会图书馆的美国版权局受理。为鼓励版权自愿登记，美国版权法在接纳《伯尔尼公约》的自动产生原则后，仍规定：提起民事诉讼并主张法定赔偿和律师费必须以版权登记为前提，并且需在版权侵权行为发生前或作品发表后3个月内提出登记申请。不过，美国版权登记过程费时费钱：版权基本登记（Basic Registrations）需要提交注册申请表并且每件作品注册申请（Single Application）要交纳35美元（在线申请）[①] 和85美元（纸质申请）的费用；但如提交的是音乐作品（Musical Work），其普通登记每件1200美元左右，拿到受理通知和证书分别需要1个月和2个月左右。[②] 很明显，目前美国音乐作品注册需要1个月以上才能获得证书，已经明显不能适应互联网环境下音乐作品的快速传播了。从最近的统计来看，在美国注册的作品总量中，个人和企业分别持有48.1%和51.9%，其中又以文本、视觉材料、音乐、录音和音乐、连续剧和电影为最多。[③] 而之所以注册作品，是因为其版权预期价值大大超过登记费用。

---

① 标准申请Standard Application（非单一作品申请）为55美元。根据美国版权局版权收费简介（Circular 4 Copyright Office Fees），其版权注册基本分3大类型。①作品登记，包括作品的基本登记、系列作品登记（一种允许登记申请人在提请登记特定类型的多部作品时，仅提交一份申请表，缴纳一笔登记费的登记）、补充登记、预登记（一种针对未完成或未发表作品的登记）、续展登记、其他登记（一种专门适用于掩膜作品、船舶设计的登记）等；②文件备案，包括转让合同备案、许可使用合同备案、其他类型的版权文件备案（如版权声明）等；③相关服务，包括特殊处理、作品样本的长期保留、登记证书的附加证明、复审、公共记录的查询检索等收费性服务。

② Anderson, S., "The Missing Link Between Blockchain and Copyright: How Companies Are Using New Technology to Misinform Creators and Violate Federal Law", *North Carolina Journal of Law & Technology*, 2017, 19 (1).

③ Oliar, D., Pattison, N., Powell, K., "Copyright Registrations: Who, What, When, Where, and Why", *Texas Law Review*, 2014, 92 (7).

根据我国《著作权法实施条例》（2013 年修订），版权作品是指文学、艺术和科学领域内具有独创性并能以某种有形形式复制的智力成果。我国《著作权法实施条例》第 6 条、《作品自愿登记试行办法》第 2 条和《最高人民法院关于审理著作权民事纠纷案件适用法律若干问题的解释》第 7 条规定：著作权自作品创作完成之日起产生，著作权的取得不以著作权登记为前提但可以作为证明作品权属的初步证据。根据作者自愿登记的原则，中国版权保护中心作为综合性的我国版权公共服务机构受理以下作品及其相关事项的登记：软件著作权、文字作品、口述作品、音乐、戏剧、曲艺、舞蹈、杂技艺术作品、美术、建筑作品、摄影作品、电影作品和以类似摄制电影的方法创作的作品、工程设计图、产品设计图、地图、示意图等图形作品和模型作品，法律、行政法规规定的其他作品，各类作品（计算机软件除外）授权事项登记，录音、录像制品登记，以及其他与著作权有关事项。但作品提交登记不仅需要提交权利归属证明文件、作品的样本、作品说明书等材料，还必须交纳每件作品 100 ~ 2000 元的注册费。另外，中国版权保护中心的《数字作品登记指南》将数字作品和数字版权分别定义为“数字化的文学、艺术和科学领域内具有独创性并能以某种有形形式复制的智力成果”与“著作权人和与著作权有关的权利人对数字作品享有的著作权法赋予的各项人身权和财产权”，也为之提供了数字版权唯一标识符及作品登记证书。不过，数字作品持有者也必须提交数字版权注册申请并交纳注册费用。

但是，在数字产品和内容非常容易复制并可立即被广泛乃至全球共享的互联网时代，[①] 上述集中式的版权注册制度需作品持有人向专门的注册机构提交申请证明材料、交纳申请费用并经后者严格审核（美国版权局为了保证版权注册真实无误还要求申请人交纳版权作品查询费用等）才能得到受

---

① Madaan, R., Role of Blockchain in Reducing Copyright Infringement, https: //www. signitysolutions. com/blog/role - of - blockchain - in - reducing - copyright - infringement/, 2018 - 10 - 22.

理和版权注册证书，不仅存在注册过程较为复杂[①]、周期长（相对互联网传播速度而言）[②]，而且也明显甚至严重限制了经济能力有限或作品价值预估难以补偿注册费用的创作者对自愿注册的参与。另外，集中式版权注册在版权信息追溯上也存在费时（相对作品被非法传播的速度而言）并难以保证信息的真实性和可信性。“孤儿作品”的产生，虽有部分是《伯尔尼公约》版权自动产生原则下未予注册所致，但也有部分是导因于集中式系统存在的注册信息真实性不足及不可追溯。[③] 显然，版权信息缺乏完整的可追溯性，无疑会在版权争端出现时带来版权调查取证的难度进而推高维权成本。此外，集中式版权注册需要版权持有人或著作权人的真实身份，而这可能不利于保护作品创作者的隐私。[④] 例如，在美国和我国台湾，版权持有者或著作权人不向法院披露其身份（包括作者别名），很难或不可能合法地实施自己的版权并得到法定的赔偿。总之，集中式版权注册通常发证时间长、费用高、追溯和隐私难，已经不适应当前互联网作品创作和分发上内容为王、时效之上的要求了。

区块链基于分散化的文件存在性证明（Decentralized Proof of Existence of Documents），可为版权注册或存证提供防篡改、透明、可溯源或审计的权威可信的数据库，进而可作为各国集中式版权注册系统的重要补充。[⑤] 版权作品持有人只要下载区块链的客服端软件和获得有公、私钥的账号，就可运行区块链上的软件将原创作品创作者或版权持有人、完成时间和作品［亦可

---

① 版权持有者为证明其版权，需要提交版权持有人（著作权人）身份、作品创作过程（如完成时间、无抄袭等）、发行及其他与权利有关事项的资料作为证明自身权利的方法。

② Oliar，D.，Pattison，N.，Powell，K.，“Copyright Registrations：Who，What，When，Where，and Why”，*Texas Law Review*，2014，92（7）。第2253页作者对美国版权局注册周期太长有详细的数据描述。

③ 孤儿作品一般是指处于保护期但权利持有者不明，或虽知但无法与权利人取得联系的版权作品。根据美国和欧盟，孤儿版权作品的（数字化）利用或使用需要履行合理勤勉检索的义务。

④ Bell，T.，“Copyrights，Privacy，and the Blockchain”，*Ohio North University Law Review*，2016，42（2）.

⑤ 本文中若无特别说明，区块链指的是公共的、无需许可的区块链，而不是联盟或私有的、需许可的区块链。

是“注册人+创作过程细节+完成时间+作品内容+任何其他相关元素(如水印)”或上述元素的任一组合］与其公钥，通过哈希函数（算法）转化为一个固定长度代码的“哈希值”（又可称为“数字签名”或“数字指纹”)。将相同的原始文件或原创作品内容通过哈希函数重复运算，仅能产生唯一的相同的“数字签名”，并且该“数字签名”不可能进行逆运算来重新生成原始文件（即文件无法被篡改)，因此，这样一个“数字签名”即可代表原始文件或原创作品独一无二的身份。上述数字签名经区块链网络验证并被分组作为新创建的交易或事务区块中内容的一部分，区块链还会通过新创建的区块，给上述代表原始文件或原创作品的数字签名（数字指纹）加盖上时间戳。而依据此时间戳，就可为原始文件或原创作品创造完成时间提供可信的证明。再者，上述数字签名在区块链网络中被广播、验证过程也是对文件发送者的身份进行确认或甄别（Authentication）的过程，因此，区块链版注册过程可提供作品的来源证明进而确保作品归属的真实性。而这整个作品注册过程即使是在比特币区块链上，也只需要10分钟。显然，区块链版权注册允许版权作品持有者在出现版权争端时快速而便捷地获得可予以证明其原创作品在特定时间存在和归属等相关信息的可靠证据，进而可很好地适应互联网上数字版权作品创作注重时效性和传播快速的需要。

还需指出，原创版权作品持有人仅仅使用哈希函数将其作品内容生成哈希值而并没有将版权作品的内容存储在区块链上，并且相同的作品在重复上述哈希函数运算过程时可以产生相同的哈希值，从而，区块链版权注册还可实现公开证明一个文件的存在却并不需要揭示作品的具体内容的“零知识”存在性证明。在区块链网络中，作为文件发送者的版权作品创作者不仅可以伪匿名而不用担心隐私问题，而且可通过发送的账户或私钥证明其身份的真实性。因此，区块链版权注册通过将原创内容运用哈希算法生成一串独一无二的数字签名，在记录版权文件信息的区块中生成证明文件提交时间信息的时间戳，并将上述记录存储在对等网络中，形成防篡改的“哈希值+时间戳”，不仅为文字、视频、音频等的存在性、完整性（Integrity)、真实性和唯一性提供了可信的证明，更为作品确权或侵权举证提供了依据和便利。

与集中式的版权注册过程相比，基于区块链的分散式版权注册使原创作者可以极低的成本与简单、方便而快捷的方式生成代表其作品的零知识存在性证明并依据全网所有节点所达成共识获得对作品真实的背书。亦即，区块链版权注册基于“零知识”的存在性证明与去单点故障，可确保创作过程和作品被忠实、完整和真实地记录在区块链中，为证明“谁在什么时间创作了什么内容”提供了透明、防篡改、可溯源的可靠依据，从而可大大降低版权争端发生时的举证难度。显然，区块链版权注册为司法取证提供了一种技术保障和可靠证据。①

减少乃至消除搜索、核实版权作品的信息成本，即减少乃至消除版权作品权利的举证成本，是互联网版权保护的首要方面。可能正是上述原因，欧洲议会研究局 2017 年发表的《区块链如何改变我们的生活》认为，区块链在数字产权领域可以帮助创作者提供防篡改、可溯源的分散化版权注册，进而可以提高音乐、摄影、绘画等版权作品的法律确定性，促进争议的解决，因而，区块链赋能数字内容保护（Digital Content）被视为其转变我们社会中仅次于货币领域的第二大方面。②

2. 区块链版权注册可应对新兴数字版权作品保护的巨大需求

数字艺术作品（Digital Art）、微电影（Microfilms）和用户原创内容（User - Generated Content）等新兴作品，已成为快速发展的文创产业中最具活力的一部分。用户原创内容，泛指以任何形式在网络上发表的由用户创作的文字、图片、音频、视频等内容；发布平台包括微博、博客、视频分享网站、维基、在线问答、SNS 等社会化媒体。③ 通常，上述网站或社会化媒体

① Madaan, R., Role of Blockchain in Reducing Copyright Infringement, https://www.signitysolutions.com/blog/role-of-blockchain-in-reducing-copyright-infringement/, 2018-10-22.

② European Parliament, How Blockchain Technology Could Change our Lives, http://www.europarl.europa.eu/RegData/etudes/ATAG/2018/624248/EPRS_ATA（2018）624248_EN.pdf, 2018-10-22.

③ 赵宇翔、范哲、朱庆华：《用户生成内容（UGC）概念解析及研究进展》，《中国图书馆学报》2012 年第 9 期。User - Generated Content 也可翻译成“用户生存内容”、“使用者生成内容”或用户衍生内容 。UGC 还意味着在网上不断创建并发布大量的新作品，并且通常基于预先存在的作品，对其进行改编或修改。另外，在广告活动中用户生成内容（UGC）越来越多地被使用。

对用户贡献给网站的内容有防止他人侵犯版权的义务。因此，对于这些网站或社会化媒体而言，无论是从保护自身网站作品，还是防止侵犯他人版权，鼓励或帮助用户原创内容予以版权注册都是最好的策略。不过，对于这些新型的版权作品，要通过传统的集中式版权注册系统获得版权注册，首先需要证明作品的原创性（Originality）；而在网络作品迅速传播的情况下，若缺乏证明原创作品的完成时间和内容的必要手段，通过传统集中式版权注册系统很难获得作品合法注册。再者，即使作品符合注册的原创性要件，但相对于文创产业的快速发展、互联网复制作品的快速传播而言，过长的审查和注册周期使得这些新型版权作品被盗版或其他各种侵权使用的可能性大大增加，难以满足作品传播的时效性需要。

在各国还没有出台法律将区块链版权注册予以合法化的情况下，区块链基于哈希运算在版权作品相关文件信息存储上所具有的防篡改性、安全性、可追溯性等特性，其在版权证明上实际发挥的是类似于传统公证手段在版权保护上的权威功能。[①] 数字艺术品领域非常新颖且小。区块链上的节点标识符可以直接被嵌入数字艺术作品，以证明数字艺术作品所有权，因而，从长远来看，区块链这种保证出处的能力应该能够提高数字艺术市场的合法性。[②] 目前 Ascribe 通过区块链生成具有唯一 ID 和数字真品证书的数字版本，以证明出处和真实性，从而帮助艺术家和创作者证明数字艺术制作品的权属。[③] 区块链应用于用户原创内容注册，也同样是类似公证功能的发挥，可帮助相关创作者主张其所有权和相关的合法权利。

不过，相对于传统公证手段实质性审核时间长、过程复杂、费用高而

① Pisa, M., Juden, M., Blockchain and Economic Development: Hype vs. Reality, https://www.cgdev.org/publication/blockchain-and-economic-development-hype-vs-reality, 2018-06-20.

② Rosenblatt, B., The Promises and Perils of Blockchain Technology in Publishing, https://bisg.org/news/405371/The-Promises-and-Perils-of-Blockchain-Technology-in-Publishing.htm, 2018-10-26.

③ Zeilinger, M., "Digital Art as 'Monetised Graphics': Enforcing Intellectual Property on the Blockchain", https://core.ac.uk/download/pdf/81775900.pdf, 2018-06-20.

言，区块链应用于数字艺术作品和用户原创作品等新型作品的注册，具有实时、低成本、证据易保全等优势，[①] 能够很好解决数字艺术作品或其他新兴版权作品在注册上面临的数据海量、实时、多样、易灭失、易被篡改等问题。因此，新型作品区块链版权注册，不仅可弥补当前集中式版权注册系统应对创意作品版权注册能力之不足，还可为新兴的数字艺术等新兴创意作品提供作品创作的完整性和不可否认性，从而为解决未来作品侵权使用提供了类似公证方式的权威依据。

3. 区块链版权注册可进一步明晰化版权作品的邻接权和跨国权利结构

流媒体的发展为包括音乐在内的音视频作品的传播和商业模式的发展提供了新的空间。正是在这一背景下，美国《音乐现代化法案》允许音乐作品中的机械权全面许可并授予参与音乐录音的音频制作人和工程师获得版税补偿的权利。可以预见，《音乐现代化法案》的实施，必将推动音乐作品创作、录制和发行过程的各参与者应享有的权利的进一步明晰化。音乐产业参与者众多、链条长，包括歌曲创作者、表演艺术家、唱片公司、音乐发行商、集体管理组织，以及负责将歌曲创作者的音乐作品许可给他人以表演、录制、唱片发行，或者是在商业电视揭露、电影或视频游戏中配合画面同步播放的实体。由于涉及如此众多的参与者，音乐作品从创作者到最后的消费者，中间存在层层不透明的中介，权利关系复杂、版税分配过程不透明。最终导致音乐创作人难以知晓自身作品被点播的次数及相关信息，并因作品大部分版税受中介所控制而出现音乐创作人获得的版税比例长期偏低的版税不公平分配局面。而目前网络上的音乐作品侵权者，也将音乐创作者获得太少版税作为其非法下载或上传音乐作品的重要理由。

由于音乐作品的发行涉及多个环节和上述主体间复杂的权利结构，从加强音乐作品的创造和保护的角度，确实有必要将音乐作品上述主体各自拥有

① 当区块链上注册的作品或文件是真实有效的，即没有虚假材料的可能，也没有当事人恶意欺诈的可能性，则基于区块链的防篡改、透明、不可否认和可追溯，完全可以替代传统的公证功能。不过，对于一个理性的经济人，除非其恶意欺诈带来应有的、远超越其信誉损失的预期回报，否则，其不会将其恶意欺诈的证据放在区块链上永久保存的。

的权利状况及其边界予以明晰化，并基于此来促进或提高音乐产业内部版税分配的公平性。区块链版权注册通过将音乐作品创作、录制和发行的相关文件和参与者等方面的详细信息转化为数字签名并加上时间戳，可为音乐作品上各权利主体提供防篡改、透明、可追溯的权利存在性证明的权威版本，从而可为音乐等存在复杂邻接权权利结构的版权作品领域的权利结构明晰化提供技术保障。①

区块链版权注册还可以针对不同国家的版权法，对《伯尔尼公约》或其他国际版权条约下的版权作品应享有的各国权利进行注册。在当前的讨论中，《伯尔尼公约》下版权作品应享有的权利，因各国版权法律规定略有不同而存在差异。而这种差异也确实给版权作品的国际许可或其他交易造成了基于不同国家管辖权的版权作品“权利碎片化”问题，以及对版权作品权利耗尽（竭）原则的不同适用。基于这种状况，版权作品权利持有人可以针对不同国家的版权法律要求，将其在国际条约下享有的权利进一步明晰化。考虑到基于区块链对版权作品注册时间快、成本低、防篡改、可追溯，因此，基于区块链的不同国家版权注册无疑可以促进版权作品跨国权利结构的明晰化。

4. 除了版权注册，区块链可为版权交易合同甚至侵权证据的电子存证

互联网版权保护的重要目的之一是，使数字版权作品获得合理的经济回报。数字版权交易合同的履行是数字作品权利人通过互联网获得其智力成果或邻接权回报的重要保障。不过，在不存在区块链版权注册的情况下，数字版权作品交易合同即使通过第三方公证等手段，仍然有可能被篡改或伪造。区块链基于哈希算法对数字版权作品交易合同进行数字签名，在包含此数字签名的区块上加盖时间戳，进而通过在区块链网络中广播、验证并将相同的版本存储在各个节点，可为该合同提供不可否认的、零知识的存在性证明。

① Spotify（中文翻译成“声破天”）为了解决其面临的音乐版权的权属纠纷，于 2017 年 4 月收购区块链技术公司 MediachainLabs，尝试利用后者在互联网上注册、识别和跟踪作品，并将创作者将自己的身份与其作品关联起来的能力，实现在线内容所有者的版税支付，保证让每个参与到音乐生产中的贡献者都获得平等、透明的报酬。

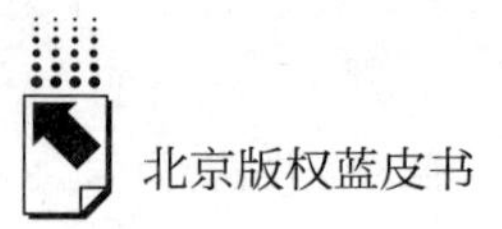


零知识证明意味数字版权作品交易合同的具体内容或细节并未被公开揭示。而一旦出现合同履行纠纷，通过区块链的技术保障所提供的举证，证据的证明力却又更经得起司法的检验。另外，版权持有者还可将互联网上发布其被侵权作品的网页或其他侵权信息基于数字签名作为侵权证据进行电子存证。

自杭州互联网法院在对一起著作权纠纷判决中，认可“原告通过第三方存证平台对被告的侵权网页进行取证，并通过区块链储存电子数据的方式证明电子数据的完整性及未被篡改”之后，[①] 2018 年 9 月 7 日起施行的《最高人民法院关于互联网法院审理案件若干问题的规定》又进一步明确了区块链存证的法律效力。该规定中的第十一条明确指出：“当事人提交的电子数据，通过电子签名、可信时间戳、哈希值校验、区块链等证据收集、固定和防篡改的技术手段或者通过电子取证存证平台认证，能够证明其真实性的，互联网法院应当确认”。另外，该条还就审查判断电子数据生成、收集、存储、传输过程真实性提出了以下标准：“电子数据生成、收集、存储、传输过程所依赖的计算机系统等硬件、软件环境是否安全、可靠，电子数据的生成主体和时间是否明确，表现内容是否清晰、客观、准确，电子数据的存储、保管介质是否明确，保管方式和手段是否妥当，电子数据提取和固定的主体、工具和方式是否可靠，提取过程是否可以重现，电子数据的内容是否存在增加、删除、修改及不完整等情形，以及电子数据是否可以通过特定形式得到验证”。[②] 而区块链依据其可信时间戳、哈希值（数字签名）校验等手段及其数据存储上所具有的安全性、防篡改、不可撤销、可验证、可溯源等特性，无疑可为在其之上的版权注册和各种版权交易合同以及侵权证据提供符合上述标准的保障。因此，可以认为，上述规定，已为我国发展区块链版权平台清除了法律上的重要障碍。

---

① 电子证据是指以数字形式存储的证据信息，如电子合同、电子发票、电子文章、电子邮件等。区块链因本身具备不可篡改、可追溯特性，极适合与电子存证相结合，并确保存证和取证的安全和高效。

② 最高人民法院：《最高人民法院关于互联网法院审理案件若干问题的规定》，http：//www. court. gov. cn/zixun - xiangqing - 116981. html，2019 - 10 - 20。

5. 区块链版权注册将可能加重互联网服务提供商等中介对侵权内容的删除

互联网上的信息在线共享文化延伸到未经授权的版权内容共享，是当前互联网版权保护面临的困难所在，也是版权所有者和内容产业面临的威胁所在。区块链版权注册为版权作品提供了权利归属，在面临网络上被转载、抄袭或其他侵权行为时，可以实现司法快速取证和降低举证难度的目的。为了证明自身作品，版权持有者就会与从事网络盗版快速检测或监测的企业合作，对其版权作品的使用进行全球性的跟踪和监控。监测数字版权侵权的主要机制是应用数字指纹。数字指纹通常包含独特的识别信息，如节奏、音调和音高。一旦生成并合并到一个扩展的数据库中，过滤技术就能够通过对其监测的在线网站或数据库中的作品进行哈希算法比较，进而对在线内容进行过滤或扫描形式的数字监控。当某作品数字指纹所代表的哈希值与所在线网站或数据库中的一作品匹配时，就意味着该在线网站或数据库中的此作品属于侵权作品。而盗版者为了使侵权作品不被数字指纹技术检测到，就必须在在线网站或数据库中通过扭曲作品的内容，以达到使之内容被严重减少甚至无法识别的目的。被扭曲的版权作品因其已在经济上难以作为正版作品的替代，从而即使依然存在，也不大可能给版权持有者在销售或许可上带来过大的经济利益损失。①

另外，美国 1998 年颁布的《数字千年版权法》要求，“互联网服务提供商接收来自被侵权人通知的删除请求并迅速删除或禁用侵权内容”，世界各国纷纷出台了类似的“通知—删除”规定。我国国家版权局也于 2007 年发布了《要求删除或断开链接侵权网络内容的通知》及《要求恢复被删除或断开链接的网络内容的说明》示范格式。随着世界各国在互联网版权保护普遍采取类似“通知—删除”做法，② 提供对其用户上传授版权保护内容

① Gocha，Y.，“A Modern System for Resolving Online Copyright Infringement Disputes：Administrative Rulemaking and Adjudication，A One－stop Fix to The Digital Millennium Copyright Act”，*IDEA*：*The Intellectual Property Law Review*. 2018，58（2）。具体见其对数字指纹技术的论述。

② 2018 年 9 月 12 日欧洲议会通过的《数字单一市场版权指令》中的第 13 条，明确了托管用户内容的平台即网络服务提供商（如 YouTube）对侵犯版权负有更大的责任。

访问的在线服务提供商，可能需要在全球范围承担起删除其网站上链接的、为版权持有者证明侵犯其版权的内容的义务。

区块链版权注册或存证为版权持有者进行全球性的作品使用跟踪和监控提供了前所未有的便利。可以合理推测，在区块链版权注册和存证为版权作品持有者大大降低其证明其权属的举证难度的情况下，必然会促进版权持有者，特别是具有经济实力的版权持有者进一步与版权监测企业合作，加大互联网版权侵权使用的检测力度。而在此种情形下，互联网内容服务提供商等网络中介删除侵权内容的任务必将加重。

综上所述，随着各国法律对区块链版权注册的逐步接受，完全可能使当前各国版权注册系统因其周期长、付费高和追溯源难，而最终为分散式、微付费、速度快和可溯源的区块链版权注册系统所替代。另外，区块链版权注册可促进音乐、电影等作品和作品跨国版权的权利明晰；区块链电子存证可服务版权交易合同和侵权证据的保全，必将大大促进版权作品的合法使用。

### （三）区块链第二次赋能：交易自动化替代版权侵权与去中介化

未来 5 年之后，随着区块链版权注册能够在技术上证明其是解决了版权作品归属的权威工具并越来越多地获得司法的认可，并且智能合同在实现简单到中等复杂的商业业务逻辑编程上取得相对成功进而在提供便捷而实用的安全交易上的应用领域及其处理复杂交易关系能力的不断拓展，[①] 基于前一阶段在证明版权作品归属上的良好基础，区块链就会对互联网版权保护实现第二次的赋能：版权注册与智能合约自动执行结合的区块链版权业务一体化

① 目前以太坊和 Hyperledger Fabric 框架均包含智能合约，支持图灵完备的语言，旨在其基础上可实现多种智能合约，包括差价合约、储蓄钱包合约、多重签名合约、保险衍生品合约等，无须依赖第三方或中心化机构，以及极大地减少人工参与，具备很高的效率与准确性；自 DAO 事件之后，智能合约在多个落地领域的应用还处于谨慎的探索之中。从目前人们担心智能合约有未能预见的安全漏洞及自动执行可能会面临的无法解决的技术或法律僵局来看，智能合同要在技术上或法律上解除人们对其各种潜在的安全漏洞给交易带来的僵局或无法挽回的损失的担心，可能至少还需要 5 年以上时间的尝试或等待。另外，各国在法律上最终认可智能合同之前，还可能需要对之进行沙箱实验，以保证其带来的各种冲击或风险最小化。

平台出现并开始高效运营；通过智能合同、微支付、数字令牌等，区块链版权业务一体化平台的发展，将有望实现版权交易自动化对版权侵权的渐进替代，并出现甚至加快去版权集体管理组织或其他中介的进程。

1. 基于智能合同的版权交易自动化可实现对版权侵权渐进性的替代

互联网版权保护是否取得进展的关键在于，能否消除版权作品侵权人的盗版或侵权动机或意图。而在版权作品侵权人的盗版或侵权动机或意图中，难以及时而经济的获得合法版权作品是重要驱动因素。[①] IBM 在其研究报告中将影响及时而经济的获得合法版权作品的因素归结为“信息摩擦”和“互动摩擦”两大类[②]。信息摩擦是指信息不对称、信息无法获取和信息风险。其中，信息不对称是指交易各方无法获得相同的信息；信息风险是指信息会经常出现不正确或者不一致的情况；信息无法获取是指缺乏经济合理的方式获取正确的信息。互动摩擦包括交易成本、分离度和无法进入市场。交易成本是指参与市场交易需要签订和履行业务合同所花费的成本；分离度是在互联网背景下数字平台业务流程不透明引起的各种交易延迟；无法进入市场是交易主体无法以高效或可靠的方式接触市场。区块链版权注册的功能是旨在消除信息摩擦。而区块链上智能合同的作用是以解决分离度为中心，努力消除互动摩擦。区块链版权注册与智能合同交易自动化相结合，有助于同时消除信息摩擦和互动摩擦，从而可为大大弱化乃至根本消除“难以及时而经济的获得合法版权作品”这一引致互联网版权侵权的关键因素。

智能合约是基于区块链可编程、可自动执行的计算机协议或代码；一旦某个事件触发智能合约中的条款，代码即自动执行。智能合约所具有的这种

① 根据澳大利亚通讯和艺术部（Department of Communications and the Arts）2016 年资助的一项《2016 年在线侵权消费者调查（Consumer survey on Online Copyright Infringement 2016）》，当问及使用非法内容的消费者为何使用非法内容时，“免费”与“方便快捷”两项选择分别占据 52% 和 44%；而问及非法和合法内容都使用的消费者时该两选项分别占 58% 和 53%（两者相加超过 100% 是诸选项可多选之故）。尽管澳大利亚通讯和艺术部的调查并不能代表全世界的情况，但至少可以作为分析消费者网络版权侵权行为的某种参考。

② IBM 商业价值研究院：《全速前进：随着区块链，重新思考企业、生态系统和经济模式》，https：//www－935. ibm. com/services/multimedia/16－Fast_ forwardCNZH. pdf，2018－06－06。

“自治性”的执行能力，在其所编程的商业（业务）逻辑为法律所允许并为参与各方所接受（即参与各方隐含同意智能合约的执行结果）的情况下，提供了交易执行的实时性和便捷性，无疑在确保交易的安全性和超低交易成本上，会大大优于传统合同。目前国内外已经有多家企业在尝试区块链版权注册加智能合约自动执行的一站式版权平台的开发。除了像音乐创作者利用比特币区块链或以太坊的亲身实践外，那些拥有大量版权的集体管理组织（CMOs）、唱片公司（labels）等版权机构或流媒体等实力雄厚的机构也开始参与其中。① 甚至，像 SONY、② IBM、MICROSFOT③ 等企业巨头也因看到区块链和智能合约在版权业中应用的巨大潜力，而投身于相关技术的开发之中。区块链版权注册加智能合约自动执行的一站式版权平台，理想情况下应是一个开放式、任何权利人均可在平台上登记其版权和相关权利，并通过智能合同对其所允许许可或交易方式进行编程的、实现注册和交易自动执行一

① 在区块链应用于版权法领域和创意产业的版税支付上，2017 年 4 月世界上拥有成员最多的三个音乐集体协会［美国作曲家、作家和出版商协会（ASCAP），音乐作家、作曲家和出版商协会（SACEM）与音乐 PRS］宣布合作创建了一个基于区块链的新音乐家权利管理系统，用于实时收集、更新和跟踪音乐作品元数据。格莱美获奖艺术家伊莫金·西普（Imogen Heap）2015 年 10 月将其作品“小小人（Tiny Human）”发布在基于区块链的 Ujo Music 平台，供用户使用以太币购买这首歌外，还基于区块链上的智能合同将这笔钱（共 133.20 美元）直接转给参与歌曲制作的制片人、作家和工程师。之后，其创建了区块链项目菌丝体（Mycelia），旨在帮助音乐家在薪酬、音乐分销和权利方面取得进展。音乐家菲尔·奥莱根（Phil O’Regan）在伦敦成立了本质协议（essenceProtocol），是一个基于以太坊的、旨在根据用户复制内容的次数为艺术家提供补偿的平台。随着 Sony 和微软等大企业的加入，类似的基于区块链的数字版权权利管理与版权交易和版税支付一体化的一站式版权平台的开发竞争将更加激励。

② Chadwic，J.，Sony：We Built a Blockchain for Music，Video Rights，https：//www.cbronline.com/news/sony - blockchain，2018 - 10 - 22。微软与咨询公司 EY 合作，推出旨在为作者、作词家、制作公司、开发者和其他创作者管理内容版权和版税的区块链解决方案，并已在公司的游戏合作伙伴中试用。微软希望区块链能够增加内容版权和版税管理过程的信任和透明度，并将版税分配过程从 45 天减少到只有 1 天的日费支付，进而消除因欺骗创作者而受到批评的中间商。

③ Roberts，J.，Microsoft and EY Launch Blockchain Tool for Copyright，https：//www.cbronline.com/news/sony - blockchain，2018 - 10 - 22。索尼公司将基于 IBM 的 Hyperledger Fabric 1，开发基于区块链的用于管理音乐、视频和书面作品等知识产权的工具。

体化的行业性或专业化平台。

基于区块链能使不相互信任的各方维护基于共识的交易记录，智能合约在区块链上自动执行版权交易的记录也具有防篡改、可追溯、可审计等特性，进而可保障版权交易结果透明并就其是否公平公正和利益攸关方进行审查。另外，微支付（Micropayment）策略也有助于版权交易通过智能合约来自动执行。微支付是指每次查看版权内容时只需花费很少量的钱。基于智能合同，版权作者可直接通过将其作品分配到区块链版权交易平台上的某个地址，供用户通过微额付款来获得作品的合法使用。之所以互联网上的数字作品可以采行微支付，主要原因在于：区块链版权交易平台所拥有的用户群越多，其对作者/权利所有者和用户的价值就越大，进而位于平台上的数字作品有可能被消费的次数也就越多；在此种状况下，即使每个用户对作品消费的支付很少，但因作品的消费者数量众多，从而数字作品创作者也能从中获得可观的收入。不难看出，平台中受欢迎的高质量内容或作品，更可能被更多的消费者访问，进而，其创作者就更可能获得高额的报酬。因此，基于区块链智能合同的这种版权作品交易自动化和微支付策略，可以鼓励高质量的版权内容生产，并将用户从锁定在单个长期订阅的中逐步解放出来。也就是说，这样可以大大降低网络上版权作品消费者因经济原因而侵权使用作品的动机。

创作者还可以运用数字通证（Digital Token）作为数字作品的数字权益证明，就数字作品的销售发行有限数量数字通证，将数字作品分发与数字通证的发行或流通相互关联起来，进而创造出数字作品的数字稀缺性，并使数字作品盗版使用变得更加困难。基于数字通证，作品创作者可以与消费者或粉丝在版权内容需求方面建立起更具直接和激励性的联系。这种联系不仅有利于建立起数字版权作品更加健康的市场，也可促使创作者通过数字通证销售来激励自身对高质量作品的创作。①

不难预见，版权注册与智能合约自动执行结合的区块链版权业务一体化

① Bodo，B.，Gervais，D.，Pedro Quintais，J.，“Blockchain and Smart Contracts：the Missing Link in Copyright Licensing?”，*International Journal of Law and Information Technology*，2018，26（4）.

平台，通过使版权注册数据库与智能合约自动执行相结合并辅以版权许可使用或交易的微支付，可对当前盛行的、基于广告收入和订阅的互联网内容网站运营模式实现逐步替代。另外，智能合同版权交易自动化也可以使作品所有者运用数字通证（Digital Token）等方式创新数字作品交易（销售或拍卖等）新模式。而目前互联网上运营的盗版网站其商业模式主要是依靠广告推送来获取大量收入。因此，在区块链版权注册数据库的正版作品质量更高、支付很少的冲击下，这些盗版网站完全有可能为基于区块链版权注册数据库的智能合同版权交易自动执行所逐步取代。

2. 基于智能合约的作品快速许可或转让可实现对商业性质的版权侵权的替代

区块链版权注册与智能合约自动执行相结合的最大好处是，为希望利用版权作品的被许可人或被转让人（通常是商业使用）寻求版权作品的许可人或转让人，打通实时而便捷的许可或转让桥梁或路径：区块链上可快速查询的版权作品信息与智能合同自动执行，可消除上述两者之间的信息不对称；作品在区块链上注册后可由权利人直接明码标价（标准授权或扩展授权可进行不同标价），区块链上的智能合同在版权自动许可或转让后，可将其版权许可或转让的记录存储在区块链的所有节点上，供他人查询，并将交易收入直接存入权利人的电子账户。由于智能合约版权自动许可或转让为参与者搭建了实时、便捷、透明、可追溯的可信任交易桥梁，可以合理推测，基于智能合约的作品快速许可和转让，可大大降低企业版权侵权的动机，进而可逐步实现其对企业版权侵权的替代。另外，为了保持权利持有者对版权作品商业许可或转让的控制，版权持有者还可以采取多重签名交易（Multisignature Transactions）① 来对许可或转让的作品进行控制，从而达成

① 多重签名（Multi Signature）交易指的是在交易执行之前需要多个私（密）钥来授权一个版权作品许可或转让交易。要使用多重签名功能，必须创建特殊的多重签名地址。这是通过以商定的顺序将每个密钥摘要添加到摘要列表中来完成的。最后一位参与者将摘要列表转换为多重签名地址。每个多重签名地址参与者必须在本地创建自己的摘要。一旦创建，就可以安全地与其他参与者共享，以便构建摘要列表，然后将其转换为多重签名地址。由于每个多重签名参与者都可以共享已创建的摘要，每个参与者都可以重新生成地址并确保其正常。

消除作品被侵权使用之目的。

3. 基于智能合同的版权交易自动执行可逐步去版权（著作权）集体管理组织或其他中介化

在基于智能合同的版权交易自动执行出现之前，著作权集体管理组织和各类版权机构是连接著作权人、相关权人与作品使用人的桥梁，对于作品的合法传播和使用具有不可替代的重要作用。同时，由于版权交易涉及的中间者多，版权的分销也一直面临着有效应对互联网时代数字内容非法交易并保持原作者、用户和各种合法权利持有者利益平衡的难题。但区块链交易平台的出现不仅为更加经济和公平的版权分销模式创新提供了机会，也为逐步去版权（著作权）集体管理组织或其他中介化敞开了大门。基于智能合同的版权交易自动执行，在版权分销上实现了作品创作者或所有者与作品使用者间的直接交易。而这种基于智能合同的版权直销模式，实际上就是去版权（著作权）集体管理组织或其他中介化。

在基于智能合同的版权直销模式下，区块链可用于登记所有版权作品的许可、销售或转让，并且所有的版权作品交易都由区块链网络的所有用户见证和同意。数字艺术品等版权作品除非是被合法拥有，否则就无法被转让；版权作品的买家可以直接通过区块链上的交易记录验证其购买的作品是否为合法内容、版权作品的转让历史，甚至可以一直追溯到最初的版权作品所有者，即作品的创作者。在智能合同自动执行的协助下，当版权作品的所有权从一方转让到另一方时，前者就不再具有访问权限，因此，基于智能合约的作品创作者或所有者与作品使用者直接交易，甚至后续的再转让，均无需集体管理组织或其他中介的介入。

基于智能合同的版权直销模式，也将促进音乐或涉及类似有着复杂权利关系的内容产业中权利人之间版税的自动分配。截至目前，音乐产业中作品的真正创作者往往只获得极低比例的版税，以至于这成为某些侵权者网上侵权使用音乐作品的借口。究其原因，是音乐作品从创作、录制到分发涉及中间主体多、链条长，版税分配缺少透明。而基于区块链对音乐作品权利结构的注册并通过智能合同自动执行，可实现音乐作品的版税在各权利人之间的自动分配，从而为包括创作者在内的所有真正贡献者重新赢得公正的回报。具体地讲，根据上述提到的区块链版权权利结构注册，智能合同可根据各权利持有人之间事先达成的收益分割比例，对音乐作品等版权作品在互联网上分发所产生的版税或收益在不同的合法权利持有人之间进行自动分配。而这种基于智能合同版税自动分配，不再使音乐作品的版权集体管理组织有其存在的必要。

智能合同还能针对不同国家的版权法要求进行编程并将各国的版权许可或其他交易转变为以国家为条件的自动交易。在前述区块链实现版权作品各国权利注册的情况下，智能合同也能够实现国家之间的版权交易的自动执行，即基于智能合同达成国际版权直销。而这种做法无疑有助于国际版权法在全球范围的遵从。不过，关于智能合同在国际版权交易中的实施有可能需要国际版权条约的发展，而这种发展有可能导致去国际性的版权集体管理组织。[①]

由于集体管理组织通常存在于版权及相关权（邻接）权利人无法或实际不可能直接管理其权利，以及当权利人所拥有或代表版权的许可由集体管理组织集中管理有利于权利人的情况，[②] 因此，基于智能合同的版权直销模式，不仅能够适应互联网环境下海量作品授权使用和报酬收取、分配的需要，而且可促使版税的分配更加公平合理透明。而这也必然会加快版权领域去各种集体管理组织或其他中介机构的步伐。

### （四）区块链第三次赋能：逐步替代法院非涉及内容创造性上的版权纠纷解决

在 10 年之后，随着区块链可扩展性[③]的解决和智能合同在编程版权业

---

① 国际性的版权集体管理组织包括国际作者、作曲者协会联合会（CISAC）、国际复印权组织联合会（IFRRO）、机械复制权国际局（BIEM）、国际唱片业协会（IFPI）等。

② 世界知识产权组织：《产权组织集体管理组织良好做法工具包》，http：//www. wipo. int/meetings/zh/doc_ details. jsp？ doc_ id =397438，2018 -06 -29。

③ 可扩展性指区块链系统处理高业务量的能力。

务上能力的进一步提高，区块链版权注册、验证、查询、监测、追溯、交易、版税分配与智能合同自动执行，实现无缝衔接，原来需要通过法院判决的确权、交易合同伪造或交易合同履行等非涉及内容创造性上的版权争端，将直接被区块链上的智能合同自主实施所取代。法院的工作更多将接受智能合同版权业务逻辑编程的备案和合法性审查，并转向智能合同难以逻辑编程的、涉及内容创造性的、更加复杂的版权争端的解决。

1. 作品内容的区块链直接存储和智能合同的高效编程相结合，可逐步替代法院在非涉及内容创造性上的版权纠纷解决

目前区块链是通过将版权作品内容转化为哈希值（数字指纹）存储在各个节点中，所有存储的作品哈希值也可以在区块链网络中生成供检索的目录，供验证、查询和溯源。但还不能够将作品内容直接存储在区块链网络中，无需经过哈希函数转换直接供查询和追溯。但随着未来专业化或行业性质的区块链版权平台发展，特别是区块链可扩展性取得突破，区块链有望实现版权作品内容在区块链网络中的直接存储。随着智能合同将版权注册、内容过滤、版权监测与交易业务整合成一体化的自动执行，当前版权领域涉及法院争端解决的版权认定、交易合同履行等简单的版权纠纷，完全有可能退出历史的舞台。

2. 法院将承担起接受智能合同版权业务逻辑编程的备案和合法性审查的工作

随着智能合同中存在的各种安全漏洞在技术上得到有效的解决，法院作为版权市场竞争秩序和公平正义的维护者，有可能需要承担起智能合同版权业务逻辑编程的备案和合法性审查。在智能合同确保版权业务逻辑编程在技术上不存在安全漏洞的情况下，除了接受智能合同代码的备案外，在有关利益攸关方的请求下，应对智能合同将版权注册、内容过滤、版权监测与交易业务整合成一体化的逻辑编程是否存在不当竞争、版税分配是否体现公平公正的原则等方面进行司法审查，以为智能合同更好服务版权发展提供司法指南。

3. 法院转向智能合同逻辑编程难以消除的、涉及内容创造性方面的版权纠纷，并将借助人工智能来提升争端的解决能力

随着智能合同将版权注册、内容过滤、版权监测与交易业务整合成一体

化的自动执行，将版权确权等无需事后进行复杂价值判断的交易纠纷等非涉及内容创造性方面的版权纠纷，逐步逐出司法审判的需要，法院在解决版权纠纷上也随之转向智能合同逻辑编程难以消除的、涉及内容创造性方面的版权争端领域。比如，文学作品中的情节、人物角色和叙述方法，漫画的人物形象，以及直接涉及作品内容的其他争议等，是否涉及侵权等争端。这些争端可能无法通过智能合同逻辑编程就能够通过市场交易的自动实施来加以解决。

由于上述领域，不同的法官可能对内容是否涉及侵权，更加容易受到其价值观或其他主观因素的影响，有可能需要引入某些更加客观的依据。随着人工智能的发展，基于深度学习，人工智能将能够很快地就作品中的情节、人物角色、叙述方法、漫画人物形象等直接涉及作品内容的部分是否涉及侵权，以及侵权作品的创造性程度做出准确的甚至定量化的判断。因此，区块链与人工智能相结合将助力法院对涉及内容创造性方面的更加复杂的版权纠纷的判决。

## 四　结语：非炒作、非乌托邦而是可实现的期望

区块链赋能互联网保护，是由区块链自身作为信任机器的技术特性所决定的。像任何技术发展一样，区块链技术发展必然也有一个从早期开发到成熟应用、从不完备到完备、从不被法律认可到被社会接受，进而从仅能处理简单问题到解决复杂问题的发展过程。因此，区块链赋能互联网版权保护的过程，也是一个渐进发展的过程。在上述发展过程中，人们对区块链赋能互联网版权保护的前景认识，也必然带有怀疑目光，并将之视为某种概念炒作。

不过，区块链赋能互联网版权保护，并非纯粹炒作，而是可实现的期望。在版权注册上，区块链现有的技术能力，已能够开放地实现原创作品创作者或版权持有人进行版权信息数字签名，并通过在网络各节点保持相同的副本，实现版权作品信息的防篡改、透明性、可审计和可追溯性等。并且，

国内在司法实践中已经对这种无需可信的权威机构的分散式版权注册的举证价值给予了积极的肯定。在版权交易上，区块链注册与智能合约对版权业务逻辑编程，确实在初创企业的小范围应用上取得了初步的进展，当然，要在涉及更加复杂的版权交易上可能还需要等待相当一段时间［本文中预计可能要各国政府对智能合同进行至少5年的监管沙箱（盒）[①] 实验才有可能比较放心地对之应用进行相应的法律调整］。

区块链注册与智能合约相结合，实现版权作品的直销和版税的自动分配以及作品的自动国际交易授权，在区块链可扩展能力和智能合同应用的深入发展下是完全有可能实现的。因此，随着区块链技术的发展，区块链版权平台在智能合约自动执行的驱动下，将有望实现去版权集体管理组织和其他中介，并实现对司法解决确权等非涉及作品内容创造性方面的版权纠纷的替代。区块链版权平台通过智能合约自动执行成功实现对版权集体管理组织和其他中介乃至部分简单的版权纠纷司法判决的替代，也绝不是乌托邦，而是区块链对版权作品创者的赋权，是创意产业回归以创作者为中心的产业发展必然。在互联网环境下，只有创作者从其原创作品中获得应有的回报，创意产业才能繁荣，人类无限的创作潜力才能从其无垠而深邃的心灵中被激发出来。

总之，对于互联网版权保护来说，区块链不仅是可信的事实机器和侵权替代机器，也是可信的版权司法判决的替代机器。区块链对互联网版权保护具有颠覆性的潜力，我们必须深刻认识到其对版权保护的战略价值并早做准备。

---

① 监管沙盒（Regulatory Sandbox）的概念由英国政府于2015年3月率先提出。按照英国金融行为监管局的定义，“监管沙盒”是一个“安全空间”，在这个安全空间内，金融科技企业可以测试其创新的金融产品、服务、商业模式和营销方式，而不用在相关活动碰到问题时立即受到监管规则的约束。同样，对于智能合同在金融和其他领域的应用也会采取某种形式的“监管沙盒”，然后政府才会调整法律并允许其大规模推开。

# B.10

# 国际版权保护发展趋势研究

徐家力　任林冲*

**摘　要：**　版权与文化和创新有着天然的联系，版权制度对于激励创新、繁荣创作起着十分重要的作用。国际版权保护经过了18世纪的“领土时期”、19世纪的“国际时期”、20世纪末开始的全球时期三个重要阶段①，随着科技、文化的发展，在经济全球化背景下，国际版权保护呈现新的发展趋势，与科学技术的联系越来越紧密，国际版权的保护客体和权利内容日益扩张，国际版权保护的法律手段和方法多样化，版权保护标准日益提高，保护领域由传统的文化领域进入国际贸易领域，国际版权合理使用制度受到限制。

**关键词：**　国际版权保护　科技发展　文化创新

## 一　版权国际保护的发展与科学技术的联系越来越紧密

新技术的出现，对传统版权行业产生了不小的冲击，无论是版权的存在

---

* 徐家力，法学博士，国家知识产权战略专家，隆安律师事务所创始合伙人，北京科技大学知识产权研究中心主任、博士生导师，中国政法大学博士生导师，主要研究领域为知识产权法学；任林冲，北京科技大学知识产权管理方向博士研究生，律师、专利代理人，中国航天系统科学与工程研究院高级工程师。

① 万鄂湘、陈传夫：《后TRIPS时期国际版权保护全球化趋势》，《武汉大学学报》2012年第2期。

形式，还是版权的保护手段，均发生着深刻的变化，使得版权固定的载体及版权保护内容多样化，保护版权的技术手段亦呈现多样化。

### （一）新技术的出现，使得版权固定的载体及版权保护内容多样化

正如现代意义的法律权利与科学技术的发展密切相关一样，版权法律制度的创立是以印刷技术的产生和发展为前提的。

大多数传统作品都是印刷、录制、原创手稿等。公众可以通过租赁、购买等方式获取载有作品的有形商品。在信息网络环境中，数字媒体正在迅速发展，各种类型的文艺作品都可以通过计算机转换成数字信息，网络用户可以在短时间内访问和使用作品并将其快速传播①。传播者本人甚至可能不会考虑他是否有权使用和传播作品，也不会注意作品的版权所有者是否已让渡其作品的版权。在网络覆盖的世界中，电子作品的易于传播性，使第三方更容易使用他人的作品。即使是作品的版权人，对自己作品的数字化使用状况也很难了解。这些不仅造成了层出不穷的盗版现象，也造成了版权所有者的版权利益受损。因此，作品的数字化在很大程度上削弱了版权的专有性。

科学的发展是永无止境的，新的复制和传播技术的出现和发展，使得国际上最初保护作者权利的版权法面临挑战，网络技术的普及和应用将版权国际保护带入了一个新时代。正因为互联网具有信息传输能力强、速度快、多途径获取信息的特点，它为诸如网络环境中的版权保护带来了新问题，网络环境中的知识产权保护引起了各国政府的高度关注，使得版权国际保护的具体措施不断得到完善，保护范围逐渐扩大，保护标准日益提高。

根据 TRIPS 协议的相关规定，国际贸易中版权保护的对象和范围包括版权和相关权等。随着科学技术的发展，新的版权国际保护体系将新产品纳入保护范围，特别强调保护电影作品和录音作品、计算机程序和数据汇编。随着社会经济的快速发展，各国开始关注网络信息服务引起的版权问题，注重并加大对版权全产业链条的保护力度，诸如对版权上游、中游、下游各方

① 参见《2017 年中国网络版权保护年度报告》。

面中涉及的创造、运用、保护、管理、服务“五位一体”建立全方位知识产权保护体系，加大对与国际版权相关的财税、金融、中介服务、公共服务平台建设方面的保护力度。

国际版权保护的范围将继续扩大，国际版权领域对智能设计版权、交互设计版权、服务设计版权、设计入股、新商业模式、数字版权、新媒体版权等方面进行着创新性保护，而且有理由相信，随着科技的快速发展，呼之欲出的高科技产品也同样会受到国际版权法及时、严格的保护。在制定国际版权保护的条件、标准、水平和内容、方法、范围和限制时，新的国际版权保护制度将着重赋予版权所有者更广泛的相关权利。

## （二）新技术的出现，使保护版权的技术手段多样化

在“互联网+”模式下，基于共享经济、移动互联网、物联网、大数据、人工智能、虚拟/增强现实等新“技术”，单纯从技术角度，借鉴传统以移动互联网为代表的保护技术，拓展为以云计算、大数据、区块链为代表的保护新技术、新路径，已然拓宽了对知识产权的保护阈，下述以数字版权为例。

1. “云计算”与“数据流”技术为数字版权带来了长保护的可能

传统版权保存或保护方式为将已获得版权的作品的复制件上传或下载至个人电脑或移动设备中，而随着数字技术的发展，“云计算”作为一种新型网络技术，可以使消费者更加便利地共享或利用网络资源，“数据流”将个人数据传输给消费者使用后，消费者的电脑会在使用完毕后删除该数据。通过“云计算”集中处理数字版权，版权所有者通过“数据流”控制消费者访问作品，从而版权所有者可进一步控制消费者对作品的使用与体验。特别是经“数据流”交换所得的作品内容并没有实际固定在消费者的电脑中，所以不存在任何作品的复制件。

进一步讲，对于数字娱乐版权，“云计算”与“数据流”将其娱乐体验推向了服务导向型①，即作品的获得取决于所有者是否提供该服务，从另一

---

① 刘益凡等：《数字版权保护的云计算解决方案》，《科技与出版》2013 年第 2 期。

个角度讲，版权管理技术的研究是多个领域的融合，包括数据加密技术、数字水印技术、身份认证技术和数字签名技术，而借助“云计算”与“数据流”，版权所有者可重掌对作品的控制，也使延长对数字娱乐版权的保护年限成为可能，而延长对版权的保护年限，在近些年，也为版权业较发达的西方国家所力推。

2. 区块链技术为数字版权保护带来了新的机遇

作为一种新的网络互联结构，区块链技术是一种互联传输事务协议，类似于在各种互联网节点之间使用现有数字技术的 TCP/IP 值[①]。它具有去中心化、时间序列结构、集体维护和可编程等均衡管理功能，为当前数字版权保护提供了新的思路和手段，也为数字版权保护的数字化过程提供了技术支持。针对数字版权的保护，世界各国均在积极寻求产业发展与新技术的对接、融合，区块链技术为世界当前产业矛盾的解决带来了契机。

区块链上每个区块的数据信息将在每个节点上进行点对点通信，使得数据生成和存储避免了资源的垄断和专有权，并且所有参与节点都可以获得数据结果的管理权限。区块链可以在整个过程中记录版权使用和交易痕迹，并可追溯至最源头的版权痕迹，且所记录的版权追溯全过程是不可逆且不可篡改的，从而保证了数字版权确权和交易的可靠性。此外，区块链技术的分散式设计将现有的版权确认模式从单点打入数据中心，实现多节点访问，所有节点都可以看到完整的版权使用和交易过程，促进了数字版权的集体监管。

更重要的是，区块链打破了原有网络互联中技术硬件设备之间的信息孤岛，实现了信息价值的同步生成和识别。在区块链系统中，数字版权保护的对象不再是数字资源本身，而是来自数字资源的市场价值。因此，数字版权保护中的侵权判定将更加直接有效，避免因价值取向不明确而导致的不确定性侵害，从而提高了法律信誉和执行力。

在国际版权界，提及区块链，有必要提及与之相联系的另一概念——内

① 李绍民、姚远：《区块链多媒体数据版权保护方法研究》，《科技咨询》2015 年第 3 期。

容版权。内容版权[1]行业主要指网络文创类内容作品的版权注册以及依托版权保护进行内容创造、发行、分发及 IP 衍生金融交易等相关业务领域。其中，文娱内容作品包括文字、音频及影视等多种类型的表现形式。“区块链内容版权行业”，是内容版权行业与区块链科技相结合产生的新兴领域，依托区块链技术方案及区块链数字资产形成的新兴商业模式及体系。继金融行业之后，拥有高数字化水平的内容版权行业成为区块链科技重点应用领域。

区块链内容版权产业主要关注的商业模式有以下三种：版权存证、版权和衍生品交易、内容创建和分销激励。在国际版权保护方面，它可以有效促进版权保护和知识产权衍生金融业的发展，优化产业利益的分配格局。通过区块链技术，数字作品的作者、内容和时间可以被绑定在一起，以减少非法侵权的可能性，数据将成为有价值的资产，共享数据可以盈利，创作即确权，交易即授权，发现即维权。

## 二　国际版权的保护客体和权利内容日益扩张

1710 年世界上第一部近代意义上的版权法——安娜法令诞生，其目的是防止印刷者不经作者同意而擅自印刷、翻印或出版作者的作品，以鼓励有学问有知识的人编辑或写作有益的作品，主要保护的是复制权。1886 年签订的《伯尔尼公约》在 1928 年、1948 年和 1971 年先后进行了三次重大的修改，从而形成了 1928 年的罗马文本、1948 年的布鲁塞尔文本和 1971 年的巴黎文本。布鲁塞尔文本与罗马文本相比，在保护对象上增加了“电影作品”与“实用艺术品”，并且把“追续权”作为“不选择保护的权利”列入第 4 条第（3）款中。巴黎文本与布鲁塞尔文本、罗马文本相比重大的变化是，明确了电影作品本身享有的版权，明确了复制权与朗诵权是版权经济权利中的重要内容。乌拉圭回合谈判后签订的《TRIPs 协议》则比《伯尔

① 《2018 区块链内容版权行业报告》。

尼公约》更进一步，将计算机程序和有独创性的数据库列为保护内容，并将出租权作为一种保护权利。而在《WIPO 版权条约》中明确了发行权作为一项独立的权利，增加了问题的传输权、技术保护权、权利标示权等权利。

版权的历史是一部扩张史，技术的发展是版权扩张的直接原因①。纵观版权的扩张史，不难发现，类比、拟制是版权最主要的扩张技巧。最初的作品种类仅限于文学作品，通常是小说、戏剧等。后来逐渐运用类比的方法，将音乐、雕刻、版画等美术作品纳入保护范围。摄影作品在经过独创性的考验后最初被纳入美术作品，在经过一段时间后，成为一个新的作品种类。电影开始也是类比摄影作品得到保护，之后，再单列为新的作品种类。电影成为独立的作品种类后，又成为将电视广播纳入保护范围的类比基础。再后来，计算机软件也被纳入保护范围。网络技术产生后，技术与法律的组合让版权人重新控制了原本自由的数字环境。

## 三　国际版权保护的法律手段和方法多样化，版权保护标准有提高的趋势

### （一）国际版权保护的法律手段和方法多样化

随着国际版权权利内容和权利客体极度扩张，且面临着高科技的挑战，世界的版权保护手段和方法呈现多样化发展趋势，知识产权的保护水平日益提高。

保护方法上很多国家提出对版权全方位的“立体保护”，即通过立法、司法、行政、社会保障体系及当事人自己的力量相互协调而形成对版权的全方位保护，主张对盗版和假冒等侵犯版权的行为进行综合治理。而司法保护是这一保护体系中最重要和关键的一个环节。在保护手段上，可用经济的、

① 冯晓青：《知识产权法利益平衡理论》，中国政法大学出版社，2006，第 236 页；冯晓青：《版权扩张及其缘由透视》，《政法论坛》2006 年第 6 期。

民事的、刑事的或行政的手段对版权人的合法利益进行保护。对知识产权的刑事保护日益成为国际社会关注的焦点。

## （二）国际版权保护标准有提高的趋势

强化版权保护的高标准是国际知识产权的新趋势，这实际也是知识产权经济强国试图在国际层面上进行扩张的尝试，美国总统特朗普的上台使得美国退出了《跨太平洋伙伴关系协定》（TPP），不过TPP仍然代表了国际知识产权强保护标准的最新发展方向①。

1. 立法方面，国际所主导的版权保护标准越来越高

以《跨太平洋伙伴关系协定》（TPP）为代表的国际条约不断推高知识产权国际保护标准，延长了版权的保护期限。

在一定程度上，版权的期限体现了立法者在权利人利益和公共利益之间精心设计的平衡，从版权的诞生之日起，保护期就一直作为版权的限制而存在。

《安妮法》依据书籍是否已经发行来确定其版权归属与期限。《伯尔尼公约》有关版权保护期限的规定为："本公约给予保护的期限为作者终生及其死后50年"，"本联盟成员国有权规定比前述各款规定期限为长的保护期"，"在一切情况下，期限由向之提出保护要求的国家的法律加以规定；但除该国法律另有规定外，这个期限不得超过作品起源国规定的期限"。TRIPs有关版权保护期限的规定为："除摄影作品或实用艺术作品外，如果一作品的保护期限不以自然人的寿命为基础计算，则该期限自作品准予出版的那一公历年年底起不得少于50年，如果作品在创作后50年内未得授权出版，则自创作的那一公历年年底起不得少于50年"。

但20世纪中后期以来，以美国为代表的发达国家通过国内立法提高了《伯尔尼公约》、《与贸易有关的知识产权协定》（TRIPs）的期限标准，并试图通过《跨太平洋伙伴关系协定》（TPP）等诸边贸易协定推动版权保护期

① 参见蔡玫《论日本修改著作权法的新动向及其特点》，《中国版权》2016年第5期。

限延长。2016年2月4日，《跨太平洋伙伴关系协定》（TPP）正式签署，于2015年10月5日基本达成一致协议，TPP有关版权期限的规定体现在第18.63条，“每一缔约方应规定，作品、表演或录音制品的保护期限计算如下：（a）以自然人生命为计算基础，保护期不得少于作者有生之年加死后70年；及（b）不以自然人生命为计算基础，保护期应（i）自作品、表演及录音制品首次授权发行日历年年底计算，不少于70年或（ii）自作品、表演及录音制品自创作之日起25年内未授权发行的，自其创作的日历年年底计算，不少于70年”。

与《伯尔尼公约》和TRIPs协定相比，TPP不仅延长了版权的保护期限，还增加了对邻接权的保护期。TPP知识产权高标准保护的背后，体现的是以美国为首的发达国家掌控知识产权国际立法以巩固其自身在国际经济秩序地位的野心。

作为当今国际知识产权保护的趋势，版权期限的延伸具有不同的优缺点。从激励创新和保护私权的角度来看，延长一段时间可以更好地激发创作，更好地奖励作者的贡献，也是现代社会尊重私权的体现。从公众的角度来看，期限的延长可能会侵蚀原始材料在公共领域的自由使用，并且无法短期内无偿自由地对所需要的材料进行复制、演绎，增加了因许可等付费而带来的成本，但对发达国家和发展中国家的影响程度不尽相同。

2. 对版权的刑事保护标准越来越高

随着近年来双边贸易、区域贸易等贸易形式的发展，在全球经济贸易带动下，提高版权的刑事保护标准，以保护贸易主体权利，会是各国版权方面立法的渐行趋势。

（1）对“以营利为目的”的侵权为重点打击拓展为“具有商业规模的故意侵犯版权或相关权的行为”①，即不再仅仅局限出于商业利益或经济收

① TPP第18.77条第1款，有商业规模的故意侵犯版权或相关权的行为均可被适用刑罚，具体包含两种：其一，出于商业利益或经济收益的目的而实施的行为；其二，并非出于商业利益或经济收益的目的但对版权或相关权的权利人造成实质损害的重大行为，该类行为包括严重的未经授权使用作品、表演以及录音制品的行为。

益的目的而实施的行为，对权利人的市场利益造成重大的实质损害影响的行为均可入罪，降低了版权侵权的入罪门槛，加大了对版权侵权行为的威慑力。

（2）为进一步维护以美国为代表的发达国家的相关版权产业的利益，TPP 扩大了其版权刑事制裁的对象范围，比如，在公开播放电影作品时，未经许可复制电影作品且会显著损害权利人利益的行为；故意以及基于商业利益或经济收益目的而实施的直接规避“接触控制措施”的行为和为规避任何技术措施提供产品或服务的行为等，均可能构成刑事犯罪。

（3）TRIPs 协议中并没有要求对帮助或教唆行为采取刑事处罚的规定，对于网络服务提供者的间接侵权行为的惩处力度柔和，逐渐加大对间接侵权行为的惩处力度，不管间接侵权行为人主观上是故意还是过失，都有可能受到刑事处罚。

（4）降低了刑事制裁的起刑点。比如，TPP 中知识产权部分第 186 条规定：“每个成员国应该提供刑事程序和处罚对那些故意的商标侵权或侵犯版权或侵犯邻接权的案件，此类案件至少是达到了商业规模”。而对商业规模的定义并没有对侵权商品数量或造成的损失角度来做定性分析，而只要满足“直接或间接的经济或商业利益动机重大故意侵犯版权或相关权利”即可，使对使用刑事措施的范围变得更广。

3. 版权执法措施趋于严格

国际贸易领域的知识产权侵权非常严重，尤为突出的是假冒和盗版问题，这已成为发达国家国际贸易的重大阻碍。因而在以美国为主导的知识产权大国以及日本、欧盟等知识产权强国的推动下，希望通过 TPP 的签署，提高对知识产权的保护水平，以此来打击充斥国际市场的假冒伪劣产品，建立国际统一的知识产权执法规则，使其主导国际交易规则。

如 TPP 中的知识产权部分第 171 条规定：“各成员方应该提供民事司法程序关于侵犯知识产权的案件，成员方的司法当局有权采取临时措施阻止侵犯版权的交易，甚至是其司法管辖权内的第三人，以防止有侵权可能的商品进入商业渠道”。从本条规定可以看出，关于临时措施的适用范围扩大到了

“有司法管辖权的第三方”，而且本条款也没有规定第三方的主观过错是善意的还是故意的。

又如，加大对版权侵权赔偿额的力度，TPP 中知识产权部分第 162 条规定：“在版权和邻接权的侵权案件中，每个成员国应该提供民事诉讼程序，成员方的司法当局有权命令侵权者赔偿侵权者所遭受的损失”，紧接着第 163 条就规定了损失的计算方法，“在确定损失的数额时，成员方的司法当局有权考虑到侵权人的损失的利润、侵权物品的价值，这里损失的数量是侵权物品的数量，这里的价值是以市场价格进行衡量或者是建议零售价”。在 163 条中还规定了关于版权和邻接权的附加赔偿，脚注里定义了附加赔偿就是惩罚性赔偿。

另外，关于边境执法方面，TPP 规定了海关当局更大的执法权利，只要货物在经过某一国领土时，侵犯了所在国家的版权，那么权利人就可以申请海关扣押货物，而且海关在判断货物是否侵权的问题上，只是“初看”并且只要“怀疑过境货物存在侵权的可能性”就可以采取扣押的措施，这样更多的是依赖主观上的判断，甚至海关扣留侵权货物的措施不需要由是由权利人做出申请，海关便可以依职权采取措施，导致审查过境货物是否侵权的门槛的降低。

## 四　版权国际保护由传统的文化领域进入国际贸易领域

文化多样性是人类必须正视的问题，特别是在当前经济全球化的背景下，文化多样性受到一定的冲击和挑战。版权法规定了创作成果的权利和义务，在保护作者创作成果，突出智力价值方面发挥了重要作用。世界文化的碰撞和交流加快了文化多样性的步伐，拓宽了创新思维，也使创新活动更加频繁。当前是一个创新处于最前沿的时代，也是一个保护创作成果的时代。各国政府鼓励公民积极开展不同层次的发明创造活动。同时，由于科技、贸易的推动，文化多样性对版权制度构成了挑战，随着经济全球化的发展，国际贸易领域的版权保护战愈演愈烈。

版权在扩张过程中正从创作中心转向投资中心，由传统的文化领域进入国际贸易领域。投资在国际版权中正处于越来越重要的地位。电影、计算机软件、数据库等的出现使作为作者的个人正被“视为”作者的法人所取代，作者的中心地位也正受到投资人的严重威胁。为投资人进入版权体系打开大门的，正是“拟制”这一法律技巧。向投资中心转变的版权在全球化背景下已成为贸易工具，版权已被融入国际贸易的世界，所有的版权原则已被贸易法压碎①。

全球化是 TRIPS 达成后国际版权保护的主要趋势。TRIPs 建立了新的国际知识产权保护机制，并发展了《伯尔尼公约》的国民待遇原则。版权被纳入统一的国际知识产权法律体系，版权保护机制由双边到多边，这种多边保护机制也成为国际版权保护发展的一个趋势。每个成员国都不放弃原有的国际版权公约，并将版权国际保护的实施重点和标准转移到 TRIPs 协议，并继续发展。WIPO 和世界贸易组织共同协调和推动国际版权贸易的版权保护法律体系朝着新的方向发展。这不仅有助于解决现有的国际贸易版权保护问题，而且有助于缔约国间贸易的健康发展。

## 五 国际版权合理使用制度受到限制

随着各国文化产业的繁荣发展，人们的版权意识越来越强，司法实践中合理使用作品的情况和争议日益复杂。在计算机软件、视频游戏、云计算、大数据等领域，法律适用与公共利益之间的平衡逐渐成为困扰法官的问题。如今，越来越多的电子设备和在线内容被普遍使用，在此过程中，使用者在使用过程中创建了许多衍生品，这对于版权所有者、行政部门、司法审判提出了挑战。

在某些条件下，法律允许他人在未经版权所有者同意的情况下自由使用受版权保护的作品，并且不向版权所有者支付任何形式的报酬，这种合理使

① David Nimmer, “The End of Copyright”, *Vanderbilt Law Review*, Vol. 48, 1995, p. 1420.

用行为作为版权的限制制度，受到现代国家版权法的承认，《伯尔尼公约》和《世界版权公约》都规定了合理使用制度。

在网络环境中，对版权的限制显得更为重要。过去，特定的信息必须依附于特定的载体才能传播，而复制件的发行又依赖于复杂的流通环节，因此作品的复制和发行的成本居高不下。数字和网络技术的发展使创作者短时间内能够大量收集某个领域、方面的信息，极大地加快了创作过程，降低了创作难度，促进更多作品的创作。

但虚拟网络空间的无边界特性使其与传统的版权侵权不同，尤其是确定侵权地点。在网络环境中，版权所有者和用户的权利总是相互冲突的。版权所有者、传播者与公共利益之间的平衡是版权保护立法中亟待解决的问题。版权所有者和传播者的权利应与其权利的保护水平相对应。

在理论上很难确定合理使用的标准①，各国虽然规定有合理使用制度，但合理使用的立法表达非常模糊，这对司法机关在判断合理使用行为时造成困扰。而且，随着互联网等传播技术的发展，“印刷版权”演变为“电子版权”，不仅极大地丰富了版权的内容，而且不可避免地限制了其合理使用。“电子版权”改变了传统版权的“版权作为出版权”的概念，摆脱了狭隘版权的束缚。出租权的出现对版权限制原则施加了反限制，从而缩小了合理使用的范围。在一些西方国家征收复制版税与录制版税的行为进一步对合理使用制度产生了巨大的冲击。

根据 TTP 协议的相关内容，美国主导的国际版权贸易规则建议进一步扩大复制权范围，授权或禁止复制作者、表演者、录音录像制作者的作品的权利范围，甚至将在网络环境中自动缓存在计算机 RAM 中的“临时复制”也纳入保护范围②，原因包括：其一，虽然临时复制是短暂的，但通常可以通过设备来感知，以满足传统复制固定性的要求；其二，在网络环境中，临时复制使得能够在计算机屏幕上再现作品，即使时间很短，它也是计算机载

---

① 冯晓青：《版权法》，法律出版社，2010。

② 郑万青：《从 TPP 建议案版权条款看美国的版权扩张政策》，《知识产权》2015 年第 1 期。

体上的一次性副本，如果不受管制，则会对版权所有者造成伤害。

最早临时复制概念是由大型软件公司提出的，目的是控制使用盗版软件的用户的行为。他们要求将在计算机的存储器和高速缓存中的临时复制行为也定性为构成侵权，而后又扩展到网络环境的浏览和传输中，附加到计算机和服务器的复制行为上。但是，这个概念很难推进。除欧盟和美国外，很少有国家规定临时复制权，从这个角度看，TPP 已成功响应软件供应商的需求。

## 六　结论

版权的国际保护，一方面受科技、经济、文化的影响，另一方面受权利相关体意志左右，二者共同影响着国际版权业的发展，影响着国际版权的保护发展趋势。无论如何，国际版权的保护发展始终处于动态平衡状态。国际版权的保护发展自身具有“自愈”的能力，对于版权相关体来讲，其通过多种渠道，适应国际版权保护的具体措施，顺应国际版权保护的发展潮流。

# 案 例 篇

**Case Reports**

# B.11

# 取得专有出版权的汇编作品侵权认定：教育科学出版社诉长江文艺出版社等侵害专有出版权纠纷案

丛立先　张媛媛*

## 一　典型意义

著作权人与图书出版者在签订专有出版权合同时，双方常常忽略对专有出版权的范围作出详细约定，若发生纠纷，此时如何确定许可的范围便会成为案件争议的焦点。本案即为对通过合同取得的“专有出版权”的范围界定问题而起的纠纷。法院通过该案明确了专有出版权不属于著作邻接权的范畴，

* 丛立先，华东政法大学知识产权学院教授、博士生导师，教育部新世纪优秀人才，全国知识产权领军人才，国家知识产权专家库专家；张媛媛，华东政法大学知识产权专业硕士研究生。

《著作权法》第三十一条中的“专有出版权”包括了复制权与发行权两个权项。通过合同取得的专有出版权赋予了被许可人在约定的时间和地域范围内以独占方式出版合同约定的作品的权利。本案明确了多卷本图书的专有出版权与单部作品的专有出版权同时分别许可他人使用时的侵权判定问题，专有出版权的客体范围指向的是图书的整体或实质性部分，若第三人对被许可人通过合同取得专有出版权的作品的非实质性部分进行使用，不构成对被许可人专有出版权的侵害。在涉案作品是汇编作品的情况下，第三人对汇编作品非实质部分的复制发行不会侵害被许可人的专有出版权。此案在双方未对专有出版权进行详细约定的情况下如何确定许可合同的范围问题具有重要意义。

## 二　裁判要旨

专有出版权指的是在图书出版发行行业内出版者通过合同取得的复制权和发行权两个权项，虽然其在著作权法中的位置处于第四章“出版、表演、录音录像、播放”中，但并不属于邻接权范畴。《中华人民共和国著作权法实施条例》第二十八条规定：图书出版合同中约定图书出版者享有专有出版权但没有明确其具体内容的，视为图书出版者享有在合同有效期限内和在合同约定的地域范围内以同种文字的原版、修订版出版图书的专有权利。对该条进行文义解释，其中的“具体内容”不包括“合同有效期限”和“合同约定的地域范围”，其指向的是合同的客体范围和具体使用方式等内容。在专有出版合同双方当事人未对专有出版权的客体范围进行约定的情况下，专有出版权指向的客体应为作品的整体或实质性部分，第三人复制发行被许可人享有专有出版权的作品的非实质性部分不构成对专有出版权的侵害。

## 三　案情介绍

（2015）朝民（知）初字第 39059 号

（2016）京 73 民终第 1080 号

本案为原告教育科学出版社与被告长江文艺出版社有限公司（本文简称长江文艺出版社）、被告北京图书大厦有限责任公司亚运村分店（本文简称图书大厦亚运村分店）因侵犯专有出版权而产生的纠纷。2000 年 6 月 16 日，教育科学出版社与苏霍姆林斯基的法定继承人苏霍姆林斯卡娅·奥莉加·瓦（本文简称奥莉加）签订了《著作权使用同意书》，合同中约定了教育科学出版社在合同有效期间内享有在中国境内以中文版图书形式出版发行图书《苏霍姆林斯基选集（五卷本）》（本文简称《苏》）的专有使用权。合同到期后双方又进行了两次续签。在第二次续签中，双方约定：自 2015 年 5 月 1 日起至 2020 年 12 月 31 日止，奥莉加授权教育科学出版社将作品《苏》由俄文翻译成中文以图书形式在中华人民共和国境内出版发行的专有权利。2001 年 8 月，教育科学出版社出版发行图书《苏》，共五卷，第二卷由《年轻一代共产主义信念的形成》《怎样培养真正的人》《给老师的 100 条建议》三部分组成，署名蔡汀、王义高、祖晶主编，字数 542 千字。《给老师的 100 条建议》篇目署名周蕖、王义高、刘启娴、董友、张德广译，申强校。

2014 年 2 月，长江文艺出版社与奥莉加签订《出版合同》，约定：奥莉加授权长江文艺出版社将作品《给老师的建议》由俄文翻译成中文并以精装图书的形式在中华人民共和国境内出版发行的专有权利，合同有效期为三年。2014 年 11 月，长江文艺出版社出版发行图书《给老师的建议》，署名 B. A. 苏霍姆林斯基著，周蕖、王义高、刘启娴、董友、张德广译，申强校，字数 219 千字，经比对，图书《给老师的建议》与图书《苏》第二卷中《给教师的 100 条建议》内容基本相同。2015 年 2 月 5 日，教育科学出版社在图书大厦亚运村分店以 38 元的价格购买图书《给老师的建议》一本，取得购书发票一张。图书大厦亚运村分店提供了北京台湖出版物会展贸易中心有限责任公司配送中心发货单等单据。教育科学出版社认为长江文艺出版社、图书大厦亚运村分店侵害了其享有的专有出版权，遂诉至法院。一审法院认为长江文艺出版社的行为侵害了教育科学出版社的专有出版权，判决被告长江文艺出版社于判决生效之日立即停止出版发行涉案图书《给老师的建议》；被告北京图书大厦亚运村分店于判决生效之日立即停止销售涉案图书《给老师的建议》；被告长江文艺出版社在判决生效之日起三十日内在一家北京或湖北出版、全国发行的报纸上刊登声明，为原告教育科学出版社消除影响；长江文艺出版社于判决生效之日起十日内赔偿原告教育科学出版社经济损失 6 万元及合理开支 1 万元。

被告长江文艺出版社不服一审法院作出的判决，以其已经向作者及其法定继承人和译者获得了涉案图书的授权、获得了涉案图书的专有出版权、教育科学出版社享有的专有出版权不包括出版缩编本的内容为由提起了上诉。二审另查明，《苏》第一至三卷各包括 3 部作品，第四卷包括 2 部作品，第五卷包括 68 篇论文。经审理，二审法院作出了撤销一审判决，驳回教育科学出版社诉讼请求的终审判决。

## 四　裁判理由

一审法院认为：《中华人民共和国著作权法》第三十一条规定，“图书出版者对著作权人交付出版的作品，按照合同约定享有的专有出版权受法律保护，他人不得出版该作品”。根据奥莉加与教育科学出版社连续签订的专有出版权合同，结合《苏》持续多年出版且多次获奖的事实，可以认定教育科学出版社取得了图书《苏》的专有出版权。作为同业者的长江文艺出版社未尽谨慎注意义务，在应知《苏》享有专有出版权的情况下复制发行了《给老师的建议》一书。从著作权人处获得授权不能成为长江文艺出版社侵害教育科学出版社专有出版权的免责事由，由此认定长江文艺出版社侵害了教育科学出版社的专有出版权。图书大厦亚运村分店说明了图书合法来源，应停止销售但不承担赔偿责任。

二审法院认为：根据全案证据可以认定教育科学出版社取得了在合同约定时间内《苏》的专有出版权。专有出版权不属于著作邻接权，而是指在特定领域即图书出版发行行业内著作权中的复制权和发行权这两个权项。教育科学出版社依法取得的专有出版权受法律保护，他人不得侵害。专有出版权指向的客体范围是图书的整体或实质性部分，不能延及图书中各非实质性组成部分。图书《给老师的建议》仅为教育科学出版社享有专有出版权的《苏》（共五卷）中的一卷中的一部分，即《给教师的100条建议》，不构成《苏》（五卷本）的实质性部分，理由是：①汇编作品的著作权不等于其中被汇编作品的著作权的总和；②汇编作品的市场影响和价值不等于其中被汇编作品的市场影响和价值的总和；③《中华人民共和国著作权法》第二十七条规定，许可使用合同和转让合同中著作权人未明确许可、转让的权利，未经著作权人同意，另一方当事人不得行使。因此，在著作权人既享有汇编作品著作权又享有其中被汇编的各个作品的著作权的情况下，著作权人许可他人使用汇编作品并不当然意味着著作权人许可他人使用被汇编的各个作品。由此判定长江文艺出版社未侵害教育科学出版社的权利，撤销了一审判决，驳回了教育科学出版社的诉讼请求。

## 五　案件分析

### （一）专有出版权的含义

《著作权法》第三十一条规定：图书出版者对著作权人交付出版的作品，按照合同约定享有的专有出版权受法律保护，他人不得出版该作品。专有出版权与“表演、录音录像、播放”共同作为第四章的内容对有关作品传播过程中的相关事项作了规定。从法律规定中可以看出，专有出版权是通过合同取得的，行使主体应是图书出版者。虽然专有出版权与其他邻接权共处一章，但从权利的取得和内容来看，其与著作权法中的录音录像制作者权、表演者权和广播组织者权根本不同。专有出版权成立的基础并不是出版者在作品传播过程中付出了劳动，对出版者在传播作品中的付出进行法律保护的规定应是《著作权法》第三十六条中的版式设计权。专有出版权并不是一项单独的权利，而是图书出版者根据合同取得的专有许可使用著作权中的复制权与发行权这两个权项的综称。在本案中，苏霍姆林斯基的法定继承人奥莉加在多次签订的著作权许可使用合同中都表示“授权教育科学出版社将《苏霍姆林斯基选集（五卷本）》由俄文翻译成中文以图书形式在中华人民共和国境内出版发行的专有权利”，由此可以认定教育科学出版社享有对《苏》的专有出版权，但争议的焦点在于该专有出版权所涵盖的范围，其究竟仅指包括对作品的选择编排在内的作品的整体，还是及于五卷本中各个单独的作品，一审法院与二审法院对此做出了不同的认定。而法院之所以作出截然不同的认定结果，在很大程度上是因为对教育科学出版社通过专有出版合同取得的作品的性质认定不同。一审法院实际上认为教育科学出版社通过合同取得的是《苏》这一文字作品的专有出版权，其他主体对该作品中的内容进行复制发行就会落入五卷本这一文字作品的禁止权范围内。二审法院则认为《苏》不仅是文字作品，同时也是汇编作品。长江文艺出版社对教育科学出版社通过合同取得专有出版权的《苏》这一汇编作品的非实质性部分的复制发行，不构成对教育科学出版社专有出版权的侵害。

### （二）汇编作品的认定

《著作权法》第十四条规定：汇编若干作品、作品的片段或者不构成作品的数据或者其他材料，对其内容的选择或者编排体现独创性的作品，为汇编作品，并对汇编作品的权利行使作出了相应的规定。TRIPs 协定第十条也有关于汇编作品的规定，从协定规定的内容来看，其并不要求被汇编的对象必须是作品，对数据或其他材料的汇编若具有智力创造性，就可作为汇编作品受到保护。同时该条还强调了，该保护不延及数据或材料本身。1990 年的《著作权法》中，只规定基于对作品进行编辑的编辑人可以享有著作权。2001 年《著作权法》的修订中，对汇编作品的定义及权利行使规则进行了完善，即对作品、作品的片段或不构成作品的数据进行汇编的，只要对内容的选择或编排具有独创性，汇编者就可对其独创性的汇编享有著作权。值得注意的是，虽然《著作权法》第十四条规定了对“其他材料”的汇编也可能构成汇编作品，但此处的“其他材料”并不包含物质材料，而只能是信息资料。[①] 汇编作品的独创性体现与传统的文字、美术等作品不同，其不是对某些具有文学艺术或科学的美感的表达，而是在对信息材料的汇编上体现了汇编者个性化的选择，被汇编的信息是否构成作品在所不问。若仅仅是用惯常的排列方式对信息进行汇编，或者不同的人按某种要求对信息的汇编结果基本相同，不存在过大的差异，则该汇编就不具有独创性，汇编者就不能对其汇编享有著作权。如按照姓名首字母顺序对一份名单进行排列，按发表年份对老舍创作的作品在一本书中进行收录等，由于这些排列方式较为常见，不能反映出汇编者的个性化选择，不能作为汇编作品受到保护。汇编作品的独创性可以体现在对作品的选择上，也可以体现于对作品的编排中，比如某汇编者依自己对各个城市的了解，选择了十个城市作为“中国最适合旅游城市”，则作者在对中国诸多城市的选择中体现了自己独特的认知和选择标准，该选择具有独创性，可作为汇编作品受到保护。又如依诗句中出现的食物，按不同菜系、不同口味对历代古诗以某种具有独创性的排列方法进行编排，此时汇编者也可以享有汇编作品著作权保护。本案中，原告教育科学出版社通过合同取得的是《苏》的专有出版权。《苏》共分五卷，且每一卷都由若干独立的作品组成，不同汇编者对包含在《苏》中的各独立作品进行汇编，可以产生多种汇编结果，汇编者依自己的选择标准将若干独立的作品汇编成不同的卷册，并最终形成了五册卷本。因此，可以认定，《苏》呈现的最终汇编结果具有独创性，对作品进行汇编分本之人可以享有汇编作品著作权。

本案中，苏霍姆林斯基创作的各作品符合文字作品的构成要件，应属文字作品。[②] 而基于对作品或不构成作品的材料进行的体现汇编者独创性的选择编排则可以享有汇编作品著作权。汇编者基于对被汇编的作品或不构成作品的材料进行的个性化选择或编排而享有著作权，相应地，汇编者受著作权

① 王迁：《论汇编作品的著作权保护》，《法学》2015 年第 2 期。

② 《中华人民共和国著作权法实施条例》第四条第一项：文字作品，是指小说、诗词、散文、论文等以文字形式表现的作品。

保护的部分，只能是其付出独创性劳动的部分，[①] 即以一种体系化的方式呈现的作品、数据或其他信息的集合。[②] 在被汇编的文字作品著作权人与汇编者不为同一人的情况下，两者的权利范围较易界定，文字作品著作权人享有文字作品的著作权，汇编者对作品进行的选择与编排若具有独创性则可享有汇编作品著作权。此时他人未经许可复制单个文字作品不构成对汇编者的汇编作品复制权的侵害，他人对相同作品进行的编排与汇编者不同也不会侵害其汇编作品的著作权，但会构成对被汇编的文字作品的著作权侵权。本案的特殊之处在于，著作权人同时享有文字作品的著作权与基于对文字作品的汇编而享有的汇编作品著作权。[③] 此时著作权人在与他人签订的专有出版权合同中，仅对被许可人享有专有出版权进行约定而未对专有许可的范围作出规定，便会引发对被许可人权利范围的解释问题。

### （三）本案中“专有出版权”的范围界定

本案的难点在于对合同中约定的“专有出版权”范围的解释。对此，一审法院认为，“长江文艺出版社在教育科学出版社专有出版权授权期内出版发行了图书《给老师的建议》，该书作者及内容与图书《苏》重要组成部分之一《给教师的100条建议》相同”。[④] 因此判定长江文艺出版社的行为构成侵权。其实质是认为合同中约定的专有出版权的范围及于被汇编的各单独作品。而二审法院则认为，合同中约定的专有出版权指向的客体应为图书的整体或实质性部分，《给老师的建议》为《苏》中的非重要部分，因此长江文艺出版社对《苏》这一汇编作品第二卷中的一部分进行复制发行，不构成对教育科学出版社取得的《苏》专有出版权的侵犯。确定本案中专有出版权的范围，涉及对合同条款的解释问题。《中华人民共和国合同法》第

① 陶舒亚：《汇编作品著作权相关问题探析》，《中国政法大学学报》2010年第5期。

② 王迁：《论汇编作品的著作权保护》，《法学》2015年第2期。

③ 见北京知识产权法院（2016）京73民终1080号民事判决书，本案中的文字作品及汇编作品著作权都由苏霍姆林斯基的继承人奥莉加享有。

④ 北京知识产权法院（2016）京73民终1080号民事判决书。

一百二十五条第一款规定：当事人对合同条款的理解有争议的，应当按照合同所使用的词句、合同的有关条款、合同的目的、交易习惯以及诚实信用原则，确定该条款的真实意思。因此，文义解释应是对合同进行解释的首要解释方法。《中华人民共和国著作权法》第二十七条规定："许可使用合同和转让合同中著作权人未明确许可、转让的权利，未经著作权人同意，另一方当事人不得行使"。从教育科学出版社与著作权人之间的约定来看，合同条款的表述为"授权教育科学出版社将作品《苏霍姆林斯基选集（五卷本)》由俄文翻译成中文以图书的形式在中华人民共和国境内出版发行的专有权利"。[①] 本案中，作为苏霍姆林斯基继承人的奥莉加既拥有被汇编的各个作品的著作权，也享有基于对作品的汇编而产生的汇编作品著作权。对该条款进行文义解释，合同中对授权范围的约定是《苏》出版发行的权利，可知教育科学出版社取得的是《苏》整体的专有出版权，双方并未对单个作品的许可使用作出约定。而结合《著作权法》第二十七条的规定，在著作权许可使用合同中，在对权利内容约定不明时，法律作出了有利于著作权人的解释，即不得随意扩大授权许可的范围。

综上可以得出，教育科学出版社取得的专有许可的权利范围应是对作品以《苏》五卷本的形式复制发行的权利，他人若将同样的五卷本在中国出版发行，或者出版发行的作品构成五卷本的实质性部分，在满足读者购买需求方面构成对教育科学出版社出版发行的《苏》五卷本的替代，则可认为该行为构成对教育科学出版社通过合同取得的专有出版权的侵害。《苏》五卷本的第二卷由《年轻一代共产主义信念的形成》《怎样培养真正的人》《给老师的100条建议》三部分组成，长江文艺出版社出版发行的《给老师的建议》仅为第二卷中的三部作品之一，从在五卷本中所占的比例来看，不构成《苏》五卷本的实质性部分。教育科学出版社取得的是《苏》五卷本的专有出版权，从文义解释的角度看，应指的是以五卷本的编排方式对其中所包含的各个作品进行复制发行的权利。在著作权人未明确被许可人教育

---

① 北京知识产权法院（2016）京73民终1080号民事判决书。

科学出版社有权对五卷本中的各个作品进行单独使用的情况下，对各个单独作品进行使用的权利仍保留在著作权人手中，著作权人仍可许可他人对各个单部作品进行出版。二审法院在对本案的分析中也认为教育科学出版社取得的仅是汇编作品整体的著作权，长江文艺出版社出版的《给老师的建议》一书不构成《苏》五卷本这一汇编作品的实质性部分，因此对其中单个作品的出版发行并不会侵害教育科学出版社取得的专有出版权。汇编作品的价值与其中所包含的各个被汇编的单独作品不同，对汇编作品来说，其独创性体现在对各作品的选择编排之中。就本案来说，阅读《苏》五卷本与仅阅读其中一卷的一部分，所获得的信息、阅读体验是不同的，两者很难构成市场替代。二审法院也在判决理由部分指出，“汇编作品的市场影响和价值不等于其中被汇编作品的市场价值的总和……”。综上所述，二审法院所作出的长江文艺出版社出版发行《苏》五卷本一卷中的一部分不构成对教育科学出版社对《苏》这一汇编作品专有出版权的侵犯的认定是合理的。

B.12

# 裁量性赔偿方法具体适用：腾讯公司诉暴风公司《中国好声音》侵权案

丛立先　张媛媛*

## 一　典型意义

本案是针对著作权侵权行为运用裁量性赔偿方法确定损害赔偿数额的典型案例。暴风集团股份有限公司（本文简称“暴风公司”）未经许可在其运营的暴风影音客户端提供了六期深圳市腾讯计算机系统有限公司（本文简称“腾讯公司”）取得信息网络传播权独占许可的电视节目《中国好声音》。涉案电视节目具有较高的收视率，而侵权公司经营的网站用户数量众多，在行业中的影响力较大。基于腾讯公司提交的证据，可以断定暴风公司的行为给原告造成了巨大的损失，但无法精确计算损失数额。一审法院通过适用法定赔偿方式确定被告单期赔偿原告损失一百万元，制止侵权行为的合理开支一万元。二审法院运用裁量性赔偿，详细地阐述了著作权侵权损害赔偿的目的、原则、赔偿数额确定方法和裁量性赔偿的具体内容。明确了要谨慎适用法定赔偿，积极引导当事人通过举证确定被侵权作品的市场定价，对于权利人提供了用以证明实际损失或侵权人违法所得的部分证据，足以认定计算赔偿所需的部分数据的，应尽量选择运用裁量性赔偿方法确定损害赔偿数额。本案对于更加科学合理地确定著作权侵权损害赔偿数额，更有力地保护著作权人的利益，更充分地补偿其因侵权行为遭受的损失具有重要意义。

---

* 丛立先，华东政法大学知识产权学院教授、博士生导师，教育部新世纪优秀人才，全国知识产权领军人才，国家知识产权专家库专家；张媛媛，华东政法大学知识产权专业硕士研究生。

## 二　裁判要旨

著作权侵权损害赔偿的目的既包括弥补权利人的损失，也包括预防侵权行为的再次发生。当前确定损害赔偿的基本原则是加大对著作权侵权的惩治力度，提高赔偿数额，探索建立著作权侵权惩罚性赔偿制度。在确定具体赔偿数额时，要依照《著作权法》规定的损失计算顺序，慎重适用法定赔偿。要善于运用根据具体证据酌定实际损失或侵权所得的裁量性赔偿方法，引导当事人对于损害赔偿积极举证，提高损害赔偿计算的合理性。应尽力查明涉案作品以涉案侵权方式使用时的正常许可费，以作品的市场价格来合理确定赔偿数额。在市场价格难以查明时，可通过举证责任转移、妨碍举证等方法进行司法定价。本案中，腾讯公司通过许可使用合同取得了作品的独占信息网络传播权，但其没有将涉案作品许可他人进行信息网络传播，则其获得许可的对价可以作为确定正常许可费，即作品市场价格的参考。

在律师费的确定上，由于目前律师收费存在多种形式，当事人没有提交律师费发票，但确有律师参加诉讼，则应依有关规定，综合案件的性质、复杂程度等因素酌情确定合理的律师费。

## 三　案情介绍

（2016）京 0107 民初第 4684 号

（2017）京 73 民终第 1258 号

本案为原告腾讯公司与被告暴风公司因信息网络传播权侵权而起的纠纷。腾讯公司从灿星公司处通过合同取得综艺节目《中国好声音》第三季共 16 期节目的独占信息网络传播权。灿星公司后又通过合同将维权的权利、转授权的权利独占授予腾讯公司，授权期限为三年，从涉案节目在电视台首播之日起算。腾讯公司共支付许可使用费 1.2 亿元。暴风公司未经许可在其经营的网站及视频播放器上提供了第三季中的六期《中国好声音》节目。

腾讯公司就该六期节目分别提起了诉讼，本案为腾讯公司主张暴风公司未经许可提供第二期节目构成信息网络传播权侵权而起的纠纷。涉案节目首轮播出时间为2014年7月25日，该日，国家版权局公布了2014年第二批重点影视作品预警名单，《中国好声音》位列名单之首。国家版权局要求相关网站对名单内的作品采取如下保护措施：直接提供内容的网站未经许可不得上传预警名单内的作品；用户上传内容网站应禁止用户上传预警名单内的作品；提供搜索链接网站应仅提供正版授权网站的搜索结果及跳转链接服务；电商网站及应用平台应加快处理预警名单内作品权利人关于删除侵权内容或断开侵权链接的通知。在该节目首期播出之前，腾讯公司委托中国版权保护中心工作人员刘芊向暴风公司工作人员通过EMS特快专递发送包含权属证明的警示通知，并通过电子邮件逐期向暴风公司工作人员发送警示通知。暴风公司无视腾讯公司的权利声明，在其经营的网站和视频播放器上提供了《中国好声音》第三季中的六期节目。一审法院判决暴风公司单期节目赔偿腾讯公司损失100万元，合理费用支出1万元。

被告暴风公司以判决赔偿数额过高为由提起上诉，二审法院对一审判决予以了维持。

## 四　裁判理由

一审法院认为：对于本案的争议焦点一——暴风公司是否实施了原告腾讯公司所诉的侵权行为，根据涉案节目片尾署名，可推定著作权人为灿星公司，腾讯公司从著作权人处取得了涉案节目的信息网络传播权的独占许可权以及维权的权利，因此具有提起诉讼的权利基础。暴风公司未经许可在其经营的客户端上提供了涉案节目的在线播放服务，侵害了著作权人的信息网络传播权，腾讯公司有权提起诉讼。暴风公司抗辩称原告取证过程不清洁，其网站多次被他人效仿，因此不能证明该客户端为暴风公司所经营，一审法院认为根据公证处的回函以及暴风公司的举证情况，能够认定侵权行为的存在。

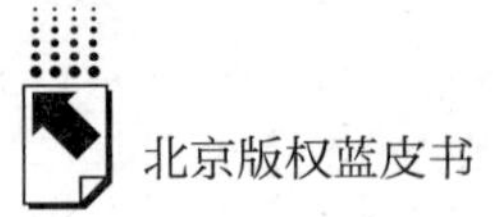



对于争议焦点二——赔偿数额的确定，原告为证明其损失，提出以其获得16期节目独占许可而支出的许可费、原告签订的广告合同总金额计算单期节目的广告损失。被告认为原告16期节目采购成本为1.2亿元，而其随机抽取的13份广告合同总金额却达1.9亿元，因此，原告不存在损失。一审法院认为，根据案件事实和当事人的举证，无法查明权利人实际损失和被告的侵权获益，因此，综合考量①涉案综艺节目《中国好声音（第三季）》具有很高的知名度和影响力；②根据腾讯公司支付的授权费用及节目广告收入情况，可得出该节目具有较高的商业价值；③暴风公司在节目《中国好声音（第三季）》被列入国家版权局公布的36部重点影视作品预警名单和腾讯公司委托中国版权保护中心多次发出预警通知的情况下，仍实施侵权行为，主观恶意明显；④暴风公司网站的知名度高、用户数量大，其在播放页面上投入了广告，因此可推定其通过实施侵权行为违法获利数额较大。综合以上因素，确定腾讯公司因暴风公司的侵权行为所遭受的损失已超过法定赔偿的上限50万元，因此判定暴风公司单期赔偿腾讯公司100万元损失。对于腾讯公司主张因诉讼支出的律师费、公证费1万元，虽未提交相关单据，但依据本案诉讼标的金额、确有律师出庭应诉且针对本案提交了多份公证书等事实，对合理费用支出1万元予以了支持。

二审法院总结争议焦点为一审法院的判赔金额是否过高。对此，二审法院认为，著作权损害赔偿的目的既包括弥补权利人损失，也包括预防和教育。因此，应坚持加大对著作权侵权的惩治力度、提高赔偿数额、探索建立著作权侵权惩罚性赔偿制度、由侵权人承担合理开支，提高侵权成本的规则。在损失计算的方法上，应依照《著作权法》规定的计算方式的顺位，引导当事人积极举证，在权利人提供了计算损失的部分证据的情况下，运用裁量性赔偿的方法对损失进行计算，而非直接适用法定赔偿。利用裁量性赔偿确定侵权赔偿数额，计算依据是客观的市场价格，市场价格即涉案作品以涉案侵权方式合法使用时的正常许可费。当正常许可费难以查明时，可在释明的前提下，通过举证责任的转移，妨碍举证等方法进行司法定价。侵权人或中立第三方对涉案侵权行为的宣传，应当作为侵权人违法所得的证据。在运用裁量性赔偿酌定损害赔偿数额时要考虑作品的性质、类型、文学价值、历史价值、获奖情况及社会影响等；作者方面要考虑作者的地位、贡献、获奖情况及社会影响等；侵权方面应考虑侵权行为的方式、手段、持续时间、影响范围、商业性使用的程度、与侵权目的的关联与配合程度。对于情节严重的行为包括恶意侵权、大规模侵权及重复侵权等情形适用惩罚性赔偿。本案可以运用裁量性赔偿的方法确定损害赔偿数额，虽然腾讯公司未将作品许可他人使用，但其获得许可的对价可作为确定作品市场价格的参考。暴风公司认为应将许可费分摊到三年的许可期间作为损失计算的参照，二审法院认为此类综艺节目在首轮播出时价值最高，此后递减，因此许可费不是在许可期间内平均分摊。暴风公司的侵权行为发生在首轮热播期间，致使腾讯公司独家播放的目的落空。在国家版权局公布包含涉案作品的重点影视作品名单后暴风公司仍实施侵权行为，可以看出暴风公司侵权恶意明显，且系大规模侵权，侵权时间长、影响范围广，因此维持了一审的判决数额。

## 五 案件分析

本案二审法院通过运用裁量性赔偿的方法对腾讯公司因侵权行为遭受的损失进行确定，使得赔偿数额的计算更加合理，更加有据可依。该类综艺节目嘉宾阵容往往比较强大，制作成本较高，因而许可使用费也较为高昂。在此之前，综艺节目信息网络传播权侵权的判赔数额一般是数万元，法院在该案中具体适用的损失计算方法，对于更加合理地确定侵权人的损失、震慑潜在的侵权者具有重要的作用。

### （一）裁量性赔偿的含义

《著作权法》第四十九条规定：侵犯著作权或者与著作权有关的权利的，侵权人应当按照权利人的实际损失给予赔偿；实际损失难以计算的，可以按照侵权人的违法所得给予赔偿。赔偿数额还应当包括权利人为制止侵权行为所支付的合理开支。权利人的实际损失或者侵权人的违法所得不能确定的，由人民法院根据侵权行为的情节，判决给予五十万元以下的赔偿。可见法律规定的损失计算方式为权利人损失、侵权人获益和法定赔偿，其并没有对本案所采用的“裁量性赔偿”计算方法进行规定。此处所称的裁量性赔偿，是基于司法实践经验而总结出的损失计算方法，指“在计算赔偿所需的部分数据确有证据支持的情况下，人民法院根据案情运用裁量权，确定计算赔偿所需要的其他数据，从而确定公平合理的赔偿数额”。[①] 北京市高级人民法院在2018年4月26日发布实施的《侵害著作权案件审理指南》中，也对裁量性赔偿计算方法予以确认。其在8.4条规定：“确定赔偿时，应当遵循权利人实际损失、侵权人违法所得、法定赔偿的顺序。无法精确计算权利人实际损失或者侵权人的违法所得时，可以根据在案证据裁量确定赔偿数额，该数额可以高于法定赔偿数额。无法精确计算权利人实际损失或侵权人的违法所得，也无合理方法裁量确定赔偿数额的，应当适用法定赔偿确定数额”。并在8.8条规定了运用裁量性赔偿应当考虑的因素。由此可见，裁量性赔偿是推算权利人实际损失或侵权人违法所得的计算方法，并非司法实践中另行创设的损害赔偿计算方式。由于知识产权的无形性，在侵权行为发生后，权利人很难举证证明侵权行为给自己带来的确切损失，有时即使权利人举出损失减少的证据，受制于因果关系的证明难度，也很难得出权利人利益的减损是侵权行为所导致的必然结果，因此司法实践中极少有成功援用权利人损失来确定损失赔偿数额的案例。而受侵权人财务管理混乱、侵权产品售价低廉、侵权行为具有隐蔽性等现实因素的制约，权利人取得反映侵权获利的证据十分困难，因此运用侵权获益来确定侵权损害赔偿数额的案例也不多见，司法实践中的现实状况是，法定赔偿的适用比例畸高，在很多情况下，权利人的损失不能得到充分补偿。中南财经政法大学知识产权研究中心对2008~2013年间全国各级法院审理的4768件知识产权侵权案例的统计显示，在著作权、专利权和商标权领域，采用法定赔偿的比例分别占到了

① 见2013年10月22日最高法院召开的“人民法院加大知识产权司法保护力度的有关情况新闻发布会”的具体内容。

78.54%、97.25%和97.63%。[①] 甚至很多权利人在诉讼请求中即直接提出适用法定赔偿来确定损失赔偿数额。但法定赔偿一般都有最高额限制，如著作权法中规定的50万元上限，且依法定赔偿确定数额的过程往往缺乏对损失计算依据的说明，其更多依赖法官的自由裁量权，由此也导致了类似案件不同法院依法定赔偿确定的数额之间有较大的差异，不利于司法裁判的稳定性和统一性的实现。在有的情况下，根据当事人的举证，虽然不能准确计算出权利人的实际损失或侵权人获益，但可以依据现有证据确定据以推算二者之一所需的部分数据，为了实现对权利人损失的充分弥补、损失计算的科学性和裁判的公平性，司法实践中逐渐探索出了利用裁量性赔偿计算损失的方法，其不是在《著作权法》规定的三种损失计算方式之外创设的第四种计算方式，而是确定实际损失和侵权获益的变通方法。北京市高级人民法院发布的《侵害著作权案件审理指南》中，也明确了在无法精确计算权利人损失或侵权获益时，可以根据在案证据对二者进行裁量确定。只有在既无法精确计算权利人损失也无法通过裁量性赔偿方法确定二者之一时，才可考虑适用法定赔偿确定赔偿数额。由此可见，裁量性赔偿只是计算实际损失或侵权获益的一种方法。

### （二）裁量性赔偿与法定赔偿的不同

裁量性赔偿不同于法定赔偿。法定赔偿虽然也依靠当事人对损失的举证，但在当事人举证不能而确实存在侵犯权利人著作财产权的行为的，法官依然可通过运用裁量权确定损害赔偿数额。而裁量性赔偿则是运用当事人提供的证明一部分损失的证据来推算出侵权行为给权利人造成的全部损失。其确定损失的基本方法是“部分确定 + 全部推算”，不要求当事人对全部损失或侵权获益进行证明。裁量性赔偿更加依赖当事人的举证，无论是实际损失还是侵权获益的推算，都以当事人举证证明的部分计算数据为基础。因此在

---

① 见中南财经政法大学知识产权研究中心的《知识产权侵权损害赔偿案例实证研究报告》，载《国家知识产权战略实施研究基地2012年度研究成果汇编（中南财经政法大学分册）》。

不能精确计算实际损失或侵权获益的情况下，运用裁量性赔偿，可以在当事人举出的部分计算数据的基础上，确定全部实际损失或侵权获益，增强赔偿数额的确定对证据的依赖，提高赔偿数额确定的合理性。再者就是法定赔偿50万元的最高额限定，导致了依此酌情确定的赔偿数额在面对侵权行为给权利人造成的损失高于50万元时存在救济不力的情况，但裁量性赔偿不受法定赔偿最高额的限制，因此更能充分弥补权利人的损失。由于对证据的依赖程度不同，相应地，裁量性赔偿与法定赔偿相比，对法官自由裁量权的限制也就更大，不同法院在类似案件中运用裁量性赔偿确定的赔偿数额差距就不至于过大。裁量性赔偿能够减小裁判尺度不统一带来的司法不确定性以及在一定程度上解决法定赔偿最高限额对赔偿数额的限制问题。司法实践中为了解决上述问题，也出台过一些意见，如《关于当前经济形势下知识产权审判服务大局若干问题的意见》中提到，①“对于难以证明侵权受损或侵权获利的具体数额，但有证据证明前述数额明显超过法定赔偿最高限额的，应当综合全案的证据情况，在法定最高限额以上合理确定赔偿额”。

### （三）司法实践中对裁量性赔偿方法的运用

在商标和专利侵权案件中，也有在不能证明侵权行为给权利人造成的确切损失或侵权获益，而根据现有证据又可以推断出权利人的损失超过法定赔偿最高限额的情况下，运用裁量性赔偿方法确定赔偿数额的案例。如在“宝马股份公司诉广州世纪宝驰服饰实业有限公司侵害商标权及不正当竞争纠纷案”中，法院就认为，宝马公司提交的证据足以证明世纪宝驰公司侵权主观恶意明显、侵权时间长、范围广、获利巨大，远远超过人民币200万元，因此全额支持了宝马公司200万元的赔偿诉讼请求。② 在“珠海格力电器股份有限公司诉广东美的制冷设备有限公司等侵害发明专利权纠纷案”中，法院认为，在美的公司生产的四种型号的产品均侵犯格力公司专利权的

① 法发〔2009〕23号。

② 见北京市高级人民法院（2012）高民终字第918号民事判决书。

情况下，其仅提供了一种型号产品的销售利润为47.7万元，在一审法院释明后果的情况下，其拒不提供其他型号的相关数据，由此可以推定美的公司生产的其余三种型号的产品利润均不少于47.7万元，故综合该案全部证据确定美的公司应赔偿格力公司经济损失人民币200万元。① 从目前运用裁量性赔偿方法确定损害赔偿数额的案件来看，都是在根据现有证据可以证明给权利人带来的损失超过了法定赔偿的最高限额时，运用此方法来确定赔偿数额的。

结合北京市高级人民法院发布的《侵害著作权案件审理指南》第8.8条规定的通过裁量确定赔偿数额应当考虑的因素以及本案在运用裁量性赔偿方法确定赔偿数额时考虑的因素来看，适用裁量性赔偿确定赔偿数额时一般应考虑的因素有原告主张权利的作品的市场定价、作品类型、营利模式、销售情况以及行业的正常利润率，侵权商品的售价、销售数量、所在行业的正常利润率以及作品对商品售价的贡献率、侵权行为的持续时间、影响范围等。市场定价能够较为合理准确地反映出作品在一定时期内的价值，以此作为确定赔偿数额的参考具有科学性。确定作品市场定价可以参考作品的许可使用费等。上述因素均为对客观因素的考量，关于非客观因素是否需要纳入裁量性赔偿需要考虑的因素中，存在不同的观点，但应认为，裁量性赔偿并未完全摒弃自由裁量，当事人的主观状态、恶意程度会对赔偿数额的确定产生影响。② 在本案中，法院即认为暴风集团的行为属于明知故犯，主观恶意明显，并将此纳入确定赔偿数额时考虑的因素中。

适用裁量性损害赔偿方法确定赔偿数额的基础在于当事人提交了原告损失或被告获利的初步证据，及被告自我宣称的产品销售数量、销售利润等。③ 本案即明确了“……要善于运用根据具体证据酌定实际损失或侵权所

---

① 见广东省高级人民法院（2011）粤高法民三终字第326号民事判决书。

② 参见孙志峰《知识产权裁量性赔偿标准：既是机遇又是挑战》，知识产权那点事微信公众号文章，https://mp.weixin.qq.com/s/AEg89VppgoOVYQyKD7Aq1w，访问时间：2018年7月26日。

③ 王东勇：《裁量性损害赔偿制度在侵犯专利权纠纷案件中的运用》，《电子知识产权》2014年第6期。

得的裁量性赔偿方法，引导当事人对于损害赔偿问题积极举证，进一步提高损害赔偿计算的合理性”。[①] 对于适用裁量性赔偿的具体内容，本案也在判决书的说理部分进行了详细的阐述，即损害赔偿的计算依据是客观的市场价格，作品的市场价格是指涉案作品以涉案侵权方式合法使用的正常许可费。本案中，腾讯公司在取得独占信息网络传播权及转授权的权利后，没有许可他人使用，因此法院将腾讯公司获得许可所支付的许可费作为确定损失的依据。根据腾讯公司提交的证据，可以看出其已经实际履行许可合同的付款义务，取得的独占使用权的正常许可费为 750 万元一期，授权使用的期限为 3 年。暴风公司经营的网站影响力较大，能够产生较高的广告收益。且暴风公司在国家版权局公布包含涉案作品的重点影视作品预警名单以及腾讯公司逐期向其发送警示函的情况下，仍然在节目热播期间通过其经营的网站提供涉案作品，主观恶意明显。暴风公司的侵权行为发生在涉案综艺节目热播期间，使腾讯公司独家通过信息网络传播涉案综艺节目的目的落空，给腾讯公司造成的损失已高于法定的 50 万元上限。同时法院也通过本案明确了审查权利人正常许可费、侵权人违法所得的一般规则，以及酌情确定赔偿数额应当考虑的其他因素、对情节严重侵权的行为的处理和合理开支的范围以及审查合理开支的一般规则，对今后类案的处理具有重要意义。[②] 本案凸显了司法发挥能动性通过多种方式确定作品的市场定价，对于科学确定著作权侵权损害赔偿数额、保护权利人合法利益具有重要意义。

① 详见北京知识产权法院（2017）京 73 民终 1258 号民事判决书。

② 详见北京知识产权法院（2017）京 73 民终 1258 号民事判决书。

**B**.13

# 非法提供从互联网采集的影视作品：秦某等侵犯著作权案

丛立先　刘 乾*

## 一　典型意义

随着互联网技术的高速发展，能便捷地存储与复制作品、广泛而快速地传播作品的互联网一度成为侵权作品非法传播的重灾区，泛滥的网络盗版资源给相关权利人带来了极大损失，并严重影响了相关产业的正常市场秩序与社会公共利益，情节严重时需要刑法予以规制，关于盗版影视作品的著作权侵权犯罪是其中较为典型的一类。本案认定了向公众提供从互联网采集的侵权影视资源作品，并通过在网页上刊登广告信息获利的行为可能构成侵犯著作权罪；认定了信息网络传播权相关犯罪中提供服务器等技术帮助行为的性质；对侵犯著作权犯罪情节较为严重、持续时间长、违法数额大、社会影响严重的犯罪行为的量刑标准及是否能够适用缓刑等问题进行了认定。本案系国家版权局会同国家网信办、工信部、公安部共四部门联合开展的“剑网2017”专项行动中打击网络影视侵权盗版涉案金额最大的案件之一，其侦查过程复杂、判决内容较为明晰，且涉及网络链接行为等新问题，对于我国网络著作权犯罪的司法、执法领域都有重要的参考价值，所涉及的新问题也值得进一步研究和探讨。

---

* 丛立先，华东政法大学知识产权学院教授、博士生导师，教育部新世纪优秀人才，全国知识产权领军人才，国家知识产权专家库专家；刘乾，北京外国语大学法学硕士，西南政法大学法学学士，主要研究方向为知识产权法。

## 二　裁判要旨

以营利为目的，未经著作权人许可，向公众提供大量利用采集软件从互联网采集的侵权影视资源作品，并通过在网页上刊登广告信息获利的行为，情节严重的，构成侵犯著作权罪。

明知侵权人实施前述犯罪行为仍为其提供网络服务器用于架设相关网站、存储链接资源使用，并为该网站提供 CDN 加速服务的，构成帮助犯。

对于犯罪情节较为严重且未退缴违法所得的侵犯著作权犯罪行为，依法不应当适用缓刑；持续时间较长、违法数额较大、社会影响较严重的侵犯著作权的犯罪行为，依法也不应当适用缓刑。对于被告的量刑需要综合考虑犯罪情节、社会危害性、在共同犯罪过程中的作用及认罪态度、悔罪表现等因素。

## 三　案情介绍

（2017）津 0104 刑初字第 410 号

本案被告为秦某、胡某两人。2014 年 6 月，被告秦某通过域名注册商注册了“jjvcd. com”域名，并通过其他软件搭建域名为 jjvcd. com 的“吉吉影院”网站，后更名为“开心影院”（域名为 kxvcd. com）。秦某在未取得网络文化经营许可证及影视作品著作权人许可的情况下，利用采集软件从互联网上采集影视资源并投放到“吉吉影院”网站上免费供他人点播观看，同时秦某另租赁服务器存储吉吉影院网站的构架、页面及采集软件等内容并保持 24 小时在线。为获取收益，秦某陆续与广州星众信息科技有限公司、百度联盟、阿里妈妈广告联盟、汇米广告联盟等四家广告公司达成合作协议，允许上述广告公司在其网站、网页上刊登各类广告信息并收取数额不等的费用。“吉吉影院”网站共有 67000 余部影视作品链接，其中涉及侵犯华视网聚（常州）文化传媒有限公司著作权的影视作品共计 576 部；截至

2016 年 11 月 30 日，秦某通过传播他人享有著作权的影视作品而直接获取的广告收入共计人民币 404077.16 元。

2015 年初，被告人胡某在明知“吉吉影院”网站未经备案、该网站链接的影视作品未经著作权人许可的情况下，仍将设置在浙江省温州市的服务器出租给秦某用于架设“吉吉影院”网站、存储链接资源使用，并为该网站提供 CDN 加速服务。

被害人华视网聚（常州）文化传媒有限公司向公安机关报案。经侦查，公安机关将秦某、胡某抓获归案，并分别从秦某、胡某处扣押了一系列涉案工具。归案后，被告人秦某、胡某如实供述了犯罪事实，并与华视网聚（常州）文化传媒有限公司就赔偿问题自行达成和解，并取得被害人谅解。

## 四　裁判理由

法院认为，被告人秦某以营利为目的，未经著作权人许可，复制发行著作权人的电影、电视作品，其行为依法构成侵犯著作权罪，其违法所得数额巨大，应判处三年以上七年以下有期徒刑，并处罚金；被告人胡某明知被告人秦某实施侵犯著作权犯罪，而为其提供网络存储空间等服务，属共犯，亦应以侵犯著作权罪追究刑事责任。

在量刑上，被告人秦某在共同犯罪过程中起主要作用，属主犯；被告人胡某在共同犯罪过程中起次要作用，属从犯，对于从犯依法应当从轻、减轻处罚或者免除处罚。被告人秦某、胡某在归案后均能如实供述犯罪事实，依法可以从轻处罚；二名被告人积极主动赔偿著作权人的经济损失并取得谅解，亦可以从轻处罚。

关于是否适用缓刑的问题，法院认为被告人秦某虽具有从轻处罚的量刑情节，但其犯罪情节较为严重且未退缴违法所得，依法不应对其适用缓刑；而被告人胡某为被告人秦某提供服务器时间较长、存储影视链接数量巨大，其行为社会危害性较大，也不宜对其适用缓刑。

综合考虑犯罪情节、社会危害性、在共同犯罪过程中的作用及认罪态度、悔罪表现等因素，法院依法对被告人秦某予以从轻处罚，对被告人胡某予以减轻处罚。最终，法院依照《中华人民共和国刑法》第二百一十七条第（一）项、第六十四条、第二十五条第一款、第二十七条、第六十七条第三款、第五十二条、第五十三条、第四十七条及《最高人民法院、最高人民检察院关于办理侵犯知识产权刑事案件具体应用法律若干问题的解释》第五条第二款、第十一条、第十六条，《最高人民法院、最高人民检察院关于办理侵犯知识产权刑事案件具体应用法律若干问题的解释（二）》第三条、第四条，《最高人民法院关于适用的解释》第三百六十五条第二款的规定，法院判决如下：第一，被告人秦某犯侵犯著作权罪，判处有期徒刑三年六个月，并处罚金人民币四十万元。第二，被告人胡某犯侵犯著作权罪，判处有期徒刑一年，并处罚金人民币二万元。第三，追缴被告人秦某的违法所得人民币四十万四千零七十七元，涉案扣押物品由公安机关依法处理。

## 五　案件分析

### （一）本案定罪问题

本案所涉及的犯罪行为系《中华人民共和国刑法》第二百一十七条侵犯著作权罪的第（一）款的内容，该罪在客观阶层上的要求涵盖了未经著作权人许可，复制发行其文字作品、音乐、电影、电视、录像作品、计算机软件及其他作品，且违法所得数额较大或有其他严重情节的犯罪行为；在主观阶层上要求行为人需以营利为目的，故意实施犯罪。

在犯罪行为问题上，本案中，被告人秦某进行了如下涉及著作权侵权犯罪的行为：第一，通过采集软件从互联网采集未经著作权人许可进行传播的影视资源并存储于其服务器上，涉及对于著作权人复制权的侵犯，但本行为与其后续行为存在关联关系，且无独立的使用目的，系为实施后行为而为之，应为后行为所吸收。第二，在未取得网络文化经营许可证及影视作品著作权人许可的情况下，将其采集并存储于其服务器的影视资源，通过“吉吉影院”网站免费供他人点播观看，并采取一系列措施维持该网站的运营，因而使得公众可以在其个人选定的时间和地点获得作品，构成对我国《著作权法》中信息网络传播权的侵犯。第三，通过加框链接的形式，在用户无须进行网页跳转的情况下，即可通过其网页上的视频播放窗口观看存储于第三方网站服务器上的盗版影视资源。第四，允许百度广告联盟、创速网络传媒等公司在其网站发布各类广告，从中牟取广告收益，该行为属于以刊登收费广告等方式直接或间接收取费用的情形，[①] 满足侵犯著作权罪中的“以营利为目的”的条件。第五，依据本案审理查明的情况，本案涉案金额已远超二十五万元，[②] 属于“违法所得巨大”。被告人胡某则在明知“吉吉影院”网站未经备案、该网站链接的影视作品未经著作权人许可的情况下，仍将设置在浙江省温州市的服务器出租给秦某用于架设“吉吉影院”网站、存储链接资源使用，并为该网站提供 CDN 加速服务，构成帮助侵权。

实际上，本案涉及两类行为：一是对于被告人秦某提供从网络上非法采集并存储于其服务器的盗版视频资源的行为，该行为构成对于《著作权法》中规定的复制权与信息网络传播权的直接侵犯。二是被告人秦某通过加框链接的形式，使得用户在无须进行网页跳转的情况下，即可通过其网页上的视频播放窗口观看存储于第三方网站服务器上的盗版影视资源的行为，该行为是否满足侵犯著作权罪的构成要件在本案判决中尚未作出明确认定。但无论考察何种行为，其基础都在于对该条款中“复制发行”要件的界定。

1. 司法实务对“复制发行”的态度

著作财产权主要包括复制权、演绎权和传播权三类权利，[③] 我国规定的侵犯著作权罪中所要求的“复制”与“发行”分别属于复制权类与传播权类。根据最高人民法院、最高人民检察院《关于办理侵犯知识产权刑事案

① 《最高人民法院、最高人民检察院关于办理侵犯知识产权刑事案件具体应用法律若干问题的解释》第十一条第一款。

② 《最高人民法院、最高人民检察院关于办理侵犯知识产权刑事案件具体应用法律若干问题的解释》第五条第二款。

③ 郑成思：《版权法》，社会科学文献出版社，2016。

件具体应用法律若干问题的解释》（本文简称《解释（一）》），通过信息网络向公众传播他人文字作品、音乐、电影、电视、录像作品、计算机软件及其他作品的行为，应当视为刑法第二百一十七条规定的“复制发行”。[①] 以此为起点，从后续出台的不同的法律文件来看，最高人民法院和最高人民检察院对于“通过信息网络传播”和“复制发行”持以下态度。

第一，最高人民法院和最高人民检察院认为，“发行”应作广义理解，不仅包括我国《著作权法》中规定的发行权所控制的行为（即以出售或者赠与等转移作品有形载体的方式向公众提供作品的原件或者复制件的行为），还包括任何通过信息网络对作品进行传播的行为，即至少在信息网络环境下“发行”的含义应当被扩展至包括“向公众传播”的行为，即信息网络传播权所控制的行为。此后，最高人民法院、最高人民检察院、公安部在此后出台的《关于办理侵犯知识产权刑事案件适用法律若干问题的意见》（本文简称《意见》）中又对“发行”的范畴予以认定，指出“发行”包括总发行、批发、零售、通过信息网络传播以及出租、展销等活动，这更加扩大了“发行”一词的外延范围，似乎将其扩张至所有传播权类的行为。

第二，最高人民法院和最高人民检察院认为，传播权下的发行行为和信息网络传播行为都足以单独构成本罪所要求的“复制发行”，而不需要同时存在复制行为与发行行为。结合最高人民法院、最高人民检察院《关于办理侵犯知识产权刑事案件具体应用法律若干问题的解释（二）》（本文简称《解释（二）》）第二条第一款“刑法第二百一十七条侵犯著作权罪中的‘复制发行’，包括复制、发行或者既复制又发行的行为”。可以看出我国最高人民法院与最高人民检察院认为“复制发行”应当包括复制、发行和复制且发行三种情形，因此单纯的发行行为即可构成该条所要求的“复制发行”。在此情形下，无论是否考虑《意见》的明文规定，由于销售行为本就

① 《最高人民法院、最高人民检察院关于办理侵犯知识产权刑事案件具体应用法律若干问题的解释》第十一条第三款。

属于著作权法上的发行权所控制的行为，[①] 若按照现行司法解释的规定，单纯的“发行”即可构成本罪中“复制发行”，那么销售侵犯版权的复制品的行为似乎仍然应受到第217条侵犯著作权罪的规制，《刑法》第218条似乎因此被架空。

综合而言，至少对于信息网络领域的侵犯著作权犯罪行为，我国司法实务认可满足“向公众传播”即可构成该罪名客观阶层所要求的“复制发行”，其中对信息网络传播权的认可来源于两高作出的《解释（一）》和《解释（二）》，而对其他向公众传播相关权利的认可来源于《解释（二）》和《意见》。

2. 从学理角度分析“复制发行”

第一，从《刑法》第218条的设置可以看出，从立法时的原意来看，《刑法》第217条中的“复制发行”不包括单纯的传播行为。虽然复制、发行及复制且发行三类行为都构成对于著作权的侵权，也符合著作权刑事保护所要保护的法益，但将《刑法》第217条中的“复制发行”解释为包括单纯的销售将与《刑法》第218条产生冲突，这是因为两罪其实在功能上存在实质性的区分。从立法功能而言，两罪区分的实益在于罪数问题：若销售因自身侵犯著作权的行为产生的复制品，属于实施刑法第217条“复制发行”行为的事后不可罚行为，整体构成一罪；而第218条规定的是单纯的销售侵权复制品的情形，此时销售行为独立于产生该侵权复制品的“复制发行”行为，无论该侵权复制品来源为何。因此，第218条的“销售”行为发生于“发行”之后，第217条“发行”包含的“销售”形式乃是“发行”本身。[②] 举例而言，私自印刷盗版图书并进行售卖的行为，在满足其他要件时应当整体属于《刑法》第217条中的“复制发行”；而书店批发来自其他印刷厂商印制的盗版图书并进行销售的行为，在满足其他要件时应当构

① 王迁：《论著作权法中“发行”行为的界定——兼评“全球首宗BT刑事犯罪案”》，《华东政法大学学报》2006年第3期。

② 张远煌、余耗：《论刑法中“销售”与“复制发行”之关系》，《中国刑事法杂志》2011年第6期。

成《刑法》第218条的销售侵权复制品罪。这样看来，《刑法》第217条中的“复制发行”并不应当包括单纯的销售行为。因此，“销售”的数额、销售行为的类型（批发还是零售）等也都不应当影响二者间此罪与彼罪的区分，而应当在涉案行为性质已经被明确的前提下，作为情节犯中的犯罪情节要件予以考虑，以判断被告人的行为是否达到入罪的程度。

因此，《刑法》第217条和《刑法》第218条从立法目的上存在区分。单纯传播侵权作品的行为的可苛责程度本就低于直接产生侵权作品的行为，而且并非所有传播侵权作品的行为都应当受到刑法规制，因此在以传统出版行业为主的时期，《刑法》单列出第218条，对单纯销售侵权物品、达到数额巨大而非《刑法》第217条中的数额较大的程度的行为进行刑事制裁。因此，若如《意见》一样过度扩张侵犯著作权罪所涉的范围，将出租、展销等非信息网络环境下对于作品的单纯传播行为都归入“复制发行”内容中则不一定合适。因为这些传播行为在立法时已经存在，既然《刑法》第218条未将其囊括其中，那么通过司法解释和意见将其归入入罪要求更低的《刑法》第217条，不仅在刑法法理上缺乏支持，有可能违背罪刑法定原则和刑法谦抑性，从保护法益的角度而言也无法进行合理解释，因为并非所有对于作品的利用行为都足以达到需要刑法予以规制的程度。

第二，问题在于互联网环境下侵犯信息网络传播权的行为的出现，打破了传统层面上这两罪区分的合理性。因为虽然信息网络传播权仅仅属于传播行为，并未独立产生侵权物品，但由于互联网传播的广泛性、便捷性，其行为后果完全有可能严重于非信息网络环境下带有发行目的的复制或是复制且发行作品，这使得《刑法》第217条和《刑法》第218条进行区分的基础被彻底打破。由于立法的滞后性，司法实务界不得不首先对这一现状作出反应：首先，这产生了《解释（一）》，它直接将信息网络传播行为视作《刑法》第217条中的“复制发行”，使得刑法能够规制这一行为；其次，由于信息网络传播行为仅涉及传播权，为了使《解释（一）》更具合理性，《解释（二）》将单纯发行行为也纳入《刑法》第217条的规制下，架空了《刑法》第218条，也从侧面反映出《刑法》第218条随着信息网络的普及已经无法完成其最初的功能，但这间接扩大了刑法对于非信息网络环境下的传播行为的制裁范围；随后，在此基础上产生了对“发行”作出更宽泛解释的《意见》，更加使得《刑法》第217条的范围过于扩张。因此，由于《刑法》第217条和《刑法》第218条功能上的区分，“复制发行”起码不应扩张至信息网络传播以外的传播权相关内容，《解释（二）》与《意见》有关信息网络传播以外的单独传播行为构成“复制发行”的扩张存在一定的争议性。

第三，《刑法》第217条中的“复制发行”应当解释为包括三类行为：复制且发行、带有发行目的的复制、信息网络传播行为。这应当是《解释（一）》和《解释（二）》的实际目的。①

一方面，若仅仅将“复制发行”解释为“复制且发行”，实务中大量已经完成侵权复制品制作但因被执法机关发现而暂未对其进行销售的侵权人便尚未构成实行犯，难以受到刑法的合理制裁，这无疑与侵犯著作权罪的立法初衷不符。而且从另一个角度而言，对于刑法中的“复制”应当从著作权刑事制度所要保护法益角度作出合理解释，因为著作权刑事制度所要保护的法益与著作权民事制度所要保护的权利并不完全等同，其针对的行为应当严重到一定程度，且行为后果需要对社会公共利益造成严重损害，才应当以刑事制度予以规制。因此，应当将“复制”理解为带有发行目的的复制，这是对“复制发行”从文义与立法目的上的理解，从文义上看复制是发行的手段，发行是复制的结果，而从立法目的上看复制行为必须与将侵权制品分散的行为相结合才具有社会危害性，因而才具备刑事可罚性。② 因此，带有发行目的的复制行为在满足其他要件时可能直接构成侵犯著作权罪，这在《解释（二）》中得以确认，属于从立法目的的角度对《刑法》条文进行扩张解释，是比较合理的。

另一方面，将“复制发行”解释为包括信息网络传播权，虽然在刑法

① 王迁：《论著作权意义上的“发行”——兼评两高对〈刑法〉“复制发行”的两次司法解释》，《知识产权》2008年第1期。

② 侯艳芳、何亚军：《侵犯著作权罪界限划定疑难问题探析》，《法学杂志》2008年第6期。

法理上存在缺陷，但从解决实际问题的角度而言是妥当的。根据前文所述，《刑法》第217条和《刑法》第218条从立法目的上的区分，导致《刑法》第217条不应当规制单纯的传播行为，作为传播权控制的信息网络传播行为依据现行《刑法》的文义解释无法落入其中任何一条罪名的范畴中。但大量以数据形式存在的作品通过信息网络在不转移其载体所有权的情况下进行复制和传播，不仅达到了与传统情形下传播作品有形载体相类似的客观效果，而且这种脱离有形载体束缚的传播形式会使对作品的复制和传播都变得更加便捷和广泛，对著作权人的私权和社会公共秩序造成更大的危害。

因此，若要在《刑法》条文未进行修改的前提下规制这类行为，只能以保护法益为指导，考虑行为的违法性与有责性是否达到值得科处刑罚的程度，在遵循罪刑法定原则的前提下做出扩大解释，以实现处罚的妥当性。[①]对以信息网络传播行为的形式侵犯著作权的行为应当给予刑法规制，这也是《解释（一）》与《意见》所展现的最高人民法院、最高人民检察院以及公安部等司法实务部门的态度。因此，《解释（一）》中将"通过信息网络向公众传播他人作品"视为"复制发行"的处理方式正是较为折中的妥协。而且，"视为"一词也暗含了司法机关也认可"信息网络传播行为"实际上不能被直接归入《刑法》第217条的"复制发行"要件的意思。不得不承认，这样的扩张是符合著作权保护体系的内在结构以及当今社会实际需求的。

但是，需要对侵犯信息网络传播权的行为进行刑法规制是一种应然状态，不代表立法中已经存在实然的手段。由于发行权与信息网络传播权存在实质性区别，受到刑法的谦抑性与罪刑法定原则的约束，以发布司法解释而非立法的方式作出侵犯信息网络传播权的行为也可能构成侵犯著作权罪的认定，在法理上是值得质疑的。而且，直接将侵犯信息网络传播权的行为解释为《刑法》第218条所规制的行为，也会使得有关犯罪情节的事实认定难以操作，例如对"复制件数量"的认定[②]等，因此在立法体系上仍旧存在许

① 张明楷：《实质解释论的再提倡》，《中国法学》2010年第4期。

② 王迁：《论著作权意义上的"发行"——兼评两高对〈刑法〉"复制发行"的两次司法解释》，《知识产权》2008年第1期。

多细微的矛盾。虽然也有观点认为只需其受众可以通过取得复制件无限期地自主享受作品内容即可构成“发行”，无碍于是否转让有形载体，国外司法实践也有先例，[①] 但这似乎会影响我国《著作权法》对于信息网络传播权与发行权的区分，在此暂不讨论。就目前的个案判决来看，法院在此现状下适用《解释（一）》认定侵犯信息网络传播权的行为也可能构成侵犯著作权罪，是较为合理的处理方式。

总而言之，要真正解决信息时代下《刑法》对于侵犯著作权罪的规制范围，应当在立法层面上重新进行考量：若要使《刑法》第 217 条可以规制单纯传播行为，则应当删去《刑法》第 218 条，但这会从行为类型和情节程度两方面降低非信息网络下的传播行为的入罪门槛；若要保持著作权刑法保护对于非信息网络环境下单纯传播行为的可责性低于带有复制目的的发行和复制且发行的行为这一最初的态度，就应当依据信息网络传播行为虽作为传播权却反而可能产生更大损害的特点，增设规制信息网络传播行为的著作权刑事条款。

3. 本案具体案情

具体到本案，在肯认信息网络传播行为构成“复制发行”的前提下，无论对刑法中“侵犯著作权罪”所要求的“复制发行”是否需要“复制”与“发行”行为同时存在采何种理解，被告人秦某提供从网络上非法采集并存储于其服务器的盗版视频资源的行为都应当满足该罪名下犯罪行为的相关构成要件。在此前提下，被告人胡某为被告人秦某的犯罪行为提供了实际的帮助，依法构成帮助犯。

而对于加框链接问题是否构成对第三方网站存储的视频的传播，我国目前尚存争议，[②] 但结合欧盟法院的“GS Media”[③] 案等判决以及对学理的分析，目前对于加框链接至第三方网站的盗版视频内容侵犯受版权法保护作品

① 何怀文：《网络环境下的发行权》，《浙江大学学报》（人文社会科学版）2013 年第 9 期。

② 崔国斌：《加框链接的著作权法规制》，《政治与法律》2014 年第 5 期；范长军：《加框链接直接侵权判断的“新公众标准”》，《法学》2018 年第 2 期等。

③ GS Media BV v Sanoma Media Netherlands BV and Others ，Case C－160/15.

信息网络传播权的观点已基本统一，[①] 只是在加框链接者构成直接侵权还是间接侵权上存在较大争议。[②] 而刑法学界主流观点认为，这种深度链接行为扩大了侵权产品的传播范围，宜认定为侵犯著作权罪的正犯行为。[③]

综合而言，本案对被告人秦某提供从网络上非法采集并存储于其服务器的盗版视频资源的行为做出了正确的判断；但并未对其通过加框链接的形式，使得用户在无须进行网页跳转的情况下，即可通过其网页上的视频播放窗口观看存储于第三方网站服务器上的盗版影视资源的行为作出认定。虽然在本案中并不影响定罪，但对后行为的定性应当会影响对两名被告的量刑，对类案也具有较为重要的意义，存在一定的瑕疵。

### （二）本案量刑问题

在量刑问题上，第一，本案两被告在被公安机关抓获后，均如实供述了前述犯罪事实。在《刑法修正案（八)》出台后，坦白属于法定的从宽处罚情节，依据《中华人民共和国刑法》第 67 条第三款，“犯罪嫌疑人虽不具有前两款规定的自首情节，但是如实供述自己罪行的，可以从轻处罚；因其如实供述自己罪行，避免特别严重后果发生的，可以减轻处罚”。

第二，本案中，被告人秦某与胡某构成共同犯罪，被告人秦某系实行犯、主犯，被告人胡某系帮助犯、从犯，在量刑上应当依据《中华人民共和国刑法》第 26 条和第 27 条分别判断，对主犯应当按照其所参与的或组织、指挥的全部犯罪处罚；对从犯应当从轻、减轻处罚或者免除处罚。

第三，本案中两名被告人积极赔偿被害人的损失，并取得了被害人的谅解，在综合考虑从犯罪性质、赔偿数额、赔偿能力以及认罪、悔罪等情况

---

① 但关于加框链接至第三方网站的合法内容是否构成侵权存在较大争议，这一问题的争议点与链接至盗版内容的加框链接者构成直接侵权还是间接侵权是相同的，即加框链接行为是否构成向公众传播行为。

② 王迁：《论提供“深层链接”行为的法律定性及其规制》，《法学》2016 年第 10 期；芮松艳：《深层链接行为直接侵权的认定》，《中国专利与商标》2009 年第 4 期。

③ 张明楷：《刑法学》（第五版），法律出版社，2016，第 825 页。

后，可以减少基准刑的40%以下。[①]

第四，虽然本案被告存在一些从轻、减轻处罚情节，但由于被告人秦某犯罪情节较为严重且未退缴违法所得，而被告人胡某为被告人秦某提供服务器时间较长、存储影视链接数量巨大，其行为社会危害性较大，因此两人都不满足《中华人民共和国刑法》第七十二条所规定的缓刑适用条件。

综合而言，法院对三名被告的量刑及可否使用缓刑的认定基本合理。

综上所述，在现有的著作权刑事司法体系下，该案有关被告人提供从网络上非法采集并存储于其服务器的盗版视频资源的行为做出了正确合理的判断，对两名被告的刑罚适用也较为合理。该案从立案到法院判决历时近两年，侵权数额巨大、社会影响严重，且体现出了对于互联网环境下侵犯著作权犯罪进行侦查的困难，是我国2017年在治理网络盗版、维持网络版权秩序领域颇具代表性的重要案件，达到了“剑网2017”影视作品版权专项整治所追求的效果，具有典型意义。

① 参见《最高人民法院关于常见犯罪的量刑指导意见》第九条。

# B.14

# 版权侵权犯罪中的威慑性判决：英国 Regina 诉 Wayne Evans 侵犯版权案

丛立先　刘 乾*

## 一　典型意义

随着互联网技术的不断发展，通过互联网对作品进行复制和传播已经十分容易，而且这类版权侵权行为涉及的侵权作品数量、传播侵权作品的范围等都较为庞大，其中许多情节严重的已触犯刑法。面对互联网领域中的大范围版权侵权，司法机关如何进行有效的治理着实是一个难题。本案被告通过其网站向公众提供下载盗版音乐种子文件的链接，并指示用户通过种子文件下载来自第三方网站的盗版音乐资源，在收到许多权利人作出的“停止并终止”通知后仍持续前述行为。本案认定通过网站提供能够链接至第三方网站并下载盗版音乐的种子文件，属于传播侵犯版权的复制品的行为，情节严重时应当构成犯罪；认定即便侵权人实施侵权行为并非出于盈利目的，但其行为对相关的版权所有者和表演者造成了实际损失，并且除了可以被识别和量化的金钱损失外，这种行为会对相关产业的发展和其盈利能力产生更为广泛的负面影响，追查这类违法行为相对困难；肯定了在特殊情况下针对侵犯版权罪进行威慑性判决的合理性和重要性；并结合本案相关事实，对信息网络环境下的版权侵权犯罪的量刑因素进行总结和分析，共提出了七项可供

* 丛立先，华东政法大学知识产权学院教授、博士生导师，教育部新世纪优秀人才，全国知识产权领军人才，国家知识产权专家库专家；刘乾，北京外国语大学法学硕士，西南政法大学法学学士，主要研究方向为知识产权法。

参考的量刑标准。本案为英国司法实务处理相类似案件的量刑问题提供了重要的示例和思路，亦对我国司法实务中与信息网络传播相关的版权刑事案件的量刑问题有一定参考价值。

## 二 裁判要旨

通过网站提供能够链接至第三方网站并下载盗版音乐的种子文件，属于传播侵犯版权的复制品的行为，情节严重时应当构成犯罪。可以结合公众经由受版权人许可的合法途径下载作品所应当支付的报酬与盗版作品被下载的次数等因素确定侵权行为给版权人造成的损失。

非法下载和传播往往很难调查和发现。它可能会给音乐和娱乐行业带来严重的问题和损失，这种损失尽管难以量化，但是实际存在的。因此在特殊的情况下，针对信息网络环境下严重侵犯版权的犯罪行为进行威慑性判决是合理且重要的。

通过互联网进行的版权侵权犯罪中，法院在量刑上应当保持灵活性的立场，使判决结果符合特定罪行和特定犯罪的具体情况，对于量刑而言有七条可以参照的标准，包括调查难度与对行业造成的损失，非法活动持续时间，被告因非法活动所获利益，版权人因侵权行为遭受的损失和对相关行业的负面影响，参考有关欺诈、贿赂和洗钱罪的量刑指南，个人减灾、协助公权力或承认罪行等行为，判决即时监禁的适当性等参考因素。

## 三 案情介绍

［2017］EWCA Crim 139，14 February 2017

本案原告“Regina”指代英国的女王，表示国家的公诉部门以女王的名义对被告提出公诉；本案上诉人、原审被告 Wayne Evans 是一名自然人。

在英国，通常而言，任何想在互联网上提供受版权法保护的音乐作品的发行、流媒体服务或是下载服务的主体，都需要获得英国表演权利委员会

（Performing Right Society）的授权许可。Wayne Evans 是利物浦的一位 DJ 和网站运营商，他并未获得这样的许可。Evans 控制和经营着三个网站，这三个网站共享一个互联网协议地址，且他们是基于上诉人所注册的电子邮件账户所建立的。虽然这些网站本身并不存储受版权法保护的作品，但它通过运营该网站提供下载盗版音乐种子文件的链接，并指示用户通过种子文件下载来自第三方网站中的盗版音乐资源。上诉人运营的这些网站通过架设代理服务器等方式，使得用户可以轻易地访问互联网上的内容，并为访问这些内容的用户赋予一定程度的匿名性，或是绕过网络封锁访问一些可能被英国互联网服务提供商屏蔽的网站。

网站管理员（即上诉人）Wayne Evans 曾多次收到"停止并终止"的通知（cease and desist notices），它们对信息的接收者发出警告，指出如果接收者继续进行他的活动，他或将面临起诉。但上诉人仍旧继续他的前述行为。

在调查过程中，侦查机关采取了一些测试性的行为，以确定网站管理者的身份。2015 年 5 月 22 日，侦查机关进行了一次从上诉人的"www.deejayportal.com"网站购买无伴奏合唱音乐的测试，使得调查人员确认该网站具有超过 168000 名用户。2015 年 6 月 16 日和 2015 年 7 月 15 日的测试性采购中，调查人员发现网站明显做出了一些改进，包括制作了密码系统等，并获取了相关证据，证明上诉人每天都在维护其用来帮助用户下载种子文件的网站。调查显示，从 2014 年 1 月初到 2015 年 6 月底这大约 18 个月的时间中，一首阿卡贝拉（无伴奏合唱）的歌曲通过该网站被下载了 13.5 万次，此外，上诉人运营的其中一个网站专门给用户访问英国前 40 单曲排行榜上的歌曲，这些歌曲通过运营人的网站被下载了 523000 余次，每次有 40 首歌曲被同时下载。

在测试性购买结束后，侦查机关对使用的 IP 地址进行了进一步侦查，随后针对上诉人的家庭地址执行了一份搜查令。2015 年 9 月 3 日，警方在利物浦发现了上诉人实施前述行为的设备，没收了一台电脑及大量外部硬盘。经调查，自 2008 年 1 月起，其在许多社交网站上都表明了自己作为涉案网站管理员的身份，并将访问其社交网站的用户引导至其运营的前述网站中。不过，没有证据表明上诉人从这些活动中获利多少。其网站中有一个可供用户进行在线“捐赠”的设备，但表明发生过捐赠行为的证据非常有限。

在调查过程中，上诉人最初否认接收到任何“停止并终止”的通知，并坚称其当然认为其行为是合法的。但在侦查机关搜查其住宅时发现了一本日记，其中提到他曾收到过这样的通知。在随后的一次讯问中，上诉人才对此予以承认。同时，上诉人承认在自己网站上提供音乐种子文件的行为，但表示主要目的是将音乐在爱好者之间进行分享，并否认其对下载行为收费，表示自己只是利用用户捐款来支付服务器费用，因此否认具有盈利性目的。

本案涉及对被告的两类犯罪行为提出指控：第一，散播侵犯版权的复制品的行为，构成英国《1988 年版权、外观设计和专利法案》[①] 第 107（1）e 条中规定的有关向公众散播侵犯版权的复制品的罪名；第二，持有以欺诈为使用目的的物品，违反《欺诈罪法令》[②] 第 6（1）条款。最终，上诉人被原审法院判决数罪并罚，共判处 12 个月的监禁。本案在经过一审后，上诉人对罪名无异议，但认为量刑过重，且未充分考虑到其系初犯，且其动机不是获取经济利益，也几乎没有经济利益，因此上诉至英格兰和威尔士上诉法院（England and Wales Court of Appeal）。

## 四　裁判理由

首先，有关版权人所受的具体损害，法院主要从现有证据进行推算。法院指出，通过英国表演权利委员会许可的合法途径下载每首阿卡贝拉（无伴奏合唱）歌曲需要支付 5 便士，因此上诉人提供的超过 13 万次的下载行为至少将产生 6790 英镑的损害。同样，对于英国排名前 40 位的单曲排行榜相关内容，每次的下载量都是 40 首，每首至少价值 5 便士，这意味着上诉

① See *The Copyright, Designs and Patents Act 1988*（*c 48*）.

② See *The Fraud Act 2006*（*c 35*）.

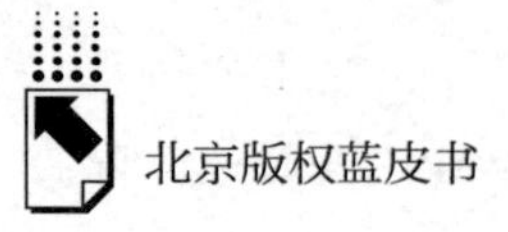


人的行为可能为英国表演权利委员会造成了超过1040000英镑的经济损失。但这两项数额是理论上的推算而非实际情况，因为这暗含了如果不是通过上诉人的网站下载，人们将都是从合法途径获得这些歌曲的假设，而且后一项中的40首歌曲并非每周都有变化。

其次，法院认为虽然上诉人的动机可能不是为自己牟利，但毫无疑问其行为对相关的版权所有者和表演者造成了实际损失。此外，除了可以被识别和量化的金钱损失外，法院认为这种行为会对音乐产业的发展和盈利能力产生更为广泛的有害影响，虽然难以量化，但这种损害是实际存在的。法院认为，正如美国早已在侵犯知识产权问题上所确立的制度一般，在保护为社会经济作出贡献的相关产业之意义上，进行威慑性判决是具有正当性的。

另一个重要的原因在于，追查和调查这类违法行为相当困难，而且上诉人自身曾具备缓解损害的可能性，但他的行为一直是持续的，即使在收到“停止并终止”的通知后上诉人仍然继续进行相关活动。他的涉案行为持续了很长时间，且为了达到其目的使用了精密的设备。

因此，上诉法院认为，原审法官在其量刑裁判过程中考虑到了所有相关问题，并充分考虑出了上诉人在减刑方面所能提出的抗辩和一切其他事项，对该案进行了正确的评价，因而维持原审的判决。

法院还表示，在这类犯罪中，法院在量刑上应当保持灵活性的立场，使判决结果符合特定罪行和特定犯罪的具体情况。因此，上诉法院提出，建议在这类涉及非法分销侵犯版权作品的案件中，可以考虑以下因素。

第一，非法下载和传播往往很难调查和发现。它可能会给音乐和娱乐行业带来严重的问题和损失（尽管难以量化，但是实际存在的）。在这种情况下，威慑性判决是适当的。

第二，始终与非法活动持续的时间长短（包括“停止并终止”通知送达后的任何延续）高度相关。

第三，始终与被告因非法活动而获得的利益相关。

第四，无论被告是否获得了丰厚的利益，都与被告的行为对版权人造成的可以精确计算的损失以及对音乐行业造成的更广泛的无法精确量化的影响相关。

第五，虽然对于侵犯版权的刑事犯罪并无任何量刑指南（Definitive Guideline），但在某些情况下，法官可以将有关欺诈、贿赂和洗钱罪的量刑指南作为权威参考。

第六，个人减轻犯罪行为的影响、对公权力的协助和承认罪行等都应当作为考量因素。

第七，在非法传播侵犯版权的物品的情况下，判决即时监禁可能是恰当的，除非该违法活动是非常业余的、轻微的或短暂的，或者存在特别强有力的减责事由或其他特殊情况。

## 五　案件分析

第一，本案涉及的与版权相关的刑事条款系英国《1988 年版权、外观设计和专利法案》第 107（1）（e）条。该条规定，任何人在未经版权所有者许可的情况下，在交易之外的其他过程中散播明知或有理由相信系侵犯受版权保护的作品的复制品，达到故意对版权人造成影响的程度，即构成犯罪。

本条针对的行为是对侵犯版权的物品的散播（distribute），其含义应当是指对于“向公众传播权”的侵犯。2003 年的《英国版权和相关权条例》（UK Copyright and Related Rights Regulations 2003）曾废除《1988 年版权、外观设计和专利法案》第 7 条的“有线传输服务”（Cable Programme Service），同时引入了“向公众传播权”（Right of Communication to he Public），[①] 与欧盟的相关立法进行了衔接。[②] 在本案中，法院判断提供能链接并下载第三方网站盗版音乐资源的行为构成对于该条款的侵犯，实质上在一定程度上扩张了

① 龙井瑢：《探析链接版权法律责任在欧盟和英国的新发展——兼评中国相关版权司法实践》，《法学杂志》2014 年第 12 期。

② See Directive 2001/ 29/ EC of the European Parliament and of the Council of 22 May 2001 on the Harmonization of Certain Aspects of Copyright and Related Rights in the Information Society, Official Journal of European Communities, 167/10, June 22, 2001. Hereafter cited as EU Copyright Directive.

“向公众传播权”的适用范围，因为原审被告并未将侵权复制品存储于自己的服务器上，但这样的扩张与欧盟法院的判决趋势相一致，[①] 且并非本案上诉判决所处理的争议内容所在，在此不展开讨论。

本案上诉判决的核心内容在于提出对原审被告所涉的版权犯罪的量刑标准，其重要意义主要体现在以下几个方面。

第一，在暂无针对版权犯罪的量刑指南的现状下，法院结合案件事实，通过整理现有规范和提出一些新标准，共总结出七项各有侧重的参考因素，为版权犯罪的量刑提供了重要参考。其中，第二条非法活动持续的时间，第三条被告因非法活动所得的利益，第六条对于个人减灾、协助公权力（立功）和承认罪行（自首或坦白）的认定，都与一般刑事案件的量刑标准类似，属于对现有规范的整理。若非法活动持续的时间较长，甚至如同本案中侵权人在收到“停止且终止”通知后仍持续进行侵权行为，可以认定侵权人具有主观故意和较大的主观恶意；被告因非法活动所得的利益能够体现侵犯版权犯罪行为的情节严重程度；个人在有条件的情况下是否主动减少其侵权行为造成的影响、是否协助公权力进行安检侦查、是否主动承认罪行或供述案件事实等也都是影响量刑程度的重要因素。

第二，在第四条参考因素中，法院认定无论被告是否获得丰厚利益，被告的行为对版权人造成的可以精确计算的损失以及对音乐行业造成的更广泛的无法精确量化的负面影响都应当被考察。一方面，这指出了知识产权本身在私权属性之外还涵盖对公共利益的保护；另一方面，更明确指出了侵犯版权罪这一知识产权刑事保护手段，应当承载一部分对于版权所涉的公共利益的保护功能。在本案中，版权刑事保护具体表现为对大量版权人共同提供保护，以及对于音乐行业的行业发展、市场秩序、盈利机制等公共利益的维护，这明确了侵犯版权罪所要保护的法益包括个人的版权及与版权相关的社会公共利益，体现了版权刑事保护的应有之义。在我国，侵犯知识产权罪均

---

① See Nils Svensson and Others v Retriever Sverige AB, Case C－466/12.; GS Media BV v Sanoma Media Netherlands BV and Others, Case C－160/15.; Stichting Brein v. Jack Frederik Wullems (Filmspeler), Case C－527/15, etc.

被规定于《中华人民共和国刑法》分则第三章“破坏社会主义市场经济秩序罪”下，这也表明我国同样认可侵犯知识产权罪应当是对个人的知识产权以及知识产权所涉及的市场经济秩序等公共利益进行的刑事规制。

第三，在第一条参考因素中，法院指出非法下载和传播往往很难调查和发现，并且它可能会给音乐和娱乐行业带来严重的问题和损失，因此对于知识产权犯罪适用威慑性判决是适当的。这其中暗含了对于刑事量刑的法经济学分析，即在量刑建议进一步完善的过程中，立法者期望在既定司法资源的制约下达到社会福利最大化，在制度供给过程中应最大程度形成威慑力，并最为有效地使用司法资源制定相关法律。① 首先，如果想要有效地减少社会的犯罪，威吓有犯罪意图的潜在犯罪者，就要使得实施犯罪的刑罚成本始终高于其犯罪收益；其次，刑罚成本由两部分组成，一是刑法规定的应然刑罚水平，即刑罚，二是犯罪在多大程度上得到追究，即受罚概率。② 具体就网络环境下的新型知识产权犯罪而言，正如法院所言，发现犯罪行为以及最终成功追究犯罪者刑事责任的整个过程，相较于其他类型的犯罪行为更为困难，因此这类版权犯罪行为的受罚概率较低，若要有效控制这类犯罪的发生率，就有必要提高刑罚的水平；同时，对于刑罚水平的合理认定也应当考虑到侵犯版权犯罪对于行业秩序等公共利益的保护功能。因此从两方面而言，在此类刑罚中适用威慑性判决应当是合理且有必要的。

第四，法院在第五条中提出可以参照其他犯罪的“量刑指南”中影响量刑的相关因素，并在第七条中依据对其他犯罪的“量刑指南”的分析，指出在非法传播侵犯版权的物品的情况下，判决即时监禁可能是恰当的，除非该违法活动是非常业余的、轻微的或短暂的，或者存在特别强有力的减责事由或其他特殊情况。这对法院今后裁判版权侵权刑事案件具有一定的参考价值，因为这类犯罪与侵犯版权类犯罪都同时涉及对侵害财产权和相关公共利益的刑法规制，在量刑的标准和思路上应当具有较高的一致性，在针对版

① 周晓唯、冯薇：《公正量刑的法经济学分析》，《制度经济学研究》2009 年第 4 期。

② 李川：《刑法基本原则的经济学分析：以刑事威慑为例》，《求索》2008 年第 5 期。

权侵权犯罪的“量刑指南”尚未出台前作为参照是较为合理的。

综上所述，本案认定通过网站提供能够链接至第三方网站并下载盗版音乐的种子文件，属于传播侵犯版权的复制品的犯罪行为，并指出在特殊的情况下，针对侵犯版权罪进行威慑性判决是合理且重要的，进而提出有关版权侵权犯罪的七条较为合理的量刑标准。本案整体认定较为准确，提出的量刑标准也具有合理性和可行性，能够指引司法实务合理对待版权侵权案件量刑问题上的诸多不确定因素。近年来，无论国内还是国外，版权侵权的刑事制裁问题都被提上了版权法改革的议事日程。本案明晰了版权刑事保护的制度目标、实际功能及实施方式，对于我国的著作权刑事司法亦有重要的参考价值。

# 附　　录

Appendices

# B.15
# 2017年北京版权业大事记

## 1月

**1日**　由中国版权协会承办的“2016中国版权十件大事”评选活动正式启动，此次评选邀请广大业界人士参与，就2016年度中国版权界的重大事件进行推荐。中国版权协会将在汇总各方推荐和专家论证的基础上，最终评选出“2016中国版权十件大事”并向全社会公布。

**3日**　因认为“暴风影音”未经允许网络实时直播“2015年中央电视台春节联欢晚会”，原告央视国际网络有限公司以侵害作品信息网络传播权纠纷为由诉至法院，请求判令被告暴风集团股份有限公司停止侵害、赔偿损失。海淀法院受理了此案。

**18日**　由中国版权保护中心、国家新闻出版广电总局发展研究中心等共同主办的“中国微电影微视频版权大会”在北京举行，微电影、微视频区块链版权（交易）服务平台在会上正式发布上线，标志着未来微电影、微视频的创作者可由点击量来获取版权收益。

**20 日** 按照《国家版权局办公厅关于进一步加强互联网传播作品版权监管工作的意见》及国家版权局版权重点监管工作计划，根据相关网站上报的获得作品授权情况，国家版权局 1 月 20 日公布了 2017 年度第一批重点作品版权保护预警名单。

**25 日** 国家版权局正式公布《版权工作“十三五”规划》。规划回顾了“十二五”时期全国版权工作取得的成绩，分析了当前面临的形势，明确了“十三五”版权工作的发展目标和重点任务，对全国版权工作进行了全面部署。

## 2月

**15 日** 北京市文化市场行政执法总队召开新闻发布会，对外通报 2016 年度北京市文化市场“扫黄打非”十大案件，据悉这也是首次发布十大案件。十大案件包括“8・8”全国查处侵权盗版少儿出版物数量最大、码洋最高的案件，北京“5・24”特大制作销售假新闻记者证团伙案。

**22 日** 由中国版权保护中心主办的以“尊重原创・融合创新”为主题的“2017 CPCC 中国版权服务年会”在北京拉开帷幕。国家新闻出版广电总局副局长、国家版权局副局长阎晓宏出席开幕式并讲话。会上揭晓了 2016CPCC 十大中国著作权人和专家特别提名奖。

**22 日** 第七届 DCI 体系论坛在北京举办。本届 DCI 体系论坛由中国版权保护中心和国家信息中心共同主办，北京云莱坞文化传媒有限公司协办。

**23 日** 由中国版权保护中心主办的“原动力”动漫版权专题论坛暨《中国网络漫画出版发展报告》发布仪式在京举行。论坛围绕“尊重动漫版权，提升原创价值”展开，由主题发言、发布《中国网络漫画出版发展报告》、发起成立动漫版权联盟三部分内容组成。

**23 日** 为了加强与司法机关的相互了解和沟通，中国音像集体管理协会访问广州知识产权法院，与知产法院的法官进行了座谈。知产法院党组成员兼副院长黎炽森、著作权审判庭负责人郑志柱等四名法官热情接待了协会到访人员。

**24日** 掌阅科技在京举行发布会，宣布与百度文学、中文在线等多家数字阅读平台成立“原创联盟”，共同推出“精品内容全平台共享计划”，保障优秀的作者能获得网络文学市场更多流量，打造良性网络文学创作环境。

**28日** 推进使用正版软件工作部际联席会议第六次全体会议在京召开。中宣部副部长、国家新闻出版广电总局（国家版权局）局长聂辰席主持会议并讲话。国家新闻出版广电总局（国家版权局）副局长阎晓宏汇报2016年推进使用正版软件工作进展情况和2017年工作计划。

## 3月

**1日** 《中华人民共和国电影产业促进法》自2017年3月1日起施行，作为文化产业领域的第一部法律，《电影产业促进法》的颁布实施，是我国文化立法领域的一次突破，是文化体制改革的一座里程碑，标志着中国电影产业法治水平的极大提升。

**1日** 为确保北京市医疗卫生行业软件正版化工作有序开展，节省财政资金，规范软件采购渠道，从源头上防止侵权盗版软件流入北京医疗卫生行业，3月1日，北京市医疗卫生行业正版软件采购平台聘请北京市医疗卫生行业信息化专家组成谈判小组，同国内外主要通用及专业软件厂商进行价格谈判。经谈判协商，共有15家软件厂商的78款软件入围。北京市医疗卫生行业可以在该平台以此次谈判确定的优惠价格采购入围的78款软件产品。

**3日** 北京市文化市场行政执法总队联合海淀区公安分局曙光派出所，对位于苏家坨镇西小营村的两处盗版图书库房予以执法检查，现场抓获涉案人员任某等4名犯罪嫌疑人，起获作案用工具电脑主机8台、笔记本电脑2台。执法人员现场扣押涉嫌非法出版物共计1.3万余册，涉案码洋34万余元，涉及内容主要涵盖各类职业资格考试教材、专业法律法规用书等百余种。

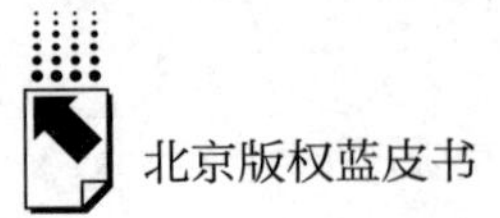


**6日**　国家新闻出版广电总局精神文明建设委员会授予中国版权保护中心“2016年度国家新闻出版广电总局精神文明建设标兵单位”荣誉称号。

**9日**　国家版权局评选出“2016年中国版权十件大事”：“剑网2016”专项行动成果显著、我国版权产业对GDP贡献达7.28%、版权司法保护力度不断加大、推进《视听表演北京条约》生效取得重大进展、全国著作权登记总量突破200万件、经中央批准的首届中国版权金奖颁发、“德化经验”全球共享、5家著作权集体管理组织列入全国性行业协会脱钩试点名单、互联网企业积极履行版权保护主体责任、“网络版权产业研究基地”在腾讯公司设立。

**16日**　北京市卫生计生系统软件正版化工作第一期培训会召开。北京市卫生计生系统软件正版化工作将按照“先易后难、典型引领、分步推进”的原则，建立属地化软件正版化工作机制，对涉及各单位登记在本单位固定资产账目中及用于本单位办公使用的计算机设备所安装的操作系统、办公软件、杀毒软件三类通用软件等进行清查统计。

**20日**　为了规范卡拉OK著作权使用费许可收费的行为，保护著作权人和使用者的合法权益，维护音像著作权许可使用市场秩序，中国音像集体管理协会制定了《中国音像著作权集体管理协会版权许可工作证管理办法》，本办法自2017年3月20日起施行，同期原“版权许可收费证”停止使用。

**22日**　中国音像著作权集体管理协会第六次会员大会在京召开，来自全国的100多家会员单位代表和个人会员出席了本次大会。大会听取了协会常务副理事长兼总干事邹建华做的《2016年度协会工作报告》。

**24日**　北京市举办“12318健康文化你我他”主题宣传活动，通过现场教授观众如何识别盗版图书等方式，进行文化市场法制宣传。

**29日**　中国版权保护中心发布《关于停征软件著作权登记缴费有关事项的通告》，称按照财政部《关于清理规范一批行政事业性收费有关政策的通知》（财税〔2017〕20号）要求，“自2017年4月1日起停止执收软件著作权登记费”。这意味着软件著作权人为作品进行著作权登记将免费。

## 4月

**7日** 北京市新闻出版广电局（北京市版权局）“2017年提升出版业国际传播力奖励扶持项目库申报工作”启动。2017年扶持项目支持方向主要包括六个方面：优秀版权输出作品翻译、出版企业国外经营、优秀出版物及版权贸易输出、国际版权交易平台、版权代理机构和数字出版产品走出去。

**13日** 由中国人民大学国家版权贸易基地和中国人民大学创意产业技术研究院主办的第37期版权人沙龙在京举行。此次沙龙以“短视频的内容监管与版权保护”为主题，与会专家学者就传统视听作品制度对短视频的适用性、短视频平台提供者的过错认定及侵权责任等问题进行了探讨，并提出了事先控制、事中创新、事后处理的短视频内容监管思路。

**14日** 美国版权结算中心（Copyright Clearance Center）国际事务高级总监Victoriano Colodrón、作者及出版关系部行政总监Michael Healy及其中国代理商查尔斯沃思集团出版服务主任王为为一行3人访问中国音乐著作权协会，希望了解协会在著作权集体管理工作方面的运行情况和经验，并增进双方的沟通与合作。

**19日** 中国版权协会版权监测中心平台上线发布会在京举行，中国版权协会版权监测中心官网（www. 12426. cn）正式上线。这预示着版权方可通过线上进行版权认证、预警、监测、下线等系列维权工作。中国版权协会理事长阎晓宏出席发布会。

**20日** 全国“扫黄打非”办公室会同国家版权局公布了2018年以来各地查处、公诉及判决的一批侵权盗版案件。这批案件涉及少儿类、教材教辅类及其他图书、音像制品和网络影视剧等的侵权盗版活动，且数量和涉案金额巨大，其中河南侦破的一起案件查获涉嫌侵权盗版图书76种46万余册，涉案码洋2216万余元；广东侦破的一起案件查获涉少儿类侵权盗版图书、音像制品等711种110余万册，涉案码洋达800余万元。

**20日** 以“创新时代·知识产权保护”为主题的“2017中国知识产权

保护高层论坛”在京拉开帷幕。中国国家知识产权局局长申长雨，世界知识产权组织副总干事王彬颖，中国国家新闻出版广电总局副局长、中国国家版权局专职副局长周慧琳等出席论坛并致辞。中国国家知识产权局副局长何志敏出席并主持主论坛。

**21 日**　由中国版权协会主办、中国版权协会艺术品版权工作委员会和雅昌文化集团承办的主题为“尊重艺术原则、发掘版权价值”的艺术品版权高峰论坛在京举办。中国版权协会艺术品版权工作委员会专家顾问聘任仪式同期举行。论坛由中国版权协会秘书长孙悦主持，中国版权协会理事长阎晓宏，中国版权协会艺术品版权工作委员会主任委员、雅昌文化集团总裁万捷在论坛上发言，并向专家顾问颁发聘书。国家新闻出版广电总局版权管理司司长于慈珂出席论坛。150 余位艺术界、法律界代表参加了本次活动。

**22 日**　由北京市版权局、北京市通州区人民政府牵头组织的，以“打造版权保护示范区，助力城市副中心建设”为主题的 2017 年北京市知识产权宣传周版权保护宣传活动在北京通州区举行。活动当天，北京市版权局与通州区政府就共同打造版权保护示范区举行了签约仪式，并授予了宋庄艺术促进会、宋庄镇文化服务中心以及上上国际美术馆等 3 家机构北京市版权服务工作站的牌匾。

**24 日**　国家版权局英文网上线仪式在京举行。国家新闻出版广电总局版权管理司司长于慈珂、国家新闻出版广电总局版权管理司副司长汤兆志、国家新闻出版广电总局信息中心副主任柯尊全共同启动上线仪式。网站将以国际化的思维和表达方式，向国际社会传递中国版权的声音，加强同国际社会的交流互动，并提供便捷的信息服务。

**24 日**　国家版权局在京召开“2017 年版权宣传周新闻发布会”。会上发布了中国版权产业经济贡献调研的最新成果及《2017 中国网络版权产业发展报告（摘要版）》。根据以上成果，2015 年中国版权产业的行业增加值已经突破 5 万亿元，达 50054. 14 亿元人民币，占全国 GDP 的 7. 30%；2016 年中国网络核心版权产业的行业规模突破 5000 亿元，比 2015 年增长 31. 3%。

**24 日**　为提升政府行政管理效能，并利用新媒体扩大版权宣传范围，

24 日，国家版权局正式入驻百度旗下自媒体平台百度百家号，并开通“国家版权局百家号”。此举是国家版权局继开通官方微博（@国家版权局）、微信（国家版权）、“头条号”（国家版权局）后，在第 17 个“4·26 世界知识产权日”来临之际开辟的又一个新媒体阵地。

**25 日** 国务院新闻办公室于 25 日上午 10 时在国新办新闻发布厅举行“2016 年中国知识产权发展状况”新闻发布会，请国家知识产权局局长申长雨、国家工商行政管理总局副局长刘俊臣、国家版权局版权管理司司长于慈珂介绍 2016 年中国知识产权发展状况，并答记者问。

**25 日** 国际唱片业协会（IFPI）发布《2017 全球音乐报告》，为全球数字音乐产业发展带来利好。报告显示，全球录制音乐市场在 2016 年增长了 5.9%，为 1997 年国际唱片业协会开始跟踪音乐市场以来的最高涨幅，总收入达 157 亿美元。数字音乐首次占到半壁江山，其中，流媒体音乐收入激增 60.4%，抵消了下载收入和实体收入下滑。

**26 日** “2017 中国网络版权保护大会”在京召开，国家新闻出版广电总局（国家版权局）版权管理司司长于慈珂出席会议并发布十大案件。中国信息通信研究院院长刘多代表中国信息通信研究院发布《2016 年中国网络版权保护年度报告》。

**26 日** 由人民日报社、新华社、中央电视台和中国搜索等 10 家主要中央新闻单位和新媒体网站联合发起的“中国新闻媒体版权保护联盟”在北京宣告成立，国家新闻出版广电总局副局长、国家版权局专职副局长周慧琳、新华社副社长刘正荣、中华全国新闻工作者协会书记处书记张百新、中宣部出版局副局长冯士新及首批媒体版权联盟成员单位的负责人出席成立仪式。中国搜索总裁周锡生宣读《中国新闻媒体版权保护联盟宣言》。

**26 日** 以“我徒步·我保护”为主题的 2017 年“4·26 版权保护宣传周”现场宣传活动在北京市通州区大运河森林公园举行。作为北京市版权局世界知识产权日系列宣传活动的重要组成部分，此次活动用徒步健走的新颖形式，向广大市民宣传普及版权知识，传播“维护版权、人人参与、从我做起、点滴践行”的理念。

## 5月

**4日** 因认为享有的电视剧《人民的名义》信息网络传播权遭侵权，上海聚力传媒技术有限公司（PPTV）将北京魔力互动科技有限公司诉至法院索赔50万元。海淀法院受理了此案。

**9~10日** 2017年第一期全国版权执法监管培训班暨全国版权执法监管工作座谈会在上海召开。国家新闻出版广电总局副局长、国家版权局专职副局长周慧琳出席会议并讲话。

**15日** 受中宣部副部长、中国国家新闻出版广电总局局长、国家版权局局长聂辰席委托，中国国家新闻出版广电总局副局长、国家版权局专职副局长周慧琳在京会见了世界知识产权组织（WIPO）总干事弗朗西斯·高锐一行。双方就进一步巩固和加强版权领域的合作，推进《视听表演北京条约》早日生效等相关情况进行了深入交流。WIPO副总干事王彬颖陪同会见。

**16日** 北京知识产权法院在京主办《侵害著作权损害赔偿判赔标准研讨会》。相关著作权集体管理协会、国内各大门户网站、知识产权领域律师代表和北京各知识产权庭法官共60余人出席会议。

**16日** 北京市使用正版软件联席会议办公室和市卫生计生委、市医管局联合召开北京市卫生计生系统软件正版化工作推进会。各区软件正版化牵头单位和区卫生计生委以及22家市属医院相关负责同志参加了此次会议。

**18日** 国家新闻出版广电总局实施的图书版权输出奖励计划二期项目名单近日公布。继一期项目对112种重点图书和370种普遍图书进行了765.2万元的奖励后，二期又拿出547.55万元，奖励重点图书99种、一般图书597种。

**18日** 北京市石景山区人民法院对全国首例服务器提供商被诉侵权案作出一审判决，认定被告阿里云公司构成侵权，需赔偿乐动卓越公司经济损失和合理费用约26万元。

**23 日**　据北京市文化市场行政执法总队 5 月 23 日通报称，在为期一个月的出版物市场秩序专项治理行动期间，总队破获一起特大制销侵权盗版教辅教材案件，共起获非法出版物近 4 万册。

**26 日**　全国人大常委会著作权法执法检查组第一次全体会议在京召开。对著作权法实施情况进行检查，是全国人大常委会贯彻落实党中央有关决策部署、推动创新驱动发展战略深入实施、加快知识产权强国和社会主义文化强国建设的一项具体举措，也是 2018 年开展的一项重要监督工作。

**26 日**　北京市使用正版软件工作联席会议办公室召开北京市市属国有企业软件正版化工作推进会暨经验交流会，全市 55 家市属国有企业集团相关负责同志参加了此次会议。会议印发了《北京市 2017 年软件正版化工作推进方案的通知》，通报了近年来全市市属国有企业软件正版化工作完成情况，部署了 2017 年度重点工作，对下一步北京市市属国有企业软件正版化工作提出了要求。

## 6月

**5 日**　国家版权局就规范电子版作品登记证书的有关事项下发通知。通知明确，各作品登记机关出具的电子版作品登记证书，其法律效力完全相同；电子版作品登记证书与同一作品的纸质版登记证书的法律效力完全相同。

**7 日**　因认为北京天盈九州网络技术有限公司擅自播放《开讲啦》系列节目侵犯了其权利，央视国际网络有限公司诉至法院，要求被告立即停止通过信息网络传播涉案节目的侵权行为，停止对原告享有的相关著作权的侵害并赔偿经济损失 115 万元。海淀法院受理了此案。

**9 日**　因认为苹果公司经营的应用商店 App Store 内的一款应用程序未经授权收录多部作品，并向公众提供下载阅读获取经济利益，江南将苹果公司起诉至北京市东城区人民法院，法院作出一审判决，判令苹果公司赔偿江南经济损失等 23 万余元。

**13 日** 中英版权研讨会在京召开。研讨会由中国国家版权局和英国知识产权局、英国驻华大使馆共同主办，主题为“数字环境下中英版权交流与合作”。来自中英两国的版权管理者、专家、学者，共同分享了数字环境下中英版权保护经验，探讨了版权制度建设、权利管理、国际合作等重要问题。

**13 日** 北京市使用正版软件联席会议办公室召开了北京市区级软件正版化工作推进会。各区软件正版化工作领导机构有关负责同志 60 余人参加了此次会议。会议传达了 2017 年国家版权局软件正版化工作年度计划，通报了 2017 年对各区政府软件正版化检查情况，部署了 2018 年软件正版化工作任务，解读了软件正版化相关政策文件，对下一步我市区级软件正版化工作提出了明确要求。

**23 日** 由中国国家新闻出版广电总局（国家版权局）和美国专利商标局共同主办的中美体育赛事节目法律保护研讨会在京召开，来自中外知识产权界、司法界、学术界、体育产业界及著作权集体管理组织等机构的百余名会议代表，就体育赛事节目所产生的相关权益，以及适用的法律保护方式等问题进行了深入研讨。

## 7月

**11 日** 2017 年北京市软件正版化工作动员部署会在京举行，会议对全年各项工作任务做了全面细致的部署及明确的指示要求，标志着北京市 2017 年软件正版化工作全面启动。

**12 日** 在国家新闻出版广电总局的指导和支持下，由中国新闻出版研究院发起、中国文字著作权协会等业内外 100 多家单位参与的数字版权保护技术应用产业联盟在北京正式成立。

**13 日** 最高人民法院发布《司法大数据专题报告之知识产权侵权》。报告显示，2015 ~ 2016 年，全国知识产权侵权案件的结案方式以撤诉为主，占比 50.88%。全国知识产权侵权案件量呈上升趋势，2016 年较之 2015 年同比上升 41.34%。

**19 日**　国际唱片业协会（香港会）主席陈志光先生、总裁冯添枝等一行七人访问中国音像集体管理协会，双方就所关心的问题进行了深入的研究和探讨。

**24 日**　爱奇艺体育正式向媒体宣布已与 ATP（男子职业网球协会）达成战略合作，成为 2017～2020 年 ATP 在中国大陆地区的独家新媒体合作伙伴。

**24 日**　国家新闻出版广电总局发布《2016 年新闻出版产业分析报告》。报告指出，我国新闻出版产业保持较快增长，2017 年全国出版、印刷和发行服务实现营业收入 23595.8 亿元，较 2015 年增加 1939.9 亿元，增长 9%。

**25 日**　国家版权局、国家互联网信息办公室、工业和信息化部、公安部在京联合召开“剑网 2017”专项行动通气会，启动“剑网 2017”专项行动。国家新闻出版广电总局（国家版权局）版权管理司司长于慈珂通报了“剑网 2017”专项行动的工作部署。

**25 日**　全国人大常委会著作权法执法检查组第二次全体会议在京举行。会议研究讨论了执法检查报告（讨论稿）。全国人大常委会副委员长王晨、吉炳轩、陈竺出席会议。会议由全国人大常委会委员、全国人大教科文卫委员会主任委员柳斌杰主持。

**25 日（至 8 月 9 日）**　北京市使用正版软件工作联席会议办公室在市属国有企业广泛开展了共十期的软件正版化工作培训，培训范围覆盖 54 家市属国有企业集团总部涉及 1200 余家所属三级以上企业，培训人员 1500 余人。培训重点就市属国企普遍关心的软件正版化政策、正版化工作流程、检查验收标准、考核评分标准、软件正版化自查工具的使用、软件采购相关知识等内容分别进行了详细讲解，为实现市属国有企业软件正版化工作常态化打下了良好基础。

**26 日**　视听表演版权保护研讨会在京召开。会议在国家版权局指导下，由北京市版权局和世界知识产权组织中国办事处联合举办，以宣传《视听表演北京条约》（以下简称《北京条约》），推动《北京条约》尽早生效。

**26 日**　环球音乐法律事务总裁理查德先生、环球音乐商务发展高级副总裁西蒙卡梅尔先生、环球音乐大中华区总经理吴佳伦先生、环球音乐大中华区法律事务副总裁陈祝君女士、国际唱片业协会亚洲区总裁洪伟典、国际唱片业协会北京代表处首席代表郭彪先生等一行人访问中国音像集体管理协会。

**28 日**　由中国版权协会主办、中国版权产业网承办的"互联网+图片版权保护与产业发展"研讨会在北京举行。此次研讨会旨在围绕图片版权的分类、流向、保护、监测、商业模式等问题展开探讨，以推进相关问题解决，促进产业发展。国家版权局版权管理司司长于慈珂出席会议并讲话。

## 8月

**1 日**　北京市使用正版软件联席会议办公室举行了 2017 年北京市级机关软件正版化工作培训，118 家市级机关的 200 余人参加了此次培训。培训传达了国家版权局软件正版化工作要求和 2017 年工作重点，通报了 2016 年度北京市市级机关软件正版化检查情况并部署了下阶段重点工作任务，解析了 2017 年度机关软件正版化工作考核标准，介绍了相关技术手段在软件正版化工作中的应用。

**18 日**　北京市版权局近日召开"剑网 2017"部署动员会，要求 2018 年的"剑网"行动工作要侧重三个方面：各"剑网"行动成员单位要做到协作联动、重点监管、分类规范、信息共享；各互联网企业要严格落实主体责任，切实履行版权监管和配合调查义务；权利人要提高版权保护的积极性、主动性。

**18 日**　《2017 中国反侵权假冒年度报告》出版发布会在京举行。中国文字著作权协会荣获《年度报告》优秀稿件奖。

**23 日**　中国摄影著作权协会、人民教育出版社郑重签署《教科书"法定许可"使用费收转协议》。根据协议约定，人民教育出版社将支付 2012 ~ 2017 年间该社出版的教科书中使用的部分摄影作品的稿酬，由中国摄影著作权协会向摄影家转付分配。本次转付稿酬逾百万元。

**27日** 为期5天的第24届北京国际图书博览会闭幕。据组委会初步统计，本届图博会共达成中外版权贸易协议5262项，同比增长4.9%。其中，达成各类版权输出与合作出版协议3244项，同比增长5.5%；达成引进协议2018项，同比增长3.9%；引进输出比为1∶1.61。

**28日** 在十二届全国人大常委会第二十九次会议上，著作权法执法检查报告提请全国人大常委会审议。报告指出，著作权法自1991年实施以来，各级司法机关依法履职，充分发挥著作权司法保护功能。但“赢了官司、丢了市场”的现象依然存在，司法保护需要进一步加强。

**28日** 根据申报情况并经审核，北京市版权局决定授予龙源创新数字传媒（北京）股份有限公司、北京银行股份有限公司两家单位“北京市版权示范单位”的称号。希望以上单位继续发挥好引领示范带头作用，不断提高版权支撑经济社会发展的能力，有力地推动北京市首善之区、版权之都建设。

**30日** 英国驻华大使馆、中国人民大学知识产权学院共同举办“著作权集体管理许可机制研讨会”。来自北京知识产权法院的法官、知名学府的教授、著作权集体管理组织的代表、CISAC、腾讯视频等相关人员参加了此次研讨会。

**30日** 十二届全国人大常委会第二十九次会议举行分组会议，审议全国人大常委会执法检查组关于检查著作权法实施情况的报告。

## 9月

**4日** 根据《北京市版权保护示范单位管理办法》的规定，经申报、初审及复审，北京市版权局认定北京人民东方图书销售中心等57家单位为“北京市版权保护示范单位”。

**7日** 中国版权协会软件工作委员会在京成立。中国版权协会理事长阎晓宏等参会并为委员会揭牌。软件工作委员会的主要职能是做好软件版权保护工作。秉承中国版权协会软件工作委员会“维权益，促产业，助政府”的服务宗旨，全方位地为软件版权权利人提供该领域的“咨询、监测、维权、调解”服务，软件工作委员会将特别针对传统通用软件、互联网软件、APP 等三个领域开展软件版权保护等相关工作。

**7 日**　中国版权保护中心版权登记大厅被国家新闻出版广电总局授予“2016 年度五一劳动奖状”，中心软件登记部审查员姜兰被国家新闻出版广电总局授予“2016 年度巾帼建功标兵”荣誉称号。

**12 日**　国家新闻出版广电总局（国家版权局）版权管理司就网络音乐版权有关问题约谈了腾讯音乐、阿里音乐、网易云音乐、百度太合音乐主要负责人。

**13 日**　国家版权局版权管理司就网络音乐版权有关问题约谈了环球音乐、华纳音乐、索尼音乐、英皇娱乐、中国唱片总公司、正大国际音乐等 20 余家境内外音乐公司以及国际唱片业协会等相关协会主要负责人。

**13 ~ 15 日**　按照国务院的部署，推进使用正版软件工作部际联席会议第九督查组对北京市软件正版化工作进行了督查，此次督查由保监会统计信息部副巡视员李春亮同志带队。督查组共走访了市社会办等 6 家市级机关及地铁资源事业总部等 4 家市属国企并采取听取专题汇报、审阅相关材料、运用检查工具检查等形式对这些单位的正版化工作情况进行了全面审核。

**20 日**　中国国家新闻出版广电总局副局长、国家版权局专职副局长周慧琳在京会见美国电影协会主席克里斯托弗·多德一行。双方进行了友好会谈，并就继续扩大和加强版权合作交换了意见。

**20 日**　中国文字著作权协会诉被告《中国学术期刊（光盘版）》电子杂志社有限公司、同方知网（北京）技术有限公司侵害著作权纠纷一案，在海淀法院公开开庭审理。在合议庭的主持下，文著协与被告针对作品权属、侵权事实、赔偿依据等问题进行举证质证及法庭辩论。

**29 日**　由中国版权协会主办的“远集坊”揭匾仪式暨首期讲坛在国家版权创新基地举办。国家新闻出版广电总局（国家版权局）原副局长、中国版权协会理事长阎晓宏出席揭匾仪式并致辞。

## 10月

**2 日** 全球视觉艺术家联盟（CIAGP）理事会在美国纽约哈佛大学俱乐部召开，中国摄影著作权协会总干事林涛，与美国艺术家版权协会（ARS）主席希尔多、英国视觉艺术家协会（DACS）经理克里斯、法国视觉艺术家协会（ADAGP）总干事马瑞莲、西班牙艺术家版权协会（VEGAP）总干事哈维尔、瑞典视觉艺术家协会（BUS）执行董事麦慈林博、日本美术著作权协会（JASPAR）理事长吉泽昭博和澳大利亚视觉艺术家协会（VISCOPY，版权保护范围包括新西兰）首席执行官雅丹签订了版权保护协议。

**12 日** 北京市第一中级人民法院就明河社出版有限公司、完美世界（北京）软件有限公司诉手游《武侠 Q 传》侵犯作品改编权及不正当竞争纠纷案作出一审判决，二原告获赔 1631.9 万元。

**12 日** “电影版权保护暨影院反盗录技术研讨会”在北京怀柔举行。研讨会由国家新闻出版广电总局电影技术质量检测所、美国电影协会联合主办，国家新闻出版广电总局电影局、国家版权局版权管理司指导。

**12～14 日** 由国家版权局主办，中国新闻出版广电报社承办的 2017 年版权相关热点问题媒体研修班（第二期）在北京怀柔举办。来自版权行政管理部门、电视台、报社的相关负责人以及基层法院知识产权庭的法官、法学院教授等多位专家，为 30 余家传统媒体和网络媒体共 50 余名记者、编辑以及法务人员进行培训。

**13 日** 国家新闻出版广电总局（国家版权局）版权管理司召集北京、上海等 20 个省份版权局版权处负责人和 4 个直辖市文化执法总队网络执法部门负责人，在京召开了“剑网 2017”专项行动推进会。会上，各地介绍了当前细化分解重点任务、查办案件、网上巡查、强化互联网企业落实主体责任等方面的情况，提出了当前存在的问题和下一步工作打算。

**15～20 日** 应中国文字著作权协会邀请，罗马尼亚著作权集体管理协会（Societate de Gestiune Colectiva a Drepturilor de Autor）总干事古优·罗迪

卡率领罗马尼亚版权代表团一行四人访华。双方就中罗文字作品著作权集体管理、图书戏剧版权贸易和合作出版等问题进行了深入交流。

**18 日** 为做好十九大报道工作，提升宣传效果，规范相关节目转播和传播秩序，根据中宣部、国家新闻出版广电总局相关要求和指示，中央电视台发布了《中央电视台关于规范十九大宣传报道节目转播秩序的声明》。

**22 日** 由中国版权协会主办的“远集坊”第二期在京举办。本期讲坛以“非遗保护传承”为主题，文化部原副部长、中国艺术研究院院长王文章发表主题演讲。

**23 日** 北京市版权局召开总结会，对获得“北京市版权保护示范单位”称号的单位进行了表彰。在各区文委及相关单位的大力支持下，经企业申报、文委初审、版权局复审、网站公示等环节，来自 11 个区的 26 家书店和 25 家印刷厂共 51 家单位获得“北京市版权保护示范单位”荣誉称号。

**30 日** 瑞典视觉艺术协会（BUS）执行董事麦慈·林博先生访问中国摄影著作权协会，就与协会展开全面合作以及双方签订版权保护协议后的具体工作项目进行落实和对接。

## 11月

**3 日** 在国家新闻出版广电总局指导下，由中国传媒大学主办的“2017 第四届音乐产业高端论坛”在中国传媒大学国际交流中心举行。本次论坛上重磅推出了《2017 音乐产业发展报告》（总报告），为音乐产业在未来的发展提供了行业相关数据信息和发展趋势预测；还启动了由音促会和咪咕音乐共同策划主办的“大中国——新时代中国风原创歌曲”征集活动启动仪式。

**7 日** 中央电视台与国际足联（FIFA）2018～2022 年新周期版权启动仪式在京举行。中央电视台副总编辑彭健明、国际足联秘书长萨穆拉、中国足协常务副主席兼秘书长张剑、前国脚杨晨等各界嘉宾出席活动。

**7 日** 北京市使用正版软件工作联席会议办公室举行了 2017 年北京市

卫生计生系统软件正版化检查验收培训。北京市级卫生计生系统各行政直属单位、各市属医院及各区软件正版化工作牵头单位、各区卫生计生委等70多家单位的80余人参加培训。

**10日** 中国国家新闻出版广电总局副局长、中国国家版权局专职副局长周慧琳在京会见英国知识产权局局长提姆·摩斯一行。双方就数字环境下的版权执法、著作权集体管理等共同关注的问题进行了友好会谈，并围绕巩固和加强中英双方在版权领域合作交换意见，确定了2018年中英版权工作计划。

**12日** 由中国版权协会主办的"远集坊"第三期在京举办。主讲嘉宾雷军分享了小米发展与小米模式，并探讨了产业创新问题。

**14日** 全国人大教科文卫委员会主任委员、中国版权协会名誉理事长柳斌杰在京会见国际唱片业协会首席执行官弗朗西斯·摩尔一行。摩尔表示，中国音乐产业获得了很大进展，在音乐著作权保护方面也取得了巨大进步，国际唱片业认识到了中国音乐市场的巨大潜力，将会进一步扩大对中国的投资。

**16日** 中国文字著作权协会为诺贝尔文学奖评委会前主席、瑞典著名诗人、小说家、文学史家谢尔·埃斯普马克（Kjell Espmark）先生及其夫人、瑞典知名女性作家及传记文学作家莫妮卡·劳利曾（Monica Lauritzen）与中国作家、出版人举办午餐会。文著协总干事张洪波以及数位中国著名作家和出版社代表就诺贝尔文学奖评奖理念、文学互译出版、版权保护等话题进行了深入交流。

**16~17日** 由韩国音乐著作权委员会（KCC）主办的中韩著作权交流活动在北京昆仑饭店举行。本次活动意在增强中韩两国在音乐著作权保护实务上的了解，促进两国集体管理组织间沟通渠道的畅通。来自政府、学术机构、中韩音乐著作权集体管理组织、唱片公司、音乐流通平台等各界的专家和学者出席了本次活动。

**23日** 2017年全国版权社会服务工作会议在京召开。国家新闻出版广电总局副局长、国家版权局专职副局长周慧琳在会上作了《以党的十九大精神为指引，开创新时代版权社会服务工作新局面》的重要讲话，并为2017年全国版权示范城市、示范单位、示范园区（基地）授牌。国家版权局版权管理司司长于慈珂就版权社会服务工作“十三五”时期的重点任务进行了解读和部署。

**24日** 由中国版权协会主办的第十届中国版权年会在京举行。会上颁发了“2017中国版权最具影响力企业奖”、“2017中国版权卓越成就者奖”和“中国版权年度特别贡献奖”。全国人大教科文卫委员会主任委员、中国版权协会名誉理事长柳斌杰出席大会，并为获奖者颁奖。国家新闻出版广电总局副局长、国家版权局专职副局长周慧琳作书面主题讲话。中国版权协会理事长阎晓宏在大会上致辞并为获奖者颁奖。

## 12月

**2日** 中国版权协会主办的远集坊第四期论坛在京举办。全国人大教科文卫委员会主任委员、中国出版协会理事长、中国版权协会名誉理事长、清华大学新闻与传播学院院长柳斌杰以“中华优秀传统文化的血脉”为主题开讲。

**7日** 北京市新闻出版广电局（北京市版权局）召开了北京市正版示范体系建设工作会，部分区文化委员会、软件渠道、印刷发行以及获得过国家和北京市版权示范单位称号的企业代表共70余人参加了此次会议。

**14日** 中国国家新闻出版广电总局副局长、国家版权局专职副局长周慧琳在京会见美国电影协会新任主席兼首席执行官查尔斯·瑞弗金一行。双方进行了友好会谈，并围绕继续深化版权交流与合作交换意见。

**15日** 第五届中国国际音乐产业大会在京开幕。国家版权局版权管理司司长于慈珂、国家新闻出版广电总局规划发展司副司长李建臣、北京市新闻出版广电局（北京市版权局）副局长王野霏等相关领导出席本次会议。本次大会旨在聚焦行业现状，分析当下热点与行业未来趋势，众嘉宾围绕“音乐产业新征程”“版权与数字音乐生态布局”等诸多议题展开探讨。

**16日**　国家版权局下发通知，决定从12月16日开始，在全国开展北京2022年冬奥会会徽和冬残奥会会徽版权专项保护工作。通知强调，除法律法规另有规定外，未经北京冬奥组委许可，任何单位或个人不得擅自使用北京冬奥会会徽。

**22日**　北京市新闻出版研究中心主编的《北京版权蓝皮书：北京版权发展年度报告（2016～2017）》由社会科学文献出版社出版发行。本蓝皮书是首部反映北京版权业发展情况的年度报告。

**22日**　由中国文联、中国摄影家协会主办，中国文联摄影艺术中心承办，中国文学艺术基金会、中国文学艺术发展专项基金资助的“与时代同行——全国摄影艺术展览60年摄影精品回顾展”在北京中华世纪坛开幕。

**24日**　全国人大常委会有关网络安全法、关于加强网络信息保护的决定的执法检查报告提请全国人大常委会审议。报告指出，各地各有关部门坚决清理各类违法违规信息，维护网络空间清朗。2015年来，共取消违法违规网站许可或备案、关停违法网站13000多家。

**26日**　由中国版权协会主办的远集坊第五期在京举办，主讲嘉宾中国出版集团总裁谭跃发表了题为“传统出版的数字化关键和产业方向”的主题演讲。

# Contents

## I General Report



**Abstract**: From the perspective of the copyright industry, the copyright protection and copyright social service system, *the Beijing Annual Copyright Development Report* (2018) *Main Report* shows the overall development of copyrights in Beijing in 2017. In 2017, the copyright industry in Beijing increased rapidly, and its pillar position in the capital economy was more stable. The income level of the core copyright industry was constantly improving, and the cultural consumption of residents was increasingly becoming an important driving force for the healthy development of the copyright industry. Copyright protection was stricter. Judicial protection continued to focus on infringement cases of the right of communication through information network. Administrative protection has been continuously strengthened, and the coverage and influence of supervision work has been expanding. The copyright social service system was sounder. The number of works registered has been in the forefront of the country's efforts for many years. The copyright industry association actively provided rights protection services. Copyright exchanges and cooperation with foreign countries have become closer, and international influence has gradually expanded. Next, Beijing will further promote the high-quality development of the copyright industry, continue to strengthen copyright protection, continue to deepen international exchanges and cooperation in copyright, and build a new pattern of multi-party participation in copyright social co-governance.

**Keywords**: Beijing; Copyright Industry; Copyright Protection; Copyright Social Service System

## Ⅱ Gategory Reports



**Abstract**: As a cultural capital, Beijing has always been the focus and highland of the development of China's film and television culture industry. As the center of national radio, film and television creative planning, production and production, publicity and distribution, and international communication, Beijing, the total number of film and television institutions, industry scale and output. The first in the country. In the January-December 2017, revenue from revenue from radio and television increased by 19. 99% year-on-year. In order to promote the creation of film and television copyrights, Beijing has continuously adopted some new measures. At the Spring TV Show Fair in 2017, a total of 900 TV programs were introduced. The new development of the " Copyright Bank " financing model promoted the securitization of the use of film and television copyrights. At the same time, the administrative law enforcement departments continued to strengthen the supervision of the film market.

**Keywords**: Film and Television Copyright; Copyright Bank; Copyright Transaction



**Abstract**: The year 2017 is another year for the rapid development of the Chinese music industry. Under the development of digital music technology, many

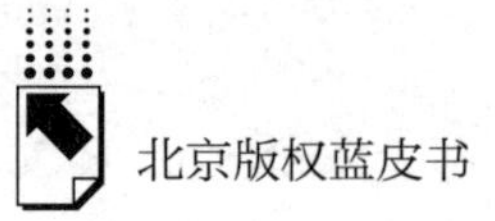


industries have been concentrated, which have inject unprecedented vitality into the music industry, and also put forward new challenges to the protection of music copyright. The positive edition of the copyright of Chinese music has been progressed, and the work of piracy strike has made great progress. The cooperation of copyright has been carried out on a large scale, and the users of music have welcomed a new round of consumer upgrading. At the same time, the rise of new technologies has also opened a prelude to the reform of the licensing mode of music copyright. Beijing still adhered to the strong protection strategy for music copyright, and the major projects continued to advance. The participation of relevant enterprises was high, and the music industry was ushering in new opportunities.

**Keywords**: Music Industry; Music Copyright; Copyright Protection



**Abstract**: In 2017, The software industry in Beijing has achieved breakthrough development, and the number and quality of software registration have reached a new height. Showing the following characteristics: the number of software registrations is very high; loss of absolute superiority in software registration; large enterprises are still software leaders; Frontiers are strong in software research; stepping into the era of software definition. However, there are some problems in the current software registration system, such as the unclear effect of the software copyright registration, the imperfection in the logo utregistration system. There are some problems in the protection of open source software , such as the Tort Code was written into the development process, and there is no copyright information in subsequent development. In perfecting the software copyright registration mechanism, the software should be given different effects in different stages. In improving the protection of open source software, the legal effect of the open source software license agreement should be given, the system of open source software registration should be established, and the management organization of the open source community should be strengthened.

**Keywords**: Software Registration; Software Industry Policy; Open Source Software



**Abstract**: During the period of 2017 –2018, the online game industry in Beijing continued to accelerate, the number of game products and market scale were further improved, and the industrial and social benefits and economic benefits were both harvested. With the promulgation of the "Development and Publishing Industry Development Plan of the" 13th Five-Year Plan " in Beijing", Beijing responded to the request of the former General Administration of Press, Publication, Radio, Film and Television (now the Central Propaganda Department Press and Publication Administration) to build a network game content review platform. Strengthening the localization management of online games in Beijing, and promoting the development of Beijing's excellent game original works also achieved good results.

Along with the rapid growth of the number of Chinese game products, the relevant administrative departments have brought many challenges to the game copyright declaration, copyright protection and rights protection, and also brought new opportunities for the development of game copyright transactions and copyright integration. The report reviews the 2017 national and Beijing game copyright data, lists the current status of game copyright development in 2017, and also highlights the issues and countermeasures of game copyright in various aspects such as application, transaction, protection and rights protection, and copyright integration. It also explains and proposes relevant trends for the development of game copyright.

**Keywords**: Game Copyright; Auditing Standards; Industry Norms; Copyright Protection

**Abstract**: In 2017, the total income of legal entities in the above-scale cultural and creative industries in Beijing reached 1, 619. 63 billion yuan, a year-on-year increase of 10. 8% . The cultural and creative industry still occupies a pivotal position in the economic structure of Beijing. One of the core contents of the intellectual property issue of the cultural and creative industries is the creation of copyright. The main city is a district where the capital is traditionally culturally and scientifically developed. The foundation is good, cultural creativity The industry maintained steady growth, and the key areas were growing well, leading the steady and healthy development of the cultural and creative industries in the region. In the development of cultural and creative industries, non-main urban areas dare to dare to do, and come up with preferential policy conditions to attract cultural and creative industries to settle down, establish cultural and creative industrial parks (bases), and develop cultural and creative industries. The development of Beijing's cultural and creative industries should continue to focus on the cultivation of talents and the accumulation of back-up strength for the cultural and creative industries.

**Keywords**: Copyright; Cultural and Creative Industry; Cultural and Creative Talents

## Ⅲ Special Reports



**Abstract**: According to CNNIC's statistics on the development of China's Internet development, in 2017, China's online video users exceeded 570 million, and the scale of users is very large. In 2017, online copyright disputes mainly occurred in the field of live broadcasts of sports events. Electronic games, short videos, and online games were still the areas where there were many disputes and disputes. The disputes over the copyright of sports programs are the hottest and difficult points in the field of online copyright in 2017. In 2017, China's network short video is still in a brutal growth in various fields, and copyright disputes frequently occur, which has become a concentration of conflicts of interest. In the works of the same person, the creation of the Internet environment without commercial use will no longer be the common attribute of the works of the same person. The virtual characters in the electronic game also become an important aspect of copyright infringement.

**Keywords**: Sports Events; Fan Works; Short Video; Video Game Characters



**Abstract**: Artificial intelligence is a technical science that simulates, extends and extends the theory, methods and application systems of human intelligence. This paper attempts to explore the copyright issues brought by artificial intelligence from the two aspects of artificial intelligence development prospects and copyright system design. In the copyright system, intelligent machines cannot be regarded as authors, "machine works" can not be regarded as works, "machine works" is actually an extended form of human works, should be included in the scope of copyright protection, the copyright of "machine works" Should belong to the software developer. The way in which "machine works" are included in the scope of copyright protection is to protect "machine works" into the copyright work system and to protect "machine works" into the neighboring rights system. Whether machine learning uses the work of others and re-authorizes the work of others through intelligent machines requires authorization.

**Keywords**: Artificial Intelligence; Copyright; Machine Learning; Machine Works; Copyright Law

## B. 9 Research on Internet Copyright Protection from the Perspective of Blockchain / 168

**Abstract**: The rapid development of the Internet has brought about rapid development of digital content industries such as literature, music, video, advertising, games, and works of art. At the same time, online piracy has also extended to the sharing of unauthorized copyrighted content with the online sharing of information, becoming the Internet. Copyright protection urgently addresses important issues. The blockchain is based on blockchain data structures to validate and store data, distributed node consensus algorithms to generate and update data, cryptographically ensure data transfer and access security, and intelligent contracting of automated script code to program and manipulate data. It is seen as a trusted machine and has the ability to automate contracts. The blockchain is based on technologies such as digital signatures and time stamps to ensure the security, transparency and traceability of copyright information records without relying on trusted third parties, and thus provides an effective way for copyright monitoring to compare and filter copyright works. As the blockchain continues to evolve in technology and its application is becoming more mature, this paper believes that its empowerment of Internet copyright protection will also be largely based on copyright registration and electronic deposit guarantee assistance and proof, automatic execution of alternative copyright based on smart contract transactions. Infringement and de-intermediation and the seamless integration of blockchain copyright business replaces the three stages of judicial dispute resolution. The structure of this paper is as follows: Firstly, the characteristics of the blockchain technology and the key technology components and development trends are sorted out. Secondly, the blockchain empowerment Internet copyright protection is roughly divided into three stages, and the blockchains of each stage are assigned. The specific ways of Internet copyright protection are elaborated. Finally, it is emphasized that blockchain empowerment of Internet copyright protection is an achievable expectation, and stakeholders in the copyright field should pay sufficient attention to it.

**Keywords**: Bockchain; Smart Contract; Blockchain Copyright Platform; Autonomous Execution; De-intermediation



**Abstract**: Copyright has a natural connection with culture and innovation, and the copyright system plays an important role in stimulating innovation and prosperity. International copyright protection has undergone three important stages in the "territorial period" of the 18th century, the "international period" of the 19th century, and the global period since the end of the 20th century. With the development of science and technology and culture, in the context of economic globalization, international copyright protection Development shows a new development trend, the development of copyright international protection is more and more closely related to the development of science and technology, the object of protection of international copyright and the content of rights are expanding, the legal means and methods of international copyright protection are diversified, and the standards of copyright protection are improved. The trend of copyright international protection has entered the field of international trade from the traditional cultural field, and the international system of fair use of copyright has been restricted.

**Keywords**: International Copyright; Technology Development; Culture Innovation

## 皮书起源

“皮书”起源于十七、十八世纪的英国，主要指官方或社会组织正式发表的重要文件或报告，多以“白皮书”命名。在中国，“皮书”这一概念被社会广泛接受，并被成功运作、发展成为一种全新的出版形态，则源于中国社会科学院社会科学文献出版社。

## 皮书定义

皮书是对中国与世界发展状况和热点问题进行年度监测，以专业的角度、专家的视野和实证研究方法，针对某一领域或区域现状与发展态势展开分析和预测，具备原创性、实证性、专业性、连续性、前沿性、时效性等特点的公开出版物，由一系列权威研究报告组成。

## 皮书作者

皮书系列的作者以中国社会科学院、著名高校、地方社会科学院的研究人员为主，多为国内一流研究机构的权威专家学者，他们的看法和观点代表了学界对中国与世界的现实和未来最高水平的解读与分析。

## 皮书荣誉

皮书系列已成为社会科学文献出版社的著名图书品牌和中国社会科学院的知名学术品牌。2016 年，皮书系列正式列入“十三五”国家重点出版规划项目；2013~2018 年，重点皮书列入中国社会科学院承担的国家哲学社会科学创新工程项目；2018 年，59 种院外皮书使用“中国社会科学院创新工程学术出版项目”标识。

# 中国皮书网

（网址：www.pishu.cn）

发布皮书研创资讯，传播皮书精彩内容

引领皮书出版潮流，打造皮书服务平台

## 栏目设置

关于皮书：何谓皮书、皮书分类、皮书大事记、皮书荣誉、

皮书出版第一人、皮书编辑部

最新资讯：通知公告、新闻动态、媒体聚焦、网站专题、视频直播、下载专区

皮书研创：皮书规范、皮书选题、皮书出版、皮书研究、研创团队

皮书评奖评价：指标体系、皮书评价、皮书评奖

互动专区：皮书说、社科数托邦、皮书微博、留言板

## 所获荣誉

2008 年、2011 年，中国皮书网均在全国新闻出版业网站荣誉评选中获得“最具商业价值网站”称号；

2012 年，获得“出版业网站百强”称号。

## 网库合一

2014 年，中国皮书网与皮书数据库端口合一，实现资源共享。

## 中国社会发展数据库（下设12个子库）

全面整合国内外中国社会发展研究成果，汇聚独家统计数据、深度分析报告，涉及社会、人口、政治、教育、法律等12个领域，为了解中国社会发展动态、跟踪社会核心热点、分析社会发展趋势提供一站式资源搜索和数据分析与挖掘服务。

## 中国经济发展数据库（下设12个子库）

基于“皮书系列”中涉及中国经济发展的研究资料构建，内容涵盖宏观经济、农业经济、工业经济、产业经济等12个重点经济领域，为实时掌控经济运行态势、把握经济发展规律、洞察经济形势、进行经济决策提供参考和依据。

## 中国行业发展数据库（下设17个子库）

以中国国民经济行业分类为依据，覆盖金融业、旅游、医疗卫生、交通运输、能源矿产等100多个行业，跟踪分析国民经济相关行业市场运行状况和政策导向，汇集行业发展前沿资讯，为投资、从业及各种经济决策提供理论基础和实践指导。

## 中国区域发展数据库（下设6个子库）

对中国特定区域内的经济、社会、文化等领域现状与发展情况进行深度分析和预测，研究层级至县及县以下行政区，涉及地区、区域经济体、城市、农村等不同维度。为地方经济社会宏观态势研究、发展经验研究、案例分析提供数据服务。

## 中国文化传媒数据库（下设18个子库）

汇聚文化传媒领域专家观点、热点资讯，梳理国内外中国文化发展相关学术研究成果、一手统计数据，涵盖文化产业、新闻传播、电影娱乐、文学艺术、群众文化等18个重点研究领域。为文化传媒研究提供相关数据、研究报告和综合分析服务。

## 世界经济与国际关系数据库（下设6个子库）

立足“皮书系列”世界经济、国际关系相关学术资源，整合世界经济、国际政治、世界文化与科技、全球性问题、国际组织与国际法、区域研究6大领域研究成果，为世界经济与国际关系研究提供全方位数据分析，为决策和形势研判提供参考。

# 法律声明